U0949546

《中国国际贸易单一窗口年鉴》编委会◎编著

# 中国国际贸易单一窗口年鉴 2019

中国海关出版社有限公司 · 北京

**图书在版编目（CIP）数据**

中国国际贸易单一窗口年鉴 . 2019/《中国国际贸易单一窗口年鉴》编委会编著 . —北京：中国海关出版社有限公司，2020. 9

ISBN 978-7-5175-0455-9

Ⅰ. ①中…　Ⅱ. ①中…　Ⅲ. ①国际贸易—贸易管理—中国—2019—年鉴　Ⅳ. ①F752-54

中国版本图书馆 CIP 数据核字（2020）第 159398 号

**中国国际贸易单一窗口年鉴 2019**

ZHONGGUO GUOJI MAOYI DANYI CHUANGKOU NIANJIAN 2019

作　　者：《中国国际贸易单一窗口年鉴》编委会
策　　划：普　娜
责任编辑：李　多
出版发行：中国海关出版社有限公司
社　　址：北京市朝阳区东四环南路甲 1 号　　邮政编码：100023
网　　址：www. hgcbs. com. cn
编 辑 部：01065194242-7529（电话）　　01065194231（传真）
发 行 部：01065194221/4227/4238/4246（电话）　　01065194233（传真）
社办书店：01065195616（电话）　　01065195127（传真）
https://weidian. com/?userid=319526934（网址）
印　　刷：北京铭成印刷有限公司　　经　　销：新华书店
开　　本：889mm×1194mm　1/16
印　　张：21. 5　　字　　数：480 千字
版　　次：2020 年 9 月第 1 版
印　　次：2020 年 9 月第 1 次印刷
书　　号：ISBN　978-7-5175-0455-9
定　　价：300. 00 元

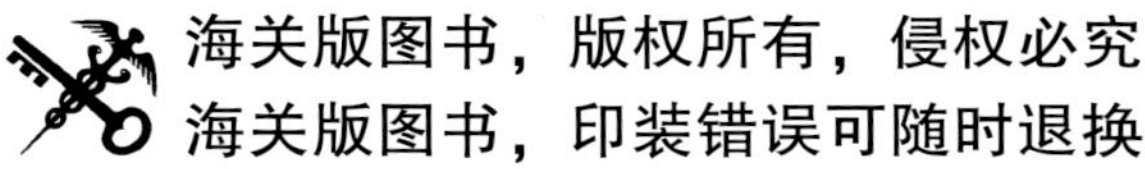

# 中央领导重视

5 年来，共建“一带一路”大幅提升了我国贸易投资自由化便利化水平，推动我国开放空间从沿海、沿江向内陆、沿边延伸，形成陆海内外联动、东西双向互济的开放新格局。

——2018 年 8 月 27 日，习近平在推进“一带一路”建设工作 5 周年座谈上的讲话摘要

中国将加快出台外商投资法规，完善公开、透明的涉外法律体系，全面深入实施准入前国民待遇加负面清单管理制度。中国将尊重国际营商惯例，对在中国境内注册的各类企业一视同仁、平等对待。中国将保护外资企业合法权益，坚决依法惩处侵犯外商合法权益特别是侵犯知识产权行为，提高知识产权审查质量和审查效率，引入惩罚性赔偿制度，显著提高违法成本。营商环境只有更好，没有最好。

——2018 年 11 月 5 日，习近平在第一届中国国际进口博览会开幕式上的讲话摘要

“放管服”改革促进了贸易和投资便利化，提升了开放型经济水平。“放管服”改革致力于营造法治化、国际化、便利化的营商环境，许多改革举措也是扩大对外开放的举措。同时开放也倒逼了改革，二者互促共进。

——2018 年 6 月 28 日，李克强在全国深化“放管服”改革转变政府职能电视电话会议上的讲话摘要

2018 年 11 月 1 日前将进出口环节需验核的监管证件从 86 种减至 48 种。清理不合规收费，2018 年 10 月底前由各地向社会公布当地口岸收费目录清单，清单之外不得收费。推动降低合规费用，年内集装箱进出口环节合规成本比去年降低 100 美元以上，沿海大港要有更大幅度降低。有关部门要联合督促监管。

——2018 年 9 月 26 日，国务院常务会议

2018 年 11 月 6 日，中共中央总书记、国家主席、中央军委主席习近平在上海浦东新区城市运行综合管理中心通过大屏幕了解上海城市精细化管理和国际贸易“单一窗口”运营情况。

2018 年 9 月 12 日，中共中央政治局常委、国务院副总理韩正在南宁听取陆海新通道及国际贸易“单一窗口”建设工作汇报。

2018 年 5 月 14 日，国务院副总理胡春华莅临中国（上海）国际贸易单一窗口视察。

# 国际贸易“单一窗口”再次写入政府工作报告

2018 年 3 月 5 日，中华人民共和国第十三届全国人民代表大会第一次会议在北京召开，在国务院总理李克强所作的《2018 年国务院政府工作报告》中提出：国际贸易“单一窗口”覆盖全国，货物通关时间缩短一半以上，进出口实现回稳向好。

# 世界跨境电商大会热议国际贸易“单一窗口”

建设“单一窗口”是各国（地区）促进贸易便利化、优化营商环境的普遍做法。有利于优化口岸管理和服务机制，有利于转变政府职能实现方式，有利于促进口岸综合治理体系和治理能力现代化，有利于构建与开放型经济新体制要求相适应的口岸软环境。全球越来越多的国家（地区）已经或者正在实施“单一窗口”，将对跨境电商可持续发展发挥更大的作用。2018 年 2 月 9 日 ~10 日，首届世界海关跨境电商大会在北京召开，大会讨论跨境电商带来的各种机遇和挑战，并提出包容、创新的解决方案。与会嘉宾中，无论政府要员、国际组织负责人，还是企业领军人物多次提到了国际贸易“单一窗口”建设。

**汪　洋** **时任中共中央政治局常委　国务院副总理**

要完善合作与协调机制，各国海关应加快推进信息互换、监管互认、执法互助。有关部门要加快推进“单一窗口”建设，打破信息“孤岛”。

**于广洲** **时任海关总署署长**

倡导多方共赢，走协同共管之路。中国海关加强与相关部委和地方政府协调，完善跨境电子商务税收监管政策，探索制定适应新业态发展的政府管理及服务体系，推进国际贸易“单一窗口”建设，推动跨境电子商务综合试验区发展。

**倪岳峰** **时任海关总署党组书记、副署长**

中国海关加强与相关部委和地方政府协调，完善跨境电子商务税收监管政策，探索指定适应新业态发展的政府管理及服务体系，推进国际贸易“单一窗口”建设，推动跨境电子商务综合试验区发展。

**御厨邦雄** **世界海关组织秘书长**

电子商务对信息流通和货品流通都很不一样，对海关来说要实现标准化，最重要的信息是让大多数人满意海关的服务。通过风险评估机制来区分大部分合法货物和一小部分不合法货物。通过“单一窗口”及平台进行合作，快速做出反应并获得电子化数据。

**张广志** **时任海关总署党组成员、国家口岸管理办公室主任**

“单一窗口”能够有效支持企业全流程一站式高效业务办理、促进口岸管理部门严密高效的通关监管、统一信用管理和企业高效资金融通、随时掌握动态信息和风险精准布控，以及促进税收征管的便捷办理等跨境电子商务便捷通关服务。倡议：加快研究制定国际贸易“单一窗口”全球通用的跨境电商数据标准和模型，构建国际大通关合作机制，为跨境电子商务提供更加良好的营商环境。

**谢尔盖·莫泽尔** **欧亚经济委员会海关法规部负责人**

把报关、报检等结合在一起，对提升通关效率、助推跨境电商行业发展帮助巨大。

**萨宾·亨茨勒** **欧盟税务与海关同盟总司国际和综合事务主任**

非歧视，不同形式贸易都应该在一个公平平台竞争。降低创新成本促进交易，允许更精准的监管。全球挑战需要全球性解决方案，我们要应对跨境电商各类潜在风险，必须加强国际合作。

**马　云** **时任阿里巴巴集团董事局主席**

未来的贸易应该足够简单，但还需要更加普惠便利的通关政策。未来海关要利用好大数据、人工智能等技术手段服务全球贸易和全球经济。

**柴跃廷** **清华大学教授**
**清华大学电子商务交易技术国家工程实验室主任**

大力推进“单一窗口”，建立全程在线的跨境电商综合服务平台。

# 汪洋：促进贸易自由化便利化 推动全球跨境电商加快发展

2018 年 2 月 9 日，中共中央政治局常委、国务院副总理汪洋在北京出席首届世界海关跨境电商大会并发表主旨演讲。

汪洋指出，跨境电商是当今互联网时代发展最为迅速的贸易方式。近年来，中国政府秉持鼓励创新、包容审慎、协同共管的理念，不断创新发展模式、夯实基础设施、完善管理政策、健全风险防控，推动跨境电商在发展中规范、在规范中发展，闯出了一条具有中国特色的跨境电商发展之路。

汪洋强调，跨境电商为更多国家、更多企业、更多群体带来了新的发展机遇，是构建开放型世界经济的重要支撑。国际社会应以更前瞻的视野、更包容的心态、更协同的步调，促进跨境电商可持续发展。一要相互开放市场，在守好风险底线的基础上，最大限度降低准入门槛，推动贸易自由化便利化。二要秉持共商共建共享原则，携手构建共同遵循的监管标准，在实践中不断完善。三要完善合作与协调机制，各国海关应加快推进信息互换、监管互认、执法互助。有关部门要加快推进“单一窗口”建设，打破信息“孤岛”。四要共同推进“一带一路”建设，提高互联互通水平，帮助欠发达国家培养跨境电商人才，缩小“数字鸿沟”。

## 时任海关总署党组成员、国家口岸管理办公室主任张广志：“单一窗口”便捷通关 支持跨境电商可持续发展

建设国际贸易“单一窗口”是世界各国（地区）促进贸易便利化、优化营商环境的重要手段。它有利于优化口岸管理和服务机制，有利于转变政府职能实现方式，有利于促进口岸综合治理体系和治理能力现代化，有利于构建与开放型经济新体制要求相适应的口岸营商环境。

中国政府高度重视国际贸易“单一窗口”建设工作，由中国海关总署牵头，会同18家政府部门共同推进“单一窗口”建设。目前，“单一窗口”实现进出口贸易9项基本服务功能，包括货物申报、舱单申报、运输工具申报、许可证件申领、原产地证书申领、企业资质办理、查询统计、出口退税和税费支付等均可在线办理；实现了公安部、环保部、交通部、农业部、商务部、人民银行、海关总署、工商总局、税务总局、质检总局、林业局11个部委信息化系统“总对总”对接和数据的互联互通；覆盖了全国的所有口岸，申报业务量呈直线上升趋势。据最新统计，单日申报业务量已突破57万票，其中货物申报每日14.6万票。

通过“单一窗口”建设，有效解决了企业多头申报、重复申报问题，实现一点接入、一次提交、一次查验、一键跟踪和一站办理“五个一”的特色功能。一点接入：整合各部门相互独立的申报系统，企业通过互联网随时随地接入“单一窗口”办理各项业务。一次提交：凡通过“单一窗口”提交或联网验核的证件、资料，企业无需重复提供。一次查验：依托“单一窗口”实行各类查验指令对碰、预约交互、一次开箱、联合查验。一键跟踪：主动推送进出口贸易全流程通关状态，企业可以通过手机APP一键订阅，全程跟踪，有序调度。一站办理：最大限度实现各个环节的无纸化，让数据多跑路、企业少跑腿。

以船舶离港手续办理为例，以往企业需要分别跑海关、海事、边检等窗口现场去办理、去盖章，现在通过“单一窗口”在线办理、电子签章、网络送达，突破了时间和空间限制，办理时间由2天压缩到2小时。

通过实施“单一窗口”，水运口岸进出口19个环节优化了8个，优化率42%。“单一窗口”实行免费申报制度。

运用“单一窗口”可有效支持跨境电子商务便捷通关五项服务。

**一、支持企业全流程一站式高效业务办理**

“单一窗口”为各类跨境电商企业按需提供不同接入方式，支持高效的集成对接和数据导入等功能，实现与电商平台及企业内部系统的无缝对接、智能传输、自动交换和逻辑检控。“单一窗口”平台汇聚了海关、工商、税务、外汇、银行等贸易相关方数据信息，打通了跨境贸易全链条各环节，方便企业全流程“一站式”办理业务，满足了跨境电子商务交易时效性要求，对整个跨境电商生态环境起到有效的支撑作用。

**二、支持口岸管理部门严密高效的通关监管**

“单一窗口”功能覆盖海关特殊监管区和跨境电商综合试验区全部范围，能够适应跨境贸易电子商务“直购进口、网购保税进口、一般零售进口、特殊监管区域出口”四种监管模式；通过云计算、大数据等技术，对分散在各方的国际贸易数据进行有效识别和汇总应用，提高交易单、支付单、物流单“三单”与申报清单比对的准确性，为实现分类通关监管创造条件；支持与物流分拣线联网，实现指令对碰、自动核放、智能分拣和联合查验，满足跨境电商货物流和信息流交互多、数据量大、变化快的特殊需求。

**三、支持统一信用管理和企业高效资金融通**

“单一窗口”汇集各部门监管数据，尽可能实现数据共享，支持各监管部门对企业实施统一分类评级，构建企业和商品的信用体系，秉持“守信激励、失信惩戒”，让优质企业享受到更加高效快捷的通关服务；支持向金融、保险、征信等机构提供数据延伸服务，方便优秀企业和银行、保险机构开展合作，提升融资效率，降低融资成本，为跨境贸易供应链各参与方提供更加便利化的服务。

**四、支持随时掌握动态信息和风险精准布控**

“单一窗口”通关时效评估子系统汇集海关、海事、港口、场站等相关运行数据和跨境电商货物仓储、运输等物流动态信息，实现供应链信息全程在线留痕，方便跨境贸易各参与方随时掌握线上线下情况，为进出口货物信息追溯和质量安全管理提供查询便利。“单一窗口”身份认证和用户管理体系纳入了政府法人库和信用平台信息，对开展跨境电商的交易平台和企业进行注册备案管理。支持对跨境电商交易开展运行监测和行为分析，辅助监管部门对企业进行精准画像，使监管更加有针对性。

## 五、支持税收征管的便捷办理和汇总统计

“单一窗口”通过与银行和第三方支付机构对接，支持企业足不出户办理关税支付、规费缴纳、外汇结算等各类本地和异地纳税业务，自动生成出口退税申请，方便企业快捷办理退税业务。通过数据共享实现部门协同，对于税收征管和外汇管理中的风险做到实时监控、及时预警。

当前，跨境电子商务已驶入快车道，“买全球、卖全球”正在变为现实。国际贸易“单一窗口”将对跨境电商可持续发展发挥更大的作用。为此我们倡议：

一是加快研究制定国际贸易“单一窗口”全球通用的跨境电商数据标准和模型。增强数据在各国间的通用性和系统的可联通性，逐步形成一套适应全球跨境电子商务发展的“单一窗口”管理制度和规则。

二是通过国际贸易“单一窗口”为跨境电子商务提供更加良好的营商环境。推动跨境电子商务有关交易信息数据及执法结果在各部门间的信息共享、监管互认和执法互助，通过大规模的无纸化作业，进一步实现“优流程、减环节、简单证、降成本”，使跨境电商相关企业的通关体验更为流畅和简单。

三是通过“单一窗口”构建国际大通关合作机制。我们很愿意与WCO各成员海关建立“单一窗口”合作机制，开展专家交流与培训，信息的互联互通和共享使参与跨境电子商务的各方能够进行国际间的电子数据交换，使更多的国家特别是发展中国家从中受益，使更多的中小企业能够参与其中，使跨境电子商务贸易成为推进全球经济增长的新引擎。

“单一窗口”建设永远“在路上”。未来，我们将推进“单一窗口”向更加便利化、智能化和国际化的方向发展。进一步拓展“单一窗口”功能前伸后移，实现与金融、保险、电商、物流、邮政、民航、铁路、港口、码头等相关行业对接，覆盖国际贸易全链条所有环节。打造世界一流的、与中国国际贸易大国相称的，更大、更强、更好的“单一窗口”，为全球国际贸易“单一窗口”建设和促进跨境电子商务可持续发展贡献“中国智慧”。

# 锲而不舍　一以贯之

2018年12月26日，海关总署党委召开党委扩大会议，传达学习中央经济工作会议精神，研究贯彻落实意见。海关总署党委书记、署长倪岳峰主持会议并讲话。他强调要深入推进全国通关一体化改革，提高国际贸易“单一窗口”应用水平，推动建立口岸联防联控机制。

2018 年 4 月 22 日~23 日，海关总署副署长王令浚在福州参加首届数字中国建设峰会，并作题为“坚持科技兴关战略，推进智慧海关建设”的主旨发言，强调建设国际贸易“单一窗口”标准版和“互联网 + 海关”一体化平台，口岸和海关服务事项全程在线办理、海关通关的无纸化比率达到了 98%。在峰会上，海关总署获得年度最佳实践案例成果奖并展示了“单一窗口”、“互联网 + 海关”、边民互市系统、平潭综合实验区海关智能监管系统、旅客通关机器人应用等最新成果。

---

2018 年 9 月 27 日，国务院新闻办公室举行国务院政策例行吹风会。时任海关总署党组成员、国家口岸管理办公室主任张广志介绍了优化口岸营商环境、促进跨境贸易便利化等有关情况。张广志强调，建设国际贸易“单一窗口”是国际上促进贸易便利化、改善口岸营商环境的重要举措。目前“单一窗口”已经实现了与 10 个部委系统的连接和信息共享，实现了货物申报、舱单申报、出口退税、税费支付、跨境电商、加贸保税等 12 大功能。“单一窗口”主要申报应用率由 2017 年的 30% 提升到当前的 70% 以上。

# 地方领导重视

2018 年 3 月 6 日，辽宁省副省长陈绿平（前排右二）考察辽宁“单一窗口”工作

2018 年 3 月 6 日，辽宁省委书记陈求发、省长唐一军、副省长陈绿平多次就推进贸易便利化和国际贸易“单一窗口”工作作出批示。陈求发指出，希望省口岸办按照中央部署要求以及省委、省政府具体安排，坚持问题导向，强化协作联动，深入推进跨境贸易便利化专项行动，进一步优化口岸营商环境，提升跨境贸易便利化水平，加快推动辽宁形成全面开放新格局。

2018 年 3 月 16 日，河北省副省长夏延军（左一）调研中国（河北）国际贸易单一窗口

2018 年 3 月 16 日，河北省副省长夏延军调研中国（河北）国际贸易单一窗口时强调，要以“双创双服”为引领，各相关部门要协调联动，坚持不懈地做好各项工作，进一步加大宣传、推广、培训力度，增加企业的获得感，不断扩大受众范围，为河北省对外贸易发展提供支撑保障。

2018 年 4 月 24 日，山东省副省长任爱荣（左三）到山东电子口岸调研“单一窗口”工作

2018 年 4 月 24 日，山东省副省长任爱荣到山东电子口岸调研“单一窗口”工作。任爱荣对“单一窗口”建设及推广取得的成绩给予充分肯定。她指出，在下一步的工作中，一是要注重企业数据安全，健全平台安全和数据安全保障机制；二是要优化国际贸易“单一窗口”标准版的运维保障机制，实现中央和省级两级技术平台的“全天候”保障；三是要继续优化完善“单一窗口”功能，进一步促进通关便利化，更好地配合扩大开放的大局，使“单一窗口”真正成为优化山东外贸营商环境中的关键一环。

---

2018 年 5 月 24 日，河南省副省长何金平对河南“单一窗口”建设做重要部署

2018 年 5 月 24 日，河南省口岸工作部门联席会议召开，河南省副省长何金平对河南“单一窗口”建设做重要部署：一是要认真抓好“单一窗口”标准版功能的应用落实，实现一般贸易、加工贸易、服务贸易等业务全覆盖；二是要按照“政府主导、市场化运作、企业经营”原则和“政务不收费、商务不垄断、运维有保障”要求，加快推动河南电子口岸平台体制机制创新，不断提升国际贸易“单一窗口”运营管理水平；三是充分发挥好省口岸工作部门联席会议作用，由省政府口岸办牵头、省电子口岸公司负责、郑州海关等部门配合加快推进国际贸易“单一窗口”建设工作。

2018 年 5 月 29 日，广西壮族自治区党委书记鹿心社（前排左一）听取广西“单一窗口”建设情况工作汇报

2018 年 5 月 29 日，广西壮族自治区党委书记鹿心社听取广西“单一窗口”建设情况工作汇报时强调要在应用中不断改进完善，发挥平台更大作用。

---

2018 年 6 月 1 日，三省一市领导莅临中国（上海）国际贸易单一窗口

2018 年 6 月 1 日上午，上海市委书记李强、市长应勇陪同江苏省委书记娄勤俭、省长吴政隆，浙江省委书记车俊、省长袁家军，安徽省委书记李锦斌、省长李国英一行莅临中国（上海）国际贸易单一窗口。三省一市主要领导对上海“单一窗口”在促进贸易便利化方面取得的成果，尤其是“单一窗口”在长三角的区域化应用予以充分肯定。

2018年6月25日，浙江省委书记车俊、省长袁家军、常务副省长冯飞、副省长朱从玖、副省长高兴夫多次就推进跨境贸易便利化和国际贸易“单一窗口”建设工作作出批示。车俊批示“应按照建设一流水平口岸的目标，以‘最多跑一次’改革推进跨境贸易便利化”。

2018年6月25日，浙江省副省长高兴夫（中间排左四）调研浙江“单一窗口”建设情况

2018年8月3日，重庆市委书记陈敏尔，市委副书记、市长唐良智，市人大常委会主任张轩一行视察重庆国际贸易“单一窗口”，听取重庆“单一窗口”运行和制度创新情况。陈敏尔指出，要推进通关一体化建设，不断提高监管服务水平，提升便利化程度。

2018年8月3日，重庆市委书记陈敏尔（中）一行视察中国（重庆）国际贸易单一窗口

2018年8月14日，广东省副省长欧阳卫民（中）调研广东电子口岸平台、广东“单一窗口”工作

2018年8月14日，广东省副省长欧阳卫民到广东省商务厅调研，现场考察广东电子口岸平台、广东“单一窗口”、广东省外经贸运行监测系统，并召开专题座谈会。他强调要进一步完善电子口岸平台、国际贸易“单一窗口”和外经贸运行监测系统，提高平台一体化、智能化程度，并完善分析机制，提高数据综合运用效率，提高分析研究水平，为广东省委、省政府决策提供参考，为加快推进贸易强省建设提供支撑。

---

2018年8月31日，时任天津市副市长赵海山（中间排右三）调研部署天津“单一窗口”工作

2018年8月31日，时任天津市副市长赵海山调研部署天津“单一窗口”工作。他肯定了天津“单一窗口”的成功上线和取得的成绩并强调要向综合性、网络化、智能化转型升级，为进出口企业提供优质服务。

2018 年 1 月，福建省副省长李德金到福建“单一窗口”监控指挥中心调研

2018 年 3 月，时任福建省副省长隋军（中）到福建“单一窗口”指挥中心调研

2018 年 5 月，时任福建省副省长郑新聪(左一)深入企业调研了解福建“单一窗口”应用情况

2018 年，福建省副省长李德金、时任副省长隋军、时任副省长郑新聪多次到福建省“单一窗口”指挥中心以及企业调研，充分肯定“单一窗口”工作是福建省商务工作的亮点。李德金强调要继续对标国际先进、科学管理、安全运维，进一步做好数据归集，实现数据共享，服务好企业，切实让贸易便利化。

# 世行营商环境报告：中国跨境贸易排名跃升32位

北京时间2018年10月31日晚，世界银行发布《2019年营商环境报告：为改革而培训》。其中，中国跨境贸易得分从去年的69.91提高到82.59，排名从去年第97位跃升至今年第65位，上升32位，是营商环境改善最为显著的经济体之一。

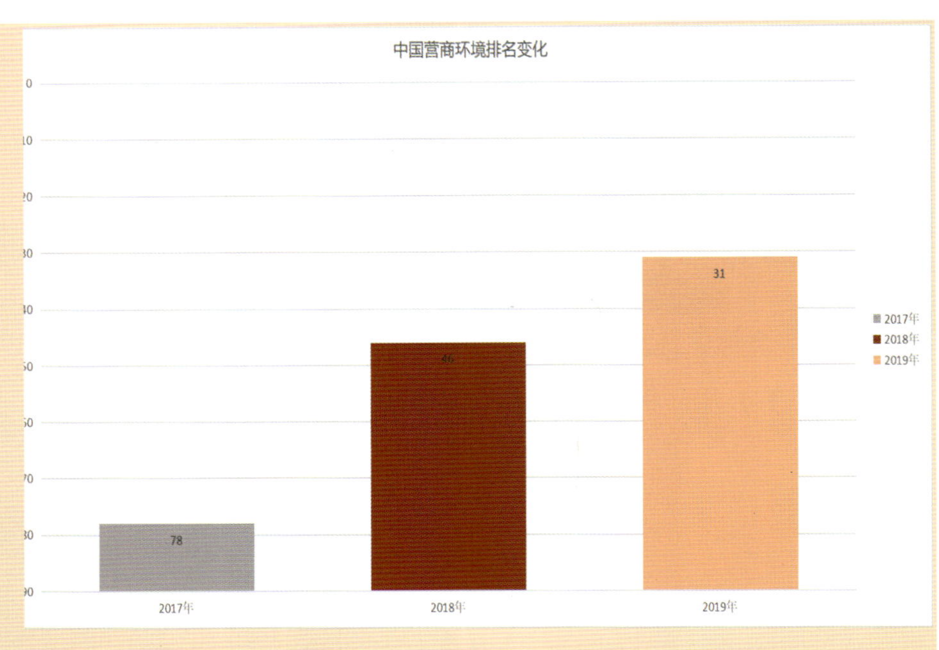


中国营商环境在全球190个经济体中的排名变化

报告称，过去一年中国对评估指标的各个方面都实施了改革，在促进跨境贸易便利化方面的改革亮点颇多，几乎各项指标都取得了显著进展：通过实施“单一窗口”，取消行政性收费，增强透明度并鼓励竞争，压缩了“跨境贸易”的时间和成本；出口单证合规时间从21.2小时降至8.6小时，出口单证合规成本从84.6美元降至73.6美元，出口边境合规成本从484.1美元降至314美元，进口单证合规时间从65.7小时降至24小时，进口边境合规时间从92.3小时降至48小时，进口单证合规成本从170.9美元降至122.3美元，进口边境合规成本从745美元降至326美元。

据了解，世界银行营商环境报告被认为是投资的风向标，每年对全球190个经济体进行评估，包括跨境贸易等10个评估指标。负责编制《营商环境报告》的世界银行全球指标局高级经理丽塔·拉马霍表示：“我们在北京和上海两市看到，中国的改革工作均取得了非常明显的进展。这些进展不仅是今年一年的改革成果，有很多是多年以来持续推进改革的结果。我们看到中国的总体监管环境得到了很大的改进，监管环境的改善可以为企业提供更多便利，这是改善营商环境非常重要的一个步骤。”

# 中国石油工程建设有限公司

中国石油工程建设有限公司（CPECC）是以原工程建设公司（CPECC）和工程设计有限责任公司（CPE）为基础，重组整合的油气田地面工程专业化公司。公司大力实施专业化、市场化、国际化、一体化、高端化、精细化、创新化发展战略，在国际、国内石油工程建设市场业绩突出，声誉良好。

CPECC

中国石油工程建设有限公司的业务定位以油气田地面工程、天然气液化工程和海上石油平台工程（海上油气田工程）为主，以油气储运工程和炼油化工施工、检维修工程为辅，拥有全业务链、全生命周期服务能力，积极发展非常规油气工程技术，适度开发非油气及非能源领域的工程能力。

自1994年以来，公司连续23年被美国《工程新闻记录》（ENR）评选为全球较大的250家国际工程承包商之一，成为连续入围次数较多的中国承包商。公司总部设有职能部门15个、直属机构10个、下属设计单位8家、施工制造单位3家、海外分（子）公司24家，另外设有海外区域公司2家、海外支持中心2家、海外合资公司3家，造了功能完善的石油工程建设业务链，建立了遍布全球的服务网络，企业核心竞争力持续获得提高。

公司大力实施“稳定非洲、巩固中亚、突出中东、拓展美洲、布局亚太、进军俄罗斯”的市场战略，业务辐射24个国家和地区，逐步形成了海外五大区域性规模市场和国内以八大炼化基地、主要油气田为主的市场格局。2016年，公司海外执行项目290项，国内执行项目3461项。在非洲，公司项目重点分布在苏丹、乍得、阿尔及利亚等国家和地区。在中亚，公司项目重点分布在土库曼斯坦、乌兹别克斯坦、哈萨克斯坦等国家和地区，目前正在建设的有哈萨克斯坦PKOP炼油厂改造工程。在中东，公司项目重点分布在阿布扎比、伊拉克、伊朗等国家和地区。在美洲，公司项目重点分布在厄瓜多尔、加拿大、委内瑞拉等国家和地区。在亚太，公司项目重点分布在新加坡、澳大利亚等国家和地区。目前，公司正在力争进入俄罗斯市场。

公司拥有专利312项，形成10大优势设计技术、8项集团公司技术利器、5大系列62种科技产业化产品，目前企业核心技术已经达到国内同行业先进水平，部分达到国际先进水平。

公司获省部级以上奖励592项，代表作有加氢反应器制造；获建设工程鲁班奖6项，代表作有苏丹喀土穆炼厂改扩建工程；获“百项工程暨精品工程”3项、优质工程奖119项，代表作有独山子石化公司千万吨炼油、百万吨乙烯工程；获勘察设计奖379项；国内EPC代表作有宁夏石化500万吨年炼油开扩建工程等，国际EPC代表作有哈萨克斯坦扎纳若尔油气田处理厂等。

在国际高端市场经过数年不懈努力，公司成功进入埃克森·美孚、道达尔等世界前20强石油公司市场，成为我国较早进入埃克森·美孚市场的工程承包商，开辟了阿联酋、伊拉克等外部高端市场，与Petrofac、Worleyparsons等国际一流工程公司形成了稳定的合作关系，结成了战略同盟或联合体，共同开发市场。

鼠浪胡矿石码头外轮靠泊

鼠浪胡码头40万吨级矿砂船

# 中国舟山外轮代理有限公司

中国舟山外轮代理有限公司是一家由宁波舟山港集团控股的国有企业。公司现有职工220多名，大专以上学历者占80%以上，是舟山市专门从事报关、进出口货物装卸、船舶修理、外轮供应等多种业务与服务为一体的代理企业，为舟山的港口开放做出了重要贡献。公司于1998年通过了（BSI）ISO9001质量体系认证。近年来，公司先后荣获“质量诚信企业”、“AAA级物流企业”、全国交通运输文化建设优秀单位、全国青年安全生产示范岗、浙江省文明单位、浙江省“守合同重信用AA级单位”、浙江省“纳税信用等级AAA级单位”、浙江省示范数字档案室、舟山市口岸优质服务企业、舟山市“创建劳动关系和谐企业”、舟山市健康促进示范场所等20项市级以上荣誉。

公司在六横、大衢、嵊泗等岛屿设了办事处，全天候提供准确、及时、文明、周到的服务。30多年的发展历程中，公司一贯秉承“以诚为先，谋求共同发展；以人为本，追求优质服务”的经营理念，凭借真诚高效的服务和良好的信誉，成为连接世界各地船、货、港三方的桥梁和纽带。2017年公司代理各类船舶1800余艘次，代理货运量（舟山中远海运物流有限公司）4000余万吨，历年来稳居舟山口岸同行业前列。为客户提供“全天候、全方位、全过程”的服务是公司的承诺；“服务与需求同步”是公司的追求。

COSCO
SHIPPING
PENAVICO
OVATION
赞礼”号
“海洋赞礼”号的维修保养

突破科技

Technology lea

# 北汽福田汽车股份有限公司

北汽福田汽车股份有限公司（简称福田汽车）成立于1996年8月28日，1998年6月在上海证券交易所上市，经过20多年的发展，现有资产828.88亿元人民币，员工近4万人，以优质的产品和服务覆盖全球110个国家和地区，品牌价值已超1500亿元，连续15年位于商用车行业前列，累计产销汽车887.1万辆，累计出口汽车56万辆。

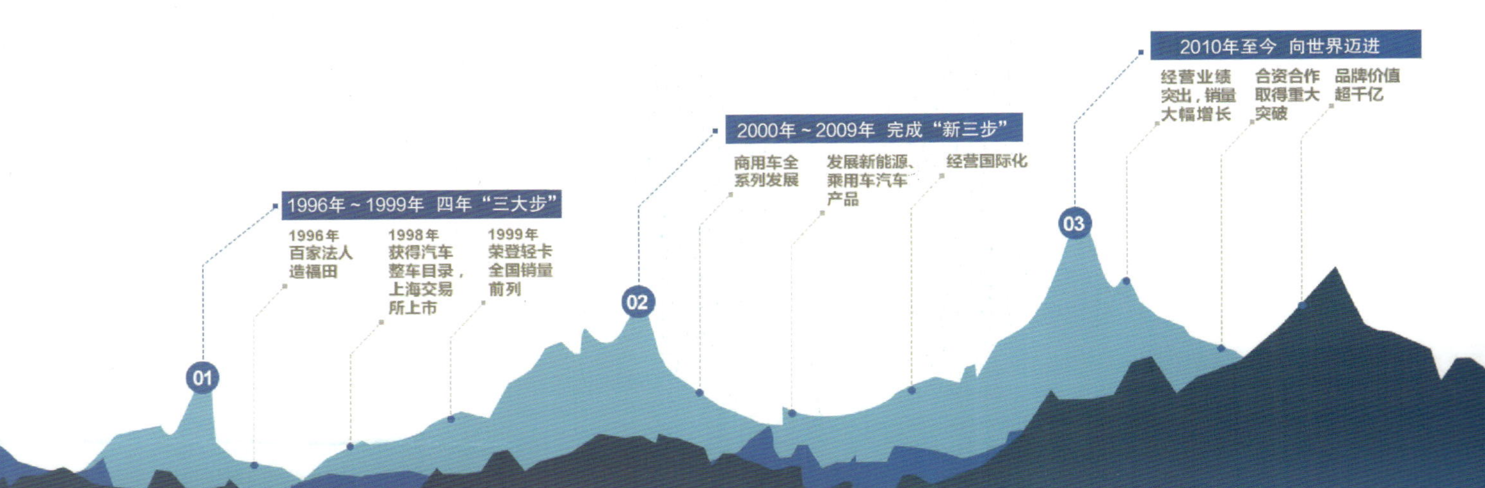

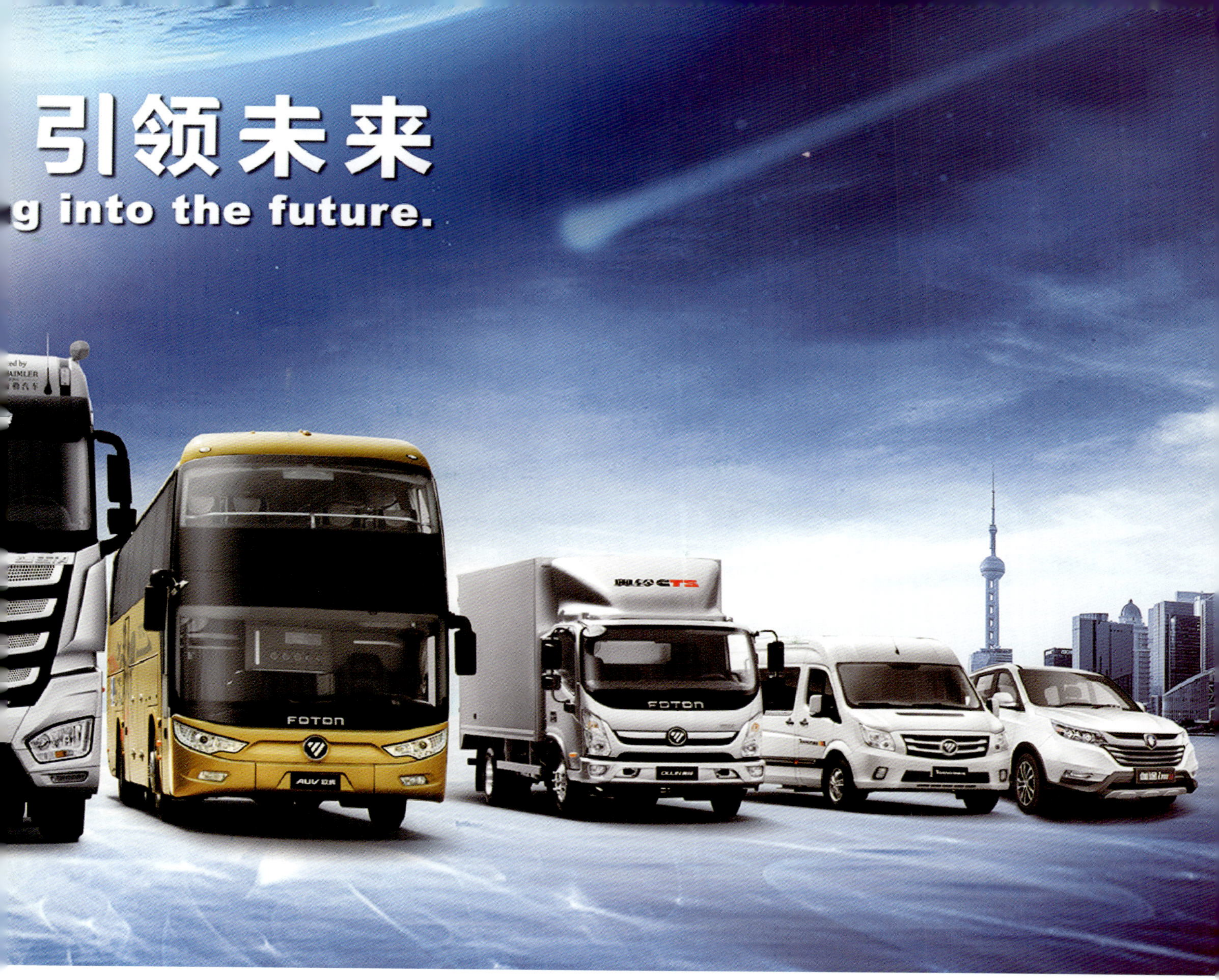

# 引领未来

g into the future.

福田汽车集团现已经形成了集整车制造、核心零部件、汽车后市场为一体的汽车生态体系，三大业务板块中共含23个品牌。整车业务中福田汽车产品品牌12个、时代汽车产品品牌2个，覆盖卡车、商务汽车、皮卡、客车、工程机械及环境装备、新能源汽车六大业务单元。

在行业标准方面，福田汽车参与了中国一半以上汽车行业标准的制定，授权专利达7900多件；在合作方面，联合全球三大合作伙伴——戴姆勒、康明斯、采埃孚建立全球创新联盟；在客户方面，福田以实力吸引百度、中国电信、德邦物流、阿里巴巴、京东、菜鸟等客户建立战略联盟；在企业荣誉方面，福田积极参与重大事件，在APEC会议、G20峰会、“一带一路”国际合作高峰论坛及平昌冬奥会等赛事和活动中承担重要任务，福田汽车成为“G20杭州峰会指定用车”“阿斯塔纳世博会中国馆指定用车”，入选智能制造试点示范项目；在企业责任方面，累计投入物资数亿元，发起“七彩书屋”等大型公益活动，惠及全国近30个省市，打造出一张独具特色的“公益名片”。

未来，福田汽车将以突破科技，引领智能与高效的汽车体验为愿景，在实现效率与可靠性的进程中不断驱动品质超越，连接高效汽车未来。至2025年，福田汽车将建设成为绿色、智能、高科技的企业，成为中国商用车、全球商用车主流品牌。

# 科园信海（北京）医疗用品贸易有限公司

www.kybeijing.com

科园信海（北京）医疗用品贸易有限公司（简称科园贸易）成立于2009年，是较早入驻北京顺义空港保税物流中心的专业医药企业，并于同年入驻北京天竺综合保税区。科园贸易已发展成为集进口保税、医药流通、疫苗服务、跨境电商、供应链延伸服务、市场准入等多元化的大型综合服务型医药企业，业务区域覆盖全国。

科园贸易始终坚持将高品质的服务和产品质量作为第一生命线，2016年1月公司获得GSP认证证书;通过ISO9001管理体系认证，建立了ISO9001:2015与GSP相结合的质量管理体系，并先后通过多家跨国企业的冷链管理国际质量认证。2014年，公司被授予AEO高级认证企业。2017年再次通过AEO 高级认证，享有多项通关便利政策。

此外，随着跨境电商的兴起，科园贸易作为医药产品进口企业，依托北京区域及政策优势，结合优良的客户及产品资源，积极尝试开展大健康产品的跨境电商业务。公司在2019年取得医疗器械经营许可证；2020年，公司将更专注于进口及全国业务，拓展进口产品线，为跨国医药企业提供更具有价值的进口供应链一体化解决方案。

未来，公司将牢记健康中国的使命，主动把握改革机遇，保持高端药品、疫苗、医疗器械等的先进水平，提升专业化、差异化、增值供应链解决方案核心竞争力，致力于成为医疗健康领域产品经销、供应商合作及客户服务的良好商业企业；努力提高行业效率，开拓创新。

科园贸易将以良好的信誉及丰富的资源为全球客户提供专业服务，愿与全球客户一起，为成就中国医药健康产业而共同努力。

北京市顺义区保汇一街8幢3层办公室02、03、04（北京天竺综合保税区）　010-83253666　010-83253777

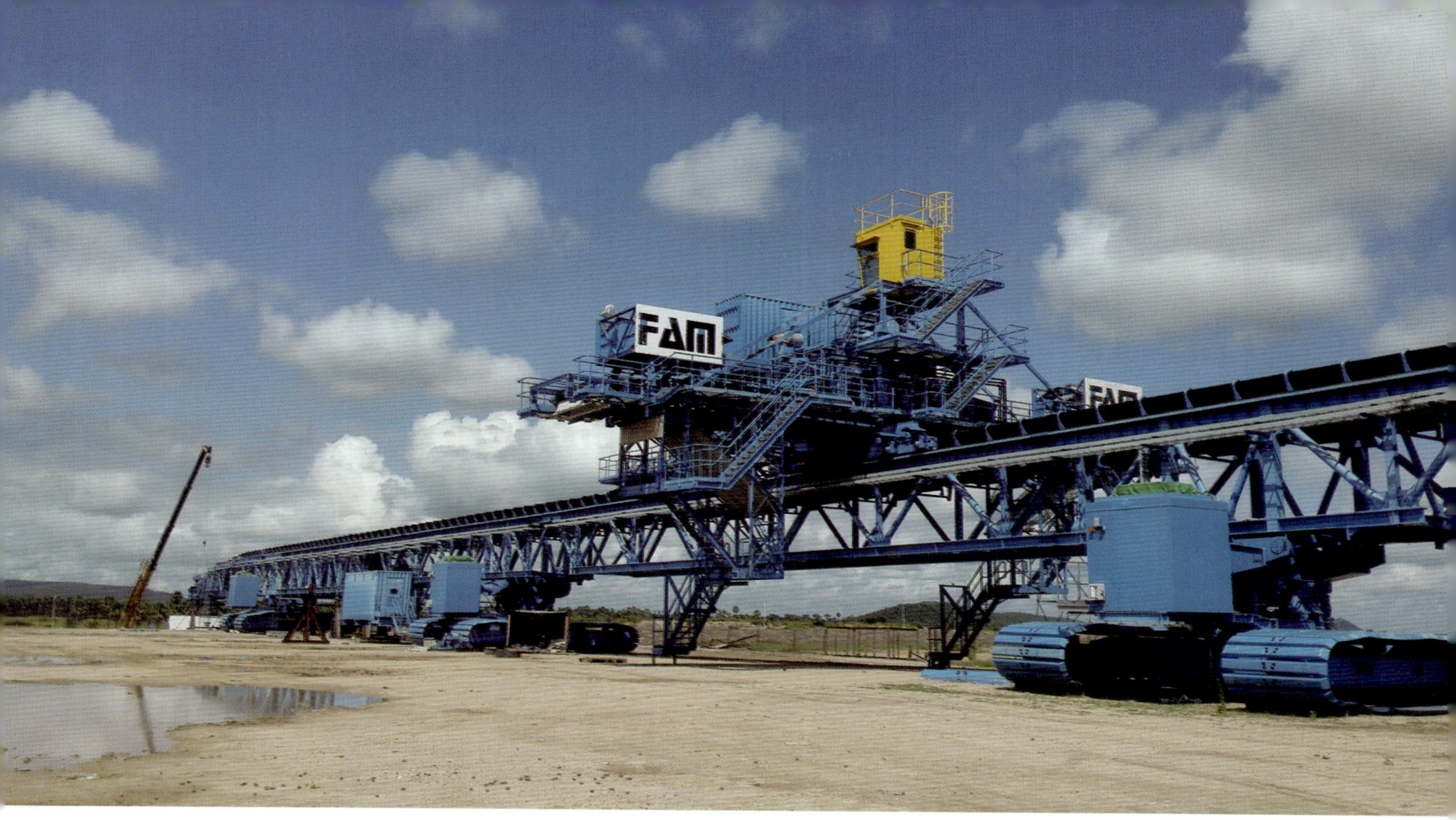

# 北方国际合作股份有限公司

北方国际大厦

巴基斯坦拉合尔轨道交通橙线

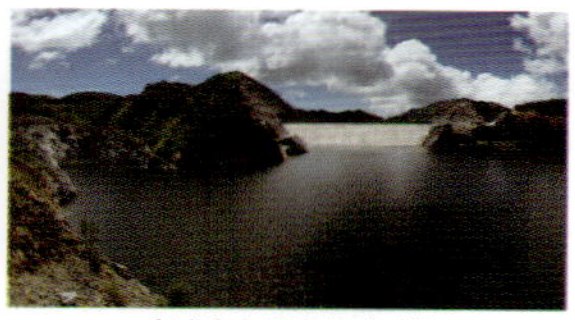

老挝南湃水电站

亚吉铁路

缅甸蒙育瓦铜矿项目

南部非洲跨境物流

北方国际合作股份有限公司（股票代码：000065）是中国北方工业有限公司控股的上市公司。公司专注于国际市场的经营，多年来建立了遍布全球的营销网络，培育了强大的国际化经营能力和投融资能力，具有优秀的全球资源配置能力和项目管理能力。

公司实现了国际工程与专业化产品贸易的有机融合，充分发挥投资的驱动作用，在轨道交通、电力工程、石油矿产设施建设、市政房建、车辆与装备贸易、包装容器研发与生产、物流服务、太阳能产品应用等方面具有优秀业绩与较强竞争力。公司业务范围广泛、专业能力突出，并具有强大的系统集成能力，可以为业主提供一体化和全方位的服务。

公司高度重视企业信誉和企业社会责任，连续多年被中国对外承包工程商会和中国机电产品进出口商会评为“AAA级信用企业”。公司还通过了质量（GB/T19001–2016/ISO9001：2015）、环境（GB/T24001–2016/ISO14001：2015）、职业健康（GB/T28001–2011/OHSAS18001：2007）管理体系认证及工程建设施工企业质量管理规范（GB/T50430–2007）认证。

公司希望进一步加强同海内外各界的业务联系与合作，不断地为客户提供满意的服务，以持续的优良业绩回报股东、奉献社会。

广西防城港核电有限公司位于美丽的北部湾之畔——广西壮族自治区防城港市企沙半岛东侧，是我国西部大开发重点项目之一，也是我国西部地区及北部湾经济区较早的核电厂。广西防城港核电项目是广西能源发展史上的重要里程碑。广西防城港核电厂的建设，不仅填补了广西无核电项目的空白，有利于改善广西能源结构、增强电力保障能力，而且可以有效地拉动广西投资增长，促进经济可持续发展。防城港核电厂一期工程建成后，每年可为北部湾经济区提供150亿千瓦时的安全、清洁、经济的电力，将有力促进广西社会经济发展。

广西防城港核电有限公司规划建设6台百万千瓦级核电机组，一次规划，分期建设。其中，一、二号机组为CPR1000机组，投资约320亿元人民币，首台机组于2016年1月1日投入商业运行；三、四号机采用我国具有自主知识产权的“华龙一号”三代技术，于2015年12月24日正式开工建设。

广西防城港核电有限公司于2015年7月获得AEO高级认证企业证书。截至当前，防城港核电共进口工程物资1079个批次，货值2.608亿美元，上缴税款约3.688亿元人民币，其中，在南宁关区进口425个批次，货值约1.3亿美元，上缴税款约2.1亿元人民币。

据测算，防城港核电一期投运后，与同等规模的燃煤电站相比，每年可减少标煤消耗482万吨，减少二氧化碳排放量约1186万吨，减少二氧化硫和氮氧化物排放量约19万吨，环保效益相当于新增了325平方千米森林，对治理大气污染、实现我国控制温室气体排放目标、保护生态环境发挥积极作用。

广西防城港核电有限公司还积极参与社会公益事业，切实履行中央企业社会责任，通过参加地方公益活动、举办核电科普“五进”系列活动等，扶贫济困、奉献爱心，争取了厂址周边居民对核电项目建设的理解和支持，为构建和谐、稳定的社会环境奉献力量。

Midori Auto Leather (CHINA) CO., LTD

# 美多绿汽车皮革（广州）有限公司

美多绿汽车皮革（广州）有限公司原名广州绿北洋皮革制品有限公司，是一家由广州市花都宏基实业有限公司和日本美多绿汽车皮革株式会社共同投资成立的中外合资企业，成立于 2000 年 8 月，总投资 17600 万元人民币，注册资本 9200 万元人民币，其中中方投资 20%，公司经营范围为加工、生产牛蓝湿皮和皮革，销售本企业产品。

公司主要产品为汽车内饰用牛皮革制品，包括座椅、方向盘、排挡杆、门板等真皮内饰产品。产品主要销往国内及日本、东南亚等国家和地区，产品全部供给丰田、本田、日产、三菱、富士、铃木、马自达等日系汽车零部件生产商。公司以“天然素材科学化”为主题，科学地使用天然原材料，力求制造出满足市场需求的绿色优质产品。从真皮制造到裁断、缝制加工，能广泛地提供座椅、仪表盘、方向盘、排挡等汽车内饰真皮，通过皮革表面处理、加饰加工、制革、裁断、缝制加工一体化的生产体系，来满足客户的需求。另外，基于手工缝制和贴合的卷革技术的研究和开发，公司的贴合工艺技术发展水平较高，通过拥有全球 8 个国家专利的“MM 贴合工艺”，使以前只能手工制作的卷革制品，现在能够稳定生产，提高贴合和设计的自由度。

经过不断发展，公司先后获得了 AITF16949：2016 质量管理体系认证、ISO14001：2015 环境管理体系认证和 BSOHS18001：2007 职业安全健康管理体系认证，是 AEO 高级认证企业。

公司现为广东省皮革协会副会长单位、制革专业委员会委员单位。

**地址**：广东省广州市花都区新雅街华兴工业区华兴南路 3 号
**邮编**：510800
**电话**：020-36850429
**传真**：020-36850410

DENSO

**【公司荣誉】**

- 电装全球QC发表一等奖
- 广东省环保公益先进单位
- 全国大型汽车空调供应商
- 高新技术企业
- 广州市劳动关系和谐企业AAA级
- 连续多年评为当地纳税大户
- 连续多年评为广汽丰田优秀供应商
- 广州市“工人先锋号”
- 应用丰田TPS生产方式的模范工厂
- 2008年永丰会改善指导员企业

# 广州电装有限公司

总经理 竹内慎太郎

日本原产精密检测设备

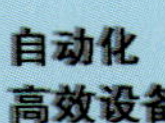

自动化高效设备

整齐高效的舒适职场

形式多样的竞赛培训

**【公司简介】**

广州电装有限公司成立于 2003 年 6 月 1 日，注册资金 2300 万美元，其中电装（中国）投资有限公司占 60%，广州汽车集团零部件有限公司占 40%。

公司主要产品有 HVAC 空调单元总成、冷凝器、电动风扇、散热器等，主要为广汽本田、广汽丰田、武汉东风本田、广汽乘用车、本田（中国）、长安铃木、上汽通用五菱、长安福特、广汽菲亚特等整车厂提供配套产品与服务。

在全球化竞争和中国汽车工业蓬勃发展的今天，广州电装以建设高水平的汽车空调系统和热交换器工厂为目标，引进日本电装先进的汽车空调系统和热交换器生产技术，采用电装特有的DENSO生产管理体系，通过本地化的改善，建立了适应中国市场的制造系统。广州电装保证向每一个顾客提供与日本电装同样质量标准的产品，达到世界较高水平。公司已通过ISO/TS16949：2002认证、ISO14001：2004认证、OHSAS18001：2007认证。

广州电装为员工创建多元化的企业文化氛围，充分发挥每一个员工的智慧，不断改善和提高员工的工作和生活环境，使员工在充满朝气与活力中生产出客户满意的电装产品。

**【公司产品】**

HVAC

电动风扇

水箱

冷凝器

配管

压缩机

地址：广东省广州市增城市永宁街创强路 171 号　邮编：511358

电话：020-82980288

传真：020-82980008　32147108

CVTE

# 广州视源电子科技股份有限公司

广州视源电子科技股份有限公司（以下简称视源股份）成立于2005年12月，注册资本为65584.534万元，旗下拥有多家业务子公司。视源股份总部设在广州市黄埔区，并在上海、深圳、香港和海外设有技术服务中心。公司目前总人数超过4700人，约60%为技术人员，员工平均年龄约为29岁。

视源股份主营业务为液晶显示主控板卡和交互智能平板的设计、研发与销售。其中，交互智能平板是公司以液晶显示主控技术为基础，结合多点触摸交互技术、数字信号处理技术与计算机软硬件技术，开发出的具有自主知识产权的集电视、电脑、电子白板等功能于一体的电子产品。视源股份旗下有多个品牌，包括教育信息化应用工具提供商希沃（seewo）、高效会议平台MAXHUB等业内知名品牌。公司始终致力于赋予电子产品更加丰富、高效的沟通及互动体验，依托在显示驱动、信号处理、电源管理、人机交互、应用开发、系统集成等技术领域的产品开发经验，面向多应用场景，通过技术创新不断延伸和丰富产品结构，目前产品已广泛应用于家电领域、教育领域、企业服务领域等。

视源股份把人才作为企业发展的动力源泉，非常重视人才的选、育、用、留。视源股份设立了完备的培养机制以帮助每位新成员快速成长，包括基础素质培训、专业技能培训、岗位培训和管理素质培训等。视源股份通过打造明确的上升通道和施展能力的平台空间，并提供全面的保障措施，充分保障每个成员迅速成长。

公司作为高科技企业，对研发和创新的投入亦是重点，拥有多个综合实验室，如投资千万元建造的EMC实验室。同时，公司十分重视对核心技术的保护，截至2019年7月31日，公司已拥有授权专利超过3500件，拥有计算机软件著作权、作品著作权超过1000项。其中，公司在2018年PCT国际专利申请榜上排行第17位，并荣登2019年上半年发明授权专利量TOP100。

经过13年的发展，公司已成为较早的制造业双创试点企业、高新技术企业、知识产权示范企业，并入选2019年《财富》中国500强、2018年中国制造业500强、2018年中国电子信息行业百强、2018中国企业创新能力100强等，同时也是AEO高级认证企业。

MAXHUB旗舰款

希沃交互智能平板

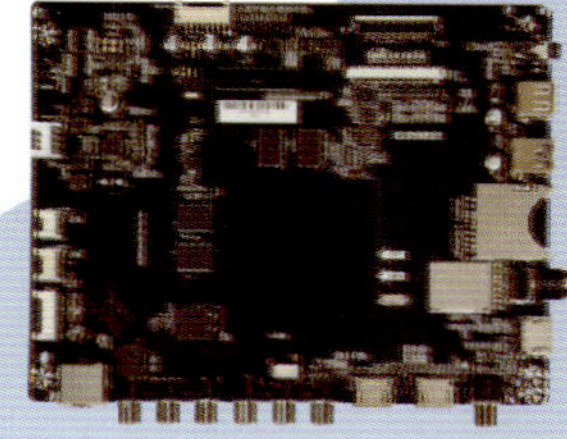
TV液晶显示主控板卡

# 日产（中国）投资有限公司

日产（中国）投资有限公司（简称日产中国）成立于 2004 年 2 月，作为日产在中国的全资子公司，与日产汽车总部一起管理在中国的投资。日产中国一直负责日产汽车在中国的公共关系、品牌管理和知识产权等工作；同时在日产的全球运营、购买和出口有竞争力的中国制造零部件等领域，也发挥着重要作用。日产中国还依托日产全球五大设计基地之一——日产中国设计中心，进一步增强日产品牌在中国的竞争力。

作为一家有责任感的汽车制造商，日产始终以“丰富人们的生活”为愿景，以“零伤害”“零排放”为终极目标，坚持履行企业社会责任，着力解决来自环境以及社会的挑战，为建设可持续发展社会而不懈努力。

教育始终是日产关注的重要领域。2013 年，日产中国携手中国联合国教科文组织全国委员会、中国国际贸易促进委员会汽车行业分会共同合作开展了公益项目——日产筑梦课堂。日产筑梦课堂以全球先进的 STEAM 教育理念作为指导理念，集科学、技术、工程、艺术、数学多领域相关知识于一身，并通过互动和动手实验的形式进行展现，拓展青少年的视野，培养创造力和实践能力，促进学生的全面发展，为中国的青少年教育和中国汽车行业的可持续发展做出贡献。自启动以来，日产筑梦课堂已为北京、广东、四川、湖北、云南、甘肃等地的 400 余所小学进行授课，截至 2019 年 12 月，受益学生总人数达 50 万余人。

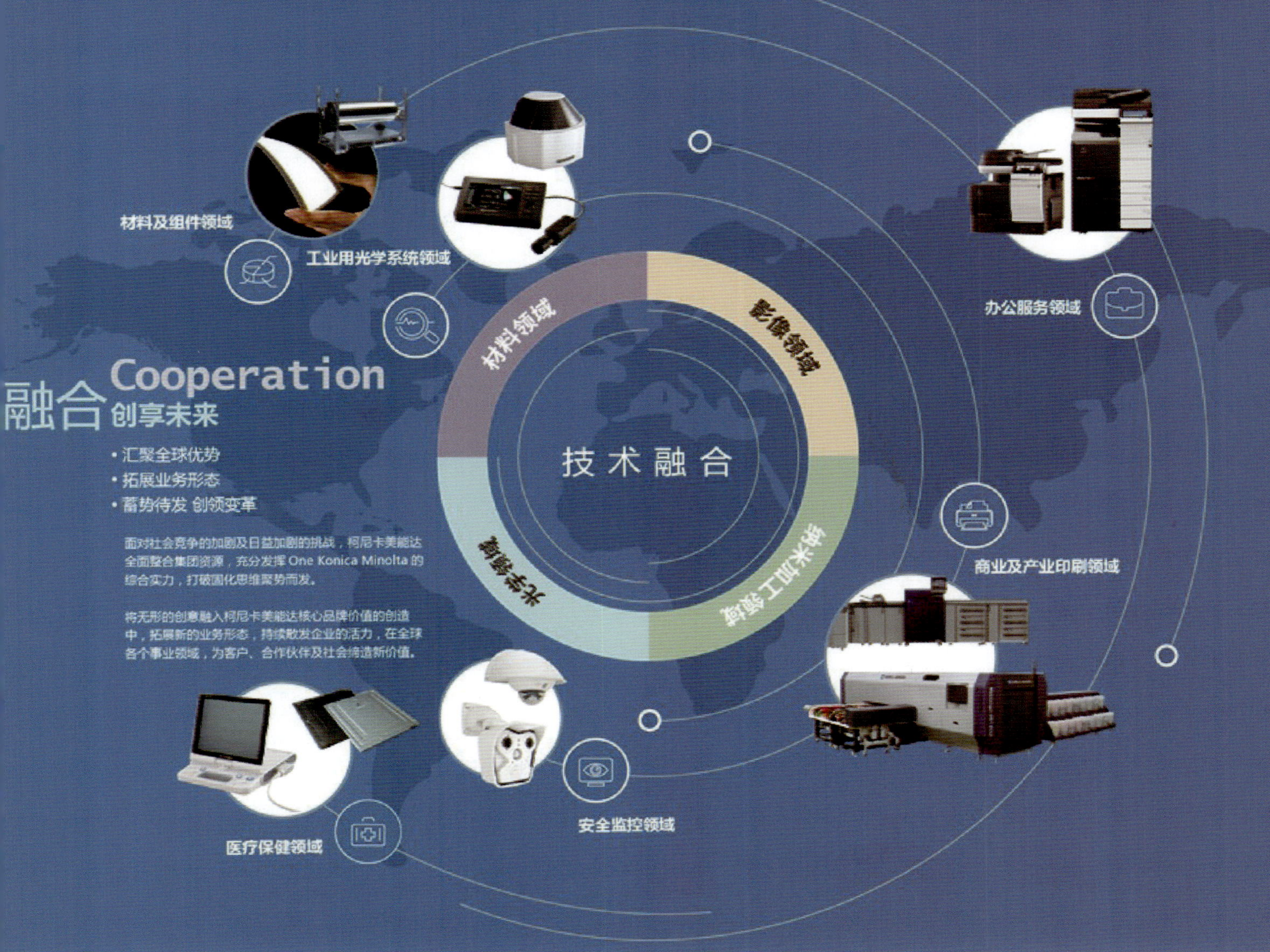


# 柯尼卡美能达办公系统（中国）有限公司

柯尼卡美能达办公系统（中国）有限公司（以下简称柯尼卡美能达）成立于2005年，是日本柯尼卡美能达株式会社在中国的全资子公司，总部设在上海，目前在北京、广州、天津、深圳、成都、无锡等地共设有11家直属分支机构，渠道服务网络覆盖全国。

秉持“一切以客户为中心”的企业理念，柯尼卡美能达积极践行“创意改变世界”的企业口号，坚持以创新驱动革新，凭借独具匠心的创新产品、个性化的数字化解决方案以及优质的售后服务为各行业用户带来了全新的价值体验，成就了数字化办公时代的商务新典范。凭借创新的理念与强大的实力，柯尼卡美能达现已为制造、医疗、金融保险、物流、教育等多个行业用户提供了专业、高效的数字化整合增值服务。2017年柯尼卡美能达实现了积极的成长态势，在实现20%的高速增长的同时，连续12年领跑A3幅面彩色复合机市场，数字印刷业务销售业绩成功翻倍。

在产品品质、服务质量、管理体系以及环保等诸方面柯尼卡美能达均达到了国际标准，通过了ISO9001质量管理体系认证、ISO14001环境管理体系认证以及ISO27001信息安全管理体系认证等多项国际权威认证。同时，柯尼卡美能达始终将企业社会责任视作经营本身，积极履行“企业公民”的义务与职责，在教育和环保等诸多社会公益领域做出了积极的表率，源源不断地向社会传递正能量，为创建可持续发展的社会做出贡献。

作为全球数字化整合增值服务商，柯尼卡美能达将顺应当下物联网、大数据、云计算等新兴技术给互联网时代带来的新一轮裂变式变革，以“客户的数字工作流为中心”，通过融合产品、技术与服务，集结集团资源，全面打造解决客户所有课题的“整体价值运营商”，倾力为用户、合作伙伴及社会缔造更多新价值！

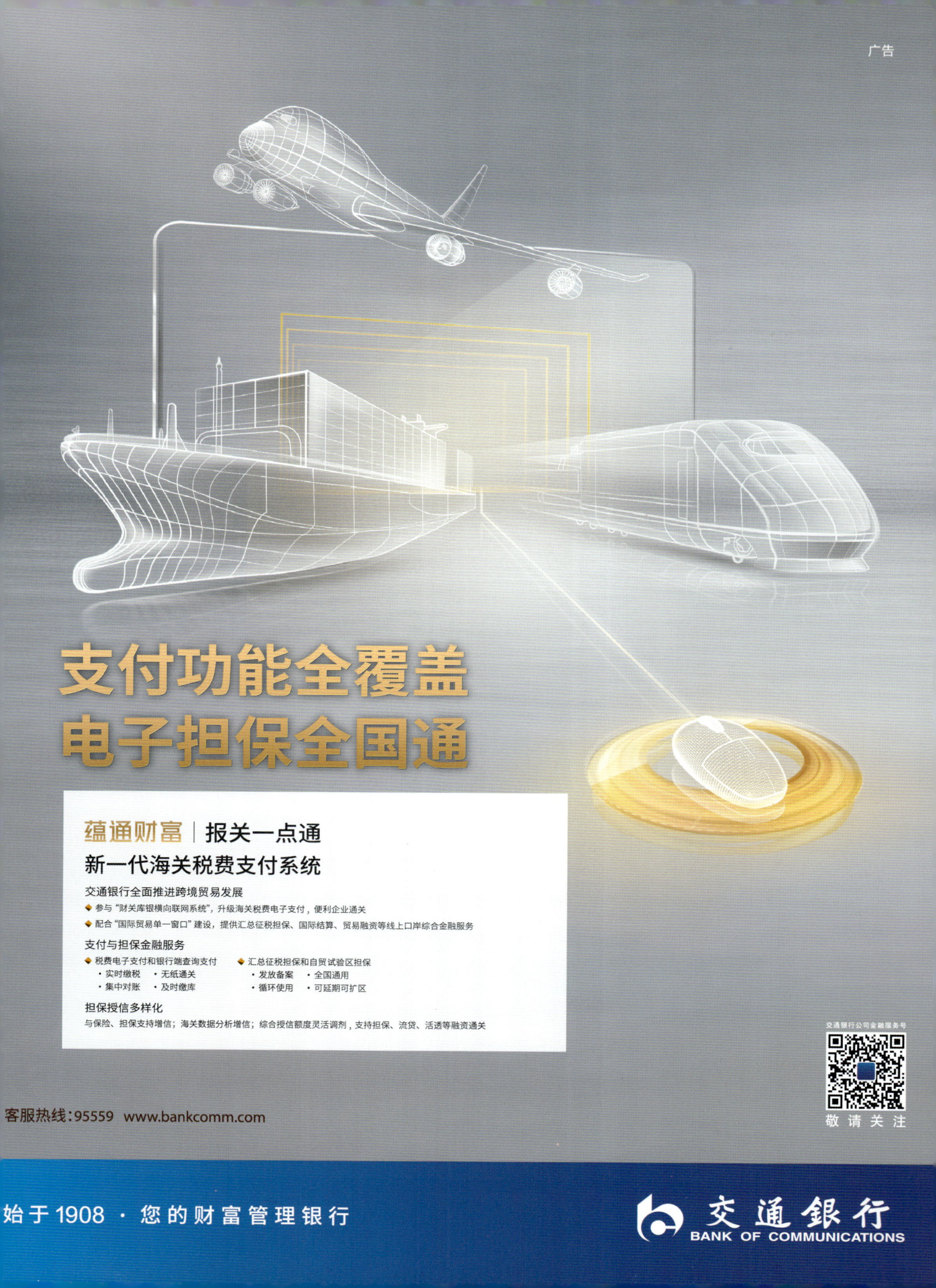

广告
支付功能全覆盖
电子担保全国通
蕴通财富 | 报关一点通
新一代海关税费支付系统
交通银行全面推进跨境贸易发展
◆ 参与"财关库银横向联网系统"，升级海关税费电子支付，便利企业通关
◆ 配合"国际贸易单一窗口"建设，提供汇总征税担保、国际结算、贸易融资等线上口岸综合金融服务
支付与担保金融服务
◆ 税费电子支付和银行端查询支付
· 实时缴税 · 无纸通关
· 集中对账 · 及时缴库
◆ 汇总征税担保和自贸试验区担保
· 发放备案 · 全国通用
· 循环使用 · 可延期可扩区
担保授信多样化
与保险、担保支持增信；海关数据分析增信；综合授信额度灵活调剂，支持担保、流贷、活透等融资通关
客服热线：95559 www.bankcomm.com
交通银行公司金融服务号
敬请关注
始于1908 · 您的财富管理银行
交通银行
BANK OF COMMUNICATIONS

Contents

# 目 录

## 总体情况篇



## 法规文件篇

中国国际贸易

单一窗口

年鉴

# 总体情况篇

ZONGTI QINGKUANG PIAN

2019

# 综 述

2018年，在国务院口岸工作部际联席会议统筹推进下，国家口岸管理办公室（以下简称国家口岸办）会同地方政府、各口岸相关单位认真落实党中央、国务院的决策部署，积极推进中国国际贸易单一窗口（以下简称"单一窗口"）建设，取得务实成效。截至2018年年底，国际贸易"单一窗口"标准版（以下简称标准版）已覆盖全国所有口岸，累计注册用户超过150万家，单日申报业务量突破120万票，申报业务总量达2.5亿票，主要业务应用率达到80%以上。

"单一窗口"将大通关流程由"串联"改为"并联"，实现一点接入、一次提交、一次查检、一键跟踪、一站办理的"五个一"功能特色，有效促进了"减、优、提、降"（减单证、优流程、提时效、降成本），持续改善口岸环境，促进贸易便利，取得了明显成效，国务院领导同志多次对"单一窗口"取得的成效作出批示。世界银行《2019年营商环境报告》显示，我国跨境贸易指标排名由97名升至65名，跃升32位，报告特别提到，中国通过实施"单一窗口"，取消行政性收费，增强透明度并鼓励竞争，压缩了跨境贸易的时间和成本，是跨境贸易指标的重要加分项。亚太地区规模最大的美国商会之一上海美国商会发布的《2018年贸易环境满意度调查报告》显示，"单一窗口"建设获企业好评，85.8%的受访企业对"单一窗口"提高通关效率、降低贸易成本表示认同，是该报告满意度指标排名最高的一项，其中35.7%的企业将"单一窗口"作为对自身业务产生最积极影响的改革措施。

## 一、标准版基本功能进一步完善，基本覆盖各业务领域

升级完善标准版空运、公路、铁路舱单和运输工具等功能并在全国推广；建设推广展览品申报、加贸保税、跨境电商等功能；新增实现非机电产品自动进口许可证、进口广播电影电视节目带（片）提取单、援外项目任务通知单、音像制品（成品）进口批准单等许可证件申领功能。截至2018年年底，标准版已建成货物申报、舱单申报、运输工具申报、展览品申报、许可证件申领、原产地证申领、企业资质办理、查询统计、出口退税、税费支付、加贸保税、跨境电商12大基本功能，提供网上服务事项464项，业务覆盖水运、空运、公路、铁路等各类口岸和特殊监管区、自由贸易试验区（以下简称自贸试验区）、跨境电子商务综合试验区等各种区域。

## 二、跨部门信息交换共享力度不断加大，业务协同和作业无纸化稳步推进

建立数据资源共享目录，建设多边交换的数据共享池。汇集 17 个成员单位、71 类 3429 个数据项，累计交换数据超过 31 亿条。根据《国务院关于印发优化口岸营商环境　促进跨境贸易便利化工作方案的通知》（国发〔2018〕37 号）要求，自然资源部、农业农村部、商务部、人民银行、市场监管总局、林草局、药监局、密码局等 19 家部委积极推进监管证件联网核查，除 4 种因安全保密需要等特殊情况外，其余 42 种监管证件全部实现电子联网，在通关环节进行自动比对核查，企业不需要再向海关提交纸质监管证件。

开展数据协调、简化和标准化工作，将国际贸易涉及的 11500 个数据元合并简化到 4401 个，简化率达 61.7%；海关总署实施关检融合整合申报，将货物申报所需各类单证数量由 89 种精简为 52 种，精简了 41.6%，并全部实现无纸化提交。海关总署、交通运输部、国家移民管理局共同推行船舶进出境向各部门“一单多报”，变口岸监管部门审核由“串联”为“并联”，原 72 种纸质申报材料除保留护照和临时入境许可申请名单外，其余 70 种纸质材料全部实现无纸化。海关总署推广“单一窗口”新一代税费电子支付和税单版式打印功能，企业可足不出户实时完成税费支付，自行打印“海关专用缴款书”，免去纸质税单流转。

## 三、建立健全标准体系

统一全国“单一窗口”用户管理和身份认证，实现“一地注册、全国通用”；建成“中国国际贸易单一窗口”统一门户网站，统一界面、统一标识、统一域名规范，实现企业办事“一个入口”；统一数据标准，统一接口管理与发布，各部门系统以“总对总”方式与“单一窗口”一次对接、服务全国；配套“单一窗口”工程实施，制定了涉及接口规范、设计规范、交换规范、安全规范、集成指南等方面共 23 项工程技术标准规范。通过推进标准化建设，有效确保了高质量建设“单一窗口”，初步形成了全国互联互通的一体化“单一窗口”环境。

## 四、建立全国一体化安全运维保障体系

建立一体化安全运维保障机制，统一全国服务号码 95198，规范服务标准，完善网络基础设施，加强系统安全运维。2018 年，“单一窗口”系统可用率超 99.9%，问题解决率达 99%以上，95198 热线接通率达 95%以上，极大提升了系统性能，增强了用户体验，确保系统的安全、稳定、高效运行。

## 五、 积极开展国际交流合作

积极开展与联合国贸易便利化与电子商务中心（UN/CEFACT）、世界海关组织（WCO）、亚欧会议（ASEM）、亚太经合组织（APEC）等国际组织，以及新加坡、俄罗斯、越南等国家和我国香港、澳门地区交流合作。2018 年，世界贸易组织（WTO）对中国进行第七次贸易政策审议，中国国际贸易“单一窗口”建设成为审议的亮点之一。中国在 2018 年亚欧领导人会议上成功推出亚欧贸易便利化倡议——《推进“单一窗口”建设，促进亚欧互联互通》。中国与新加坡之间的“单一窗口”互联互通进入实施阶段。

## 六、 各地宣传推广有力，积极建设地方特色功能

各省、自治区、直辖市高度重视“单一窗口”建设和推广工作，将其作为优化营商环境、扩大对外开放的重点任务进行部署。各地方口岸办主动担当作为，积极协调口岸有关各方，共同推动标准版在本地区的推广应用。通过全覆盖宣传培训、“一对一”现场指导、专人收集反馈问题等措施，引导企业应用标准版新功能，不断推动标准版业务上量。2018 年，全国各地累计开展各类免费培训 1200 多场次，参加培训企业代表 8 万人以上。积极支持标准版危险品申报、中欧班列、中新（加坡）“单一窗口”互联互通等试点项目建设。依托“单一窗口”平台和数据优势，拓展地方特色服务功能，有效支持海南自贸试验区、粤港澳大湾区和云南边民互市等建设。

# 国际贸易"单一窗口"标准版实现"五个一"

## 一、实现"五个一"的功能特色

"单一窗口"将国际贸易大通关流程由"串联"改为"并联"，实现接入、提交、查验、跟踪、办理"五个一"的功能特色。

一点接入：数据多跑路，企业少跑腿。"单一窗口"整合各部门申报系统，企业通过互联网随时随地接入办理各项业务。通过"单一窗口"可一次性申领涉及农业农村部、商务部等部门的 8 种监管证件，进出口环节具备联网条件的 42 种监管证件全部依托"单一窗口"联网核查；可一次提交企业备案数据，并行办理进出口所需各类资质申请；可足不出户、线上缴税、担保支付，发出付款指令至接收缴款成功回执不超过 2 分钟。

一次提交：数据一次提交，多次调用。以往企业办理货物出口时，合同、箱单、发票等同一份贸易单据需分别向海关、国税、外汇、银行、运输、仓储、监管场所等提交至少 8 次，现在通过"单一窗口"企业无须重复提交。推行船舶进出境"一单多报"及全流程无纸化作业，取消了 44 类、70 余种，共计 150 页左右的纸质申报材料，办事所需时间由原先累计 16 小时压缩至 2 小时，原来跑现场 9 次以上改为"最多跑一次"。出口退税功能通过复用报关单数据，可减少企业 90%录入工作量，仅上海一地每月即减少重复录入近 2000 万项。

一次查验：联合登临，一次查验。依托"单一窗口"平台汇集口岸管理相关部门各类查验信息，实行指令对碰、预约交互、联合登临、一次查验，通过国际航行船舶联合登临检查工作机制，将以往口岸各部门分别实施查验的"串联"作业变为现在的"并联"作业，大大提高了通关效率。

一键跟踪：一键订阅，全程跟踪，有序调度。查询统计功能实现了进出口贸易全流程通关状态查询，企业可以通过手机 App 一键订阅，实时推送相关运输工具、货物通关等状态，便于企业实时跟踪、全程掌握，合理安排订舱订位、装箱上船等作业环节的时间，有序开展企业生产运营活动，有效提升贸易透明度，缩短通关时间。

一站办理：企业便利，监管高效，环境优化。企业可通过"单一窗口"一站式线上办理申报、查验、放行业务，并延伸到许可办理、出口退税、网上支付等贸易管理和金融服务等环节。据重庆口岸办测算，通过实施“单一窗口”，水运口岸进出口19个环节优化了8个，优化率42%；抵港到提货时间由平均4天压减为3天，压减率25%；企业成本下降10%以上。

## 二、促进“减、优、提、降”

通过实施“单一窗口”，大大促进了效率提升，有效促进了“减、优、提、降”，持续改善口岸环境。

一是减环节，通过推进“单一窗口”建设，变有纸为无纸、线下为线上、串行为并行，让贸易更加简单自如。中国舟山外轮代理有限公司反映，通过“单一窗口”运输工具（船舶）“一单多报”，企业原来需要跑现场9次以上改为“最多跑一次”。

二是优流程，打通了企业通关贸易中的堵点，切中痛点，破除难点，让数据多跑路、企业少跑腿。重庆通达报关服务公司反映，“单一窗口”将转关单核销状态信息推送收货人及代理人，仅这一环节优化即节约0.5天时间。

三是提效率，将口岸各部门作业系统由“物理集中”到产生“化学反应”。企业无须频繁切换各部门作业系统，通过“单一窗口”全部搞定。湖南西联捷运国际货运代理有限公司反映，企业可一站式办结所有通关手续，节省大量人力和时间成本。

四是降成本，切实增强企业获得感。“单一窗口”减少企业大量重复性录入申报工作，并且实行免费申报制度，大大减轻企业负担，实现普惠、共赢和公平。广州盈海国际货运代理有限公司反映，以前报关业务需要300多人来负责，要往返多地，现在只需在电脑上操作，减少了人力成本。

有了“单一窗口”这条免费的现代化“高速公路”，加上良好的维护保障措施，为各地区开放型经济发展真正起到“助推器”的作用。

## 三、应用项目案例

**案例1：关检融合整合申报**

### 支持关检业务融合实现货物<br>“一次申报、一单通关”，业务应用率100%

国家口岸办深入推进“单一窗口”建设，有力支撑了关检业务融合，货物申报由原来的报关报检两次操作，全面转为向海关“一次申报”。企业通过“单一窗口”关检融合整合申报界面，一次性录入/导入原报关单和原报检单所需数据，满足海关有关货物查验和检验检疫等监管要求。

根据中共中央印发的《深化党和国家机构改革方案》，原国家质检总局的出入境检验检疫管理职责和队伍划入海关总署。2018 年 8 月 1 日，关检融合后的标准版货物申报功能顺利切换升级，实现了“一次申报、一单通关”，各地企业陆续成功实现关检融合货物统一申报，创造了海关“放行新速度”。切换当日 0 点，青岛翔通报关行有限公司完成了山东首单关检融合货物“一次申报”操作，几分钟后报关单即成功放行，该企业人员激动地说：“信息录入反应很快，申报后也很快就放行了，真是太方便了！”深圳市华星光电技术有限公司和深圳市华商联报关报检有限公司也于当日 0 点申报成功，不到 7 分钟即放行，该企业人员称赞道：“从线上申报到收到放行回执，这速度真是杠杠的！”

此次标准版货物申报功能切换升级，解决了长期困扰企业的实际难题：一是企业以前需要面对多套系统，来回切换操作，现在则只需面对一套系统，无须切换系统；二是以前企业分别向海关和检验检疫申报，有超过 1/3 的数据需要重复录入，现在相同数据只需录入一次，然后一次性提交“一张大表”即可；三是借助此次关检融合业务改革，对企业申报所需随附单证进行了全面梳理，将随附单证数量由原来的 89 种精简到 52 种，精简了 41.6%。可以说，此次关检融合整合申报改革实现了“一张报关单、一套随附单证、一组参数代码、一个申报系统”，既提高了通关效率，也减轻了企业负担，给企业带来了实实在在的红利。

“原来需要两拨人分别负责报关、报检手续，现在只需要一拨人，不仅节约成本也节约了手续时间，单一窗口申报真是太方便了。”海通物流市场营销部执行总监奚佳霖说。

“对于车厘子这类高价值的水果来说，市场价格变动极大，如果晚一天，可能曾经极优的市场行情就时过境迁了。单一窗口统一申报，给我们节省了大量时间。”上海伊和食品国际贸易有限公司副总经理夏添说。

DHL 空运服务（上海）有限公司进口清关总监冯翎表示：“对于快递企业来说，加快放货时间、提升客户体验就是我们的生命。单一窗口关检融合为我们企业节省了两成左右的成本，整体的工作效率则提升了 70%。”

关检融合整合申报改革后，企业通关成本明显降低，通关效率显著提高，大大提升了企业获得感，有效改善了口岸营商环境，促进了跨境贸易便利化。

**案例 2：展览品申报**

## 助力首届中国国际进口博览会<br>展览品申报功能提供通关、监管双便利

为了更好地服务首届中国国际进口博览会，促进进出口岸的展览品通关便利化，标准版上线

展览品申报功能，对企业端录入、申报流程进行优化，为首届中国国际进口博览会提供展前备案、展品申报、进出境通关、展中监管、展后核销等“一站式”全方位服务。

通关便利方面。依托“单一窗口”建立首届中国国际进口博览会动态检测平台，提供多维度分析与全景式展示，实现展览品动态实时监控，为博览会“6+365”服务与通关便利提供平台支持。据上海方面测算，未来5年该系统将服务超过10万亿美元的进口商品和服务。此外，“单一窗口”为企业提供免费申报服务，进一步减轻企业负担。

监管便利方面。海关等监管部门与博览会展馆、商务部门共同依托“单一窗口”实现数据互换和执法互助。“单一窗口”具备大数据分析能力，可实时掌握参展企业情况、行业数据、交易详情和发展趋势，为监管部门风险管理和政府决策提供支持。

根据商务部的统计数据，首届中国国际进口博览会集外交、展会、论坛于一体，达到了“一流企业、一流产品、一流环境、一流服务、一流成效”的目标。172个国家、地区和国际组织参加博览会，220多家世界500强和行业龙头企业参展，300多项新产品、新技术首次发布，成交额达578亿美元。进口博览会已经成为新时代我国高水平对外开放的里程碑，在国内外产生了广泛而深远的影响。为支持保障进口博览会的顺利举办，海关总署发布了《首届中国国际进口博览会海关通关须知》，明确国家会展中心可以通过“单一窗口”提前完成进口博览会信息的海关备案工作，采取“一次备案、分批提交清单”的方式办理海关手续，确保进口博览会物资抵达口岸后能够实现快速通关。

**案例3：运输工具“一单多报”**

## 运输工具“一单多报”效果显著<br>船舶进出境通关手续办理“最多跑一次”

2018年8月7日，海关总署会同交通运输部、国家移民管理局联合下发通知，决定在全国口岸推广应用标准版运输工具（船舶）申报系统，自2019年1月1日起，国际航行船舶统一通过标准版运输工具系统向各部门申报。通知还规定，除船员出入境证件、临时入境许可申请名单外，各口岸查验单位不再要求企业提交其他纸质单证（口岸疫情、现场查验等特殊情况除外），实现船舶进出境通关“最多跑一次”。

此次国际航行船舶通过标准版运输工具系统向各部门申报，也被称为标准版运输工具“一单多报”功能，是由海关总署国家口岸办会同国家移民管理局、交通运输部海事局等部门，于2018年1月起率先在浙江舟山试点成功后推向全国口岸的一项新的利好措施。在功能试点及全国推广期间，各部门密切配合、协同推进，试点地区口岸办主动作为、大胆创新，围绕“提升企业获得感”推出了多项务实举措：

一是通过标准版与各部门系统“总对总”对接，实现向各部门“一单多报”，变“串联”为“并联”，船舶进出境申报数据项由1113项压缩至371项，减少数据录入三分之二，一举解决了长期以来企业多头申报、重复录入、信息不共享等问题。

二是推动船舶进出境通关无纸化，实现环节简化和流程优化，原需向各口岸查验单位递交的44类、70余种纸质申报材料全部取消，企业办理通关手续由原来跑腿9次以上改为“最多跑一次”。

三是实现通关监管与港航服务的数据联动和信息共享，引航调度信息可以通过“单一窗口”实时同步和自动关联，并带动引航港调业务全面无纸化。

标准版运输工具“一单多报”功能，打破了一直以来船舶进出境有纸申报、分头申报的业务模式，实现了各部门口岸业务扁平化管理，一窗申报、无纸操作、流程优化、环节简化，有效节省了通关成本，优化了监管资源，推进了执法统一，改善了营商环境。

2018年6月21日，标准版运输工具（船舶）申报系统全国推广应用现场会在浙江舟山召开。会上，中国舟山外轮代理有限公司一名业务员通过标准版，仅用10分钟就分别完成了一艘巴拿马型散货船的进境通关手续和一艘30万吨油轮的离港通关手续，向各家口岸查验单位同时申报和接受审批。据该公司介绍，企业通过标准版办理船舶进出境全流程通关手续由原来累计16小时以上压缩到现在的2小时，通关时间压缩八成以上。

**案例4：税费支付**

## 推动税单无纸化和电子化实现随时随地高效关税缴收

“海关专用缴款书”俗称“税单”，是企业缴纳进出口货物关税、增值税、消费税等税费的凭证，也是企业进行会计处理、办理税务抵扣等事务的重要凭据。国家口岸办认真落实党中央、国务院决策部署，会同相关部门大力推进“单一窗口”建设，实现税单无纸化和电子化。标准版新一代税费支付系统上线后，企业通过该系统与海关、银行在线签署三方协议，可“一站式”完成税款缴纳、税单自助打印等通关手续。

据企业反映，使用标准版新一代税费支付系统具有以下明显优势：

优势一：税款实扣成功后，系统马上自动放行。

进出口企业和单位以电子支付方式缴纳税款后可通过标准版下载、打印税单，海关通关系统在税款扣缴成功后自动进行放行作业，打通了海关通关无纸化改革的“最后一公里”，使企业无须在海关、银行之间“跑腿”。海关工作人员表示，企业自主打印税单后，在确保监管安全的同时，有效提升整体通关效率。据企业反映，企业获取税单的时间由一周左右缩减到十分钟以内，大幅节约了税单在海关、报关行和企业之间的流转时间，以及由此产生的人工和快递等费用，提升了关务和财务的工作效率。

优势二：支持7种税费缴纳，提高了海关征税作业无纸化水平。

该系统可支付的税费种类有进出口关税、反倾销税、反补贴税、进口环节代征税、废弃电器电子基金、缓税利息、滞纳金7种。依托“单一窗口”，海关不仅可以支持所有商业银行的用户办理税费支付业务，还可协助人民银行有效规范金融秩序，推动进出口企业资金的快速回笼，以及协助国家税务总局实现“先比对后抵扣”，提升进出口企业办理增值税抵扣的速度。

优势三：税费支付作业流程优，税款入库效率高、时间省。

依托“单一窗口”，海关将税单信息实时传输给人民银行、国家税务总局，改变了以往企业通过第三方支付平台缴纳税款的业务模式，进一步优化了海关税费电子支付作业流程，实现了税单流转和税费入库的全程无纸化、电子化，有效提高了税款入库效率，大大缩短了通关时间。根据昊链科技公司工作人员现场测试，从“单一窗口”提交申请缴纳海关税费到实付税费成功只需要2分钟，从实付税费成功到海关放行只需1分钟。

通过“单一窗口”缴纳税款，企业从发出付款指令至付款完成不超过2分钟，并可于当日、最迟次日完成税款入库，充分发挥“单一窗口”24小时随时随地办理业务的优势，方便企业足不出户办理税费支付业务。“单一窗口”让“数据多跑路、企业少跑腿”，帮助企业省时、省力、省钱，赢得了企业的点赞和好评。

**案例5：监管证件**

## 加强协同监管　助推企业通关无纸化

按照国务院要求，海关总署会同生态环境部、农业农村部、商务部、林草局等19个部委，在全国口岸推广监管证件联网核查和网上办理业务，进出口环节保留验核的46种监管证件中，除4种因安全保密等特殊情况外，其余42种全部依托“单一窗口”实现了电子联网，并在通关环节进行比对核查。整个通关过程中，企业无须提供纸质证件，海关通关系统会根据企业填写的监管证件编号调阅电子底账数据进行比对审核，自动审核通过率达80%以上。通过“电子底账+联网核查”手段，避免了以往企业现场奔波、纸质申请、重复递交等烦琐手续，实现了“数据多跑路、企业少跑腿”，大大减轻了企业负担。同时，此举还严密了口岸监管，通过跨部门的联网核查和协同作业，有效杜绝了虚假单证，打击了走私违法行为。

以“农药进出口登记管理放行通知单”联网核查为例，在农药进出口贸易量不断增长的同时，一些不法企业违法生产并通过伪造单证等方式出口的行为日益增多，扰乱了农药进出口贸易的正常秩序，一批不合格产品的出口对我国农药产品的国际声誉产生了负面影响。为此，海关总署和农业农村部共同推动依托“单一窗口”实现“农药进出口登记管理放行通知单”联网核查和通关核销，系统上线后取得了明显成效：一是加强了农药进出口监管，有效打击了私刻公章伪造证明出口等违法行为；二是海关通过纸质单证与电子数据的双核查，减轻了现场关员单纯靠人工辨别通知单真伪的工作压力，降低了海关执法风险；三是农业农村部通过海关的核销反馈数据全面掌握农药进出口状态，加强了对农药进出口的统计和预警分析。此举不仅加强了我国农药进出口监管，规范了农药进出口贸易秩序，更进一步提高了管理部门的决策和服务水平。

此外，海关总署还会同农业农村部、工业和信息化部、国家濒管办、广电总局等7家部委单位，依托“单一窗口”实现了8种监管证件的网上申领功能。进出口企业通过“单一窗口”可一次性在线申领这些证件，打通了国际贸易链条各主要环节，实现了“一站式”证件申领服务。

以“进口广播电影电视节目带（片）提取单”网上申请为例，以往企业需往返相关部门现场办事大厅递交纸质申请，流程漫长、手续烦琐，且无法实时跟踪审核状态，通关状态不透明、不可预期。现在企业用户可直接登录“单一窗口”门户网站进行线上申请，发证部门审核通过后将证书电子数据传输到海关，并在通关环节实现与海关报关数据的自动比对、智能验核，审核结果统一通过“单一窗口”反馈给企业，实现了监管证件申报、审核、通关和反馈的全流程电子化、无纸化。

**案例6：出口退税**

## 出口退税申报试点成效显著 实现退税“一站式”快速办理

海关总署会同国家税务总局积极推进标准版出口退税功能建设，于2018年10月起率先在北京地区试点运行，实现出口退税业务“一站式”快速办理。该项功能以企业申报的报关单数据为基础，自动生成出口退税申报单，并经企业进行少量补充申报后，发往国家税务总局申请办理退税手续，通过复用报关单数据，可以减少企业90%以上的出口退税申报录入工作量，同时大大降低了申报差错率。

标准版出口退税功能上线以来，企业办理退税业务呈现以下三大明显变化：

一是由原来的多头、多次申报变为“一站式”快速办理。外贸企业办理出口退税业务涉及海关企业注册备案、外贸经营者备案、原产地证申请、出口退税申报、税费支付、报关数据查询与打印共计6类业务。以往信息割裂、手工操作，企业需要在不同系统中分别注册、申报，并在各系统中进行数据导入导出；现在这6类业务已经全部整合到“单一窗口”，实现数据共享、智能作业，企业只需要“一次注册、一次登录、一次申报”，通过“单一窗口”统一反馈有关结果信息，实现了“一站式”退税业务办理。

二是出口退税全流程实现无纸化。企业通过“单一窗口”在线直接进行退税申报，系统自动调用退税涉及的海关报关数据，免除企业手动录入或导入导出报关数据的烦恼，以及省去到现场窗口退税制单和申报，实现“数据多跑路、企业少跑腿”，切实降低了企业成本。

三是系统操作更加便捷、维护更加简单。企业只需要互联网环境，即可通过“单一窗口”进行退税申报，随时随地享受线上退税服务，不再需要配备特定电脑和安装专用客户端、进行数据备份导入和导出、手动升级与维护客户端等，操作和维护更加高效便捷。

标准版出口退税功能的推广应用得到了企业的充分认可与赞扬。北京昭裳信息技术有限公司出口退税业务经理陈女士表示，公司使用“单一窗口”在线填制退税单据，原来平均需要1个小时，现在缩短至只需要5分钟；原来系统每月手动更新维护，现在不用任何维护；原来系统只能用特定电脑登录指定账号，现在不受任何限制，退税更加简便高效，大大降低了企业成本。

**案例7：企业入网流程优化**

## 电子口岸企业入网联审流程优化见成效<br>企业办理入网手续无须往返奔波

电子口岸企业入网是一项中国电子口岸企业身份认证业务，是企业在中国电子口岸和国际贸易“单一窗口”网上办理进出口报关、缴退税和收结汇等所有通关业务的前提。电子口岸企业入网联审流程优化（简称“入网流程优化”）由海关总署、商务部、国家税务总局、原工商总局、原质检总局、外汇局六部委共同推动，以国家统一社会信用代码改革为基础，积极贯彻落实国务院“放管服”要求，通过加强电子口岸联网自动审核，进一步优化企业办事流程，创造良好的外贸营商环境。

系统经六部委一致验收通过后上线运行，取得了明显成效，是口岸各部门利用电子口岸平台加强信息互换、监管互认、执法互助的又一成果。入网流程优化前，企业办理入网手续烦琐，需提交企业法人营业执照（或企业营业执照）、报关单位登记注册证明、进出口企业资格证书（或外商投资企业批准证书）、税务登记证明、企业外汇核销资格证明、组织机构代码证6项证明文件，往返各相关部门至少8次以上，制卡周期长、效率低，异地企业办理尤其不便，负担较重。同时，联审单位及审核部门需要人工受理、纸质盖章，串行审核，效率较低。

入网流程优化后，企业办理入网手续只需提交企业营业执照、报关单位登记注册证明、对外贸易经营者备案登记表（或外商投资企业批准证书）、外汇进出口企业名录4项证明文件，并且取消了相关材料的电子扫描件及《中国电子口岸入网用户资格审查登记表》纸质盖章手续，联审单位及审核部门实现网上并行审核，企业无须跑到各部门现场办理，效率大大提高。同时，全国有条件的地区可配套便利企业的寄送服务，通过邮、快件寄送等方式将入网材料送达企业手中，进一步解决企业上门取件的不便，避免企业异地奔波。

入网流程优化措施效果明显。一是切实减轻了企业负担。入网流程优化后，企业无须来回奔波，通过网上操作，足不出户即可实现制卡业务办理。二是提高了审核效率。制卡分中心通过联网比对工商信息，实现系统自动审核。三是缩短了办理时间。适应“三证合一”改革趋势，减少审核环节，变“串行”办理为“并行”办理。

“太方便了！”河南诚悦仪器仪表有限公司业务人员如是说，他全程通过网上操作，很快办妥了电子口岸入网手续，拿到了 IC 卡。入网流程优化措施有效提高了企业入网手续办理效率，改善了外贸营商环境，降低了企业经营成本，促进了贸易便利化，产生了明显的社会效益。

# 大事记

4月8日

标准版空运舱单传输功能在北京、辽宁、山东、广东（含深圳）、四川等地区上线试点运行。

4月12日

标准版非机电产品自动进口许可证申领功能在北京、上海两个地区上线试点运行。

4月20日

按照关检业务全面融合工作统一部署，标准版新增上线出境包装、出境集装箱适载、场站划拨和尸体棺柩4项申报功能，完成“单一窗口”关检统一标识和规范命名、无纸化申报，以及企业申报资质一次注册等建设任务。

5月25日

标准版特殊监管区域及保税物流申报功能在天津、江苏、广东（含深圳）、重庆等地区上线试点运行。

5月31日

中新（加坡）海关“单一窗口”联合工作组第二次会议在新加坡举行。

6月7日

标准版非机电产品自动进口许可证申领功能全面推广应用。

6月21日

标准版运输工具（船舶）申报系统全国推广应用现场会在浙江舟山召开。

6月25日

标准版税费支付功能全面推广应用。

7月10日

标准版空运舱单申报功能全面推广应用。

7月12日

标准版公路舱单申报功能在内蒙古、辽宁、广西、云南、新疆、深圳等地区上线试点运行。

7月20日

标准版全国跨境电商综合服务平台在天津、浙江、山东、湖北、广东（含深圳）等地区上线试点运行。

7 月 30 日

标准版电子账册申报、电子手册申报，以及担保申报功能等加工贸易保税相关功能在福州、济南、广州、深圳等地区上线试点运行。

8 月 1 日

根据关检业务全面融合工作统一部署，标准版关检融合整合申报项目顺利升级切换，实现企业“一次备案、一次申报、一单通关”，货物申报 100%通过“单一窗口”完成。

8 月 7 日

海关总署会同交通运输部、国家移民管理局联合下发通知，决定在全国口岸推广应用标准版运输工具（船舶）申报系统。

8 月 15 日

标准版公路运输工具申报功能在内蒙古、辽宁、广东（含深圳）、广西、云南、新疆等地区上线试点运行。

8 月 20 日

标准版空运运输工具申报功能在北京、上海、广东（含深圳）、重庆、四川等地区上线试点运行。

9 月 17 日

标准版特殊监管区域及保税物流申报功能全面推广应用。

9 月 20 日

标准版贸促会原产地证申领功能在河北、浙江等地区上线试点运行。

9 月 26 日

标准版展览品申报功能正式上线运行。

10 月 22 日

海关总署、农业农村部、国家林业和草原局联合印发《海关总署 农业农村部 国家林业和草原局关于〈国（境）外引进农业种苗检疫审批单〉等 3 种监管证件实施联网核查的公告》。

10 月 24 日

海关总署、市场监督管理总局联合印发《海关总署 市场监督管理总局关于〈特殊医学用途配方食品注册证书〉等 5 种监管证件实施联网核查的公告》。

10 月 29 日

海关总署、国家卫生健康委员会联合印发《海关总署 国家卫生健康委员会关于〈新食品原料许可证明〉等 2 种监管证件实施联网核查的公告》。

海关总署、中央宣传部联合印发《海关总署 中央宣传部关于实施〈赴境外加工光盘进口备案证明〉〈音像制品（成品）进口批准单〉联网核查的公告》。

海关总署、商务部联合印发《海关总署 商务部关于实施〈技术出口许可证〉、〈技术出口合同登记证〉和〈援外项目任务通知函〉联网核查的公告》。

海关总署、国家药品监督管理局联合印发《海关总署 国家药品监督管理局关于〈进口药品通关单〉等7种监管证件实施联网核查的公告》。

海关总署、国家电影局、国家广播电视总局联合印发《海关总署 国家电影局 国家广播电视总局关于实施〈进口广播电影电视节目带（片）提取单〉联网核查的公告》。

海关总署、自然资源部联合印发《海关总署 自然资源部关于实施〈古生物化石出境批件〉联网核查的公告》。

10月31日

海关总署、工业和信息化部联合印发《海关总署 工业和信息化部关于实施〈民用爆炸物品进口审批单〉〈民用爆炸物品出口审批单〉联网核查的公告》。

海关总署、中国人民银行联合印发《海关总署 中国人民银行关于实施〈银行调运人民币现钞进出境证明〉〈黄金及黄金制品进出口准许证〉联网核查的公告》。

海关总署、科技部联合印发《海关总署 科技部关于实施〈人类遗传资源材料出口、出境证明〉联网核查的公告》。

11月1日

按照国务院第25次、26次常务会议和国务院口岸工作部际联席会议第4次全体会议部署，海关总署会同19部委积极推进进出口环节监管证件联网核查工作。是日，口岸保留验核的46种监管证件，除4种安全保密等特殊需要证件外，全部依托“单一窗口”实现电子联网，并在通关环节与报关数据进行自动比对验核。

标准版公路舱单传输、公路运输工具申报、空运运输工具申报、电子账册申报、电子手册申报、担保申报、贸促会原产地证申领，以及全国跨境电商线上综合服务平台8项功能全面推广应用。

12月27日

标准版快件申报功能在福州、青岛、武汉等地区上线试点运行。

中国国际贸易

单一窗口

年鉴

# 法规文件篇

FAGUI WENJIAN PIAN

2019

# 国务院关于印发优化口岸营商环境促进跨境贸易便利化工作方案的通知

国发〔2018〕37号

各省、自治区、直辖市人民政府，国务院各部委、各直属机构：

现将《优化口岸营商环境　促进跨境贸易便利化工作方案》印发给你们，请认真贯彻执行。

国务院

2018年10月13日

## 优化口岸营商环境<br>促进跨境贸易便利化工作方案

为贯彻落实党中央、国务院决策部署，深化“放管服”改革，进一步优化口岸营商环境，实施更高水平跨境贸易便利化措施，促进外贸稳定健康发展，制定本工作方案。

### 一、总体要求

#### （一）指导思想

全面贯彻党的十九大和十九届二中、三中全会精神，以习近平新时代中国特色社会主义思想为指导，统筹推进“五位一体”总体布局和协调推进“四个全面”战略布局，按照党中央、国务院决策部署，坚持稳中求进工作总基调，坚持新发展理念，深入推进“放管服”改革，对标国际先进水平，创新监管方式，优化通关流程，提高通关效率，降低通关成本，营造稳定、公平、透明、可预期的口岸营商环境。

#### （二）基本原则

简政放权，改革创新。进一步削减进出口环节审批事项，规范审批行为，优化简化通关流程，取消不必要的监管要求，清理不合理收费，加快完善与我国经济社会发展要求相适应的跨境贸易管理体系。

对标国际，高效便利。充分利用信息化、智能化手段，提高口岸监管执法和物流作业效率。借鉴国际经验，建立符合我国口岸管理实际、与国际通行做法对接并可比的口岸营商环境评价机制。

目标导向，协同治理。充分发挥国务院口岸工作部际联席会议制度作用，加强各有关部门、各地方协作配合，找准制约口岸营商环境持续优化的短板，从企业和社会实际需要出发，着力压缩整体通关时间，降低进出口环节合规成本。

### （三）工作目标

到 2018 年年底，需在进出口环节验核的监管证件数量比 2017 年减少三分之一以上，除安全保密需要等特殊情况外，全部实现联网核查，整体通关时间压缩三分之一。到 2020 年年底，相比 2017 年集装箱进出口环节合规成本降低一半。到 2021 年年底，整体通关时间比 2017 年压缩一半，世界银行跨境贸易便利化指标排名提升 30 位，初步实现口岸治理体系和治理能力现代化，形成更有活力、更富效率、更加开放、更具便利的口岸营商环境。

## 二、工作任务

### （一）简政放权，减少进出口环节审批监管事项

1. 精简进出口环节监管证件。取消一批进出口环节监管证件，能退出口岸验核的全部退出。2018 年 11 月 1 日前需在进出口环节验核的监管证件减至 48 种；除安全保密需要等特殊情况外，通过多种形式全部实现联网、在通关环节比对核查。（相关部门按职责分工负责）

2. 优化监管证件办理程序。除安全保密需要等特殊情况外，2020 年年底前，监管证件全部实现网上申报、网上办理。（相关部门按职责分工负责）

### （二）加大改革力度，优化口岸通关流程和作业方式

3. 深化全国通关一体化改革。推进海关、边检、海事一次性联合检查。海关直接使用市场监管、商务等部门数据办理进出口货物收发货人注册登记。加强关铁信息共享，推进铁路运输货物无纸化通关。2018 年年底前，海关与检验检疫业务全面融合，实现“五统一”：统一申报单证、统一作业系统、统一风险研判、统一指令下达、统一现场执法。（海关总署牵头，商务部、市场监管总局、移民局、交通运输部、民航局、中国铁路总公司按职责分工负责）

4. 全面推广“双随机、一公开”监管。从进出口货物一般监管拓展到常规稽查、保税核查和保税货物监管等全部执法领域。推进全链条监管“选、查、处”分离，提升“双随机”监管效能。（海关总署牵头，相关部门按职责分工负责）

5. 推广应用“提前申报”模式。提高进口货物“提前申报”比率，鼓励企业采用“提前申报”，提前办理单证审核和货物运输作业，非布控查验货物抵达口岸后即可放行提离。（海关总署牵头，民航局、中国铁路总公司按职责分工负责）

6. 创新海关税收征管模式。全面创新多元化税收担保方式，推进关税保证保险改革，探索实施企业集团财务公司、融资担保公司担保改革试点。全面推广财关库银横向联网，加快推进税单无纸化改革。（海关总署、银保监会、财政部、人民银行、税务总局按职责分工负责）

7. 优化检验检疫作业。减少双边协议出口商品装运前的检验数量。推行进口矿产品等大宗资源性商品“先验放后检测”检验监管方式。创新检验检疫方法，应用现场快速检测技术，进一步缩短检验检疫周期。（海关总署负责）

8. 推广第三方采信制度。引入市场竞争机制，发挥社会检验检测机构作用，在进出口环节推广第三方检验检测结果采信制度。（海关总署牵头，相关部门按职责分工负责）

**（三）提升通关效率，提高口岸物流服务效能**

9. 提高查验准备工作效率。通过“单一窗口”、港口电子数据交换（EDI）中心等信息平台向进出口企业、口岸作业场站推送查验通知，增强通关时效的可预期性。进境运输工具到港前，口岸查验单位对申报的电子数据实施在线审核并及时向车站、码头及船舶代理反馈。（交通运输部、海关总署、移民局、中国铁路总公司按职责分工负责）

10. 加快发展多式联运。研究制定多式联运服务规则。加快建设多式联运公共信息平台，加强交通运输、海关、市场监管等部门间信息开放共享，为企业提供资质资格、认证认可、检验检疫、通关查验、信用评价等一站式综合信息服务。推动外贸集装箱货物在途、舱单、运单、装卸等铁水联运物流信息交换共享，提供全程追踪、实时查询等服务。2019 年年底前，沿海及长江干线主要港口实现铁水联运信息交换和共享。2020 年年底前，基本建成多式联运公共信息平台。（交通运输部、发展改革委、商务部、中国铁路总公司牵头，海关总署、市场监管总局、民航局等相关部门按职责分工负责）

11. 创新边境口岸通关管理模式。推进与毗邻国家和地区共同监管设施的建设和共用，推动工作制度和通关模式的协调，支持陆路边境口岸创新通关管理模式。在毗邻港澳口岸实施更便利的通关措施，在有条件的口岸推广粤港澳“客、货车一站式通关”模式。（相关省、自治区人民政府牵头，交通运输部、海关总署、移民局按职责分工负责）

12. 加快鲜活商品通关速度。在风险可控的前提下优化鲜活产品检验检疫流程，加快通关放行。总结推广合作经验，与毗邻国家确定鲜活农副产品目录清单，加快开通农副产品快速通关“绿色通道”。（海关总署、交通运输部、移民局及各省、自治区、直辖市人民政府按职责分工负责）

### （四）加强科技应用，提升口岸管理信息化智能化水平

13. 加强国际贸易“单一窗口”建设。将“单一窗口”功能覆盖至海关特殊监管区域和跨境电子商务综合试验区等相关区域，对接全国版跨境电商线上综合服务平台。加强“单一窗口”与银行、保险、民航、铁路、港口等相关行业机构合作对接，共同建设跨境贸易大数据平台。推广国际航行船舶“一单多报”，实现进出境通关全流程无纸化。2018 年年底前，主要业务（货物、舱单、运输工具申报）应用率达到 80%；2020 年年底前，达到 100%；2021 年年底前，除安全保密需要等特殊情况外，“单一窗口”功能覆盖国际贸易管理全链条，打造“一站式”贸易服务平台。（海关总署牵头，相关部门按职责分工负责，各省、自治区、直辖市人民政府配合）

14. 推进口岸物流信息电子化。制定完善不同运输方式集装箱、整车货物运输电子数据交换报文标准，推动在口岸查验单位与运输企业中应用。实现口岸作业场站货物装卸、仓储理货、报关、物流运输、费用结算等环节无纸化和电子化。推动海运提单换提货单电子化，企业在报关环节不再提交纸质提单或提货单。2019 年 6 月底前，实现内外贸集装箱堆场的电子化海关监管。2019 年年底前，在主要远洋航线实现海关与企业间的海运提单、提货单、装箱单等信息电子化流转。（海关总署、交通运输部、民航局、中国铁路总公司按职责分工负责，各省、自治区、直辖市人民政府配合）

15. 提升口岸查验智能化水平。加大集装箱空箱检测仪、高清车底探测系统、安全智能锁等设备的应用力度，提高单兵作业设备配备率。扩大“先期机检”“智能识别”作业试点，提高机检后直接放行比率。2021 年年底前，全部实现大型集装箱检查设备联网集中审像。（海关总署、移民局按职责分工负责）

### （五）完善管理制度，促进口岸营商环境更加公开透明

16. 加强口岸通关和运输国际合作。加快制修订国际运输双边、多边协定，推动与相关国家在技术标准、单证规则、数据交换等方面开展合作。扩大海关“经认证的经营者”（AEO）国际互认范围，支持指导企业取得认证，2020 年年底前，与所有已建立 AEO 制度且有意愿的“一带一路”国家海关实现 AEO 互认。加快实施检验检疫证书国际联网核查，重点推进与欧盟签署电子证书合作协议，2021 年年底前，与所有已签署电子证书合作协议且建有信息系统的国家实现联网核查。（交通运输部、海关总署、市场监管总局按职责分工负责）

17. 降低进出口环节合规成本。严格执行行政事业性收费清单管理制度，未经国务院批准，一律不得新设涉及进出口环节的收费项目。清理规范口岸经营服务性收费，对实行政府定价的，严格执行规定标准；对实行市场调节价的，督促收费企业执行有关规定，不得违规加收其他费用。鼓励竞争，破除垄断，推动降低报关、货代、船代、物流、仓储、港口服务等环节经营服务性收

费。加强检查，依法查处各类违法违规收费行为。2018 年年底前，单个集装箱进出口环节合规成本比 2017 年减少 100 美元以上。（财政部牵头，交通运输部、发展改革委、海关总署、市场监管总局、商务部、工业和信息化部等相关部门按职责分工负责，各省、自治区、直辖市人民政府配合）

18. 实行口岸收费目录清单制度。建立价格、市场监管、商务、交通、口岸管理、查验等单位共同参加的口岸收费监督管理协作机制。2018 年 10 月底前，对外公示口岸收费目录清单，清单之外不得收费。加强行业管理和行业自律，引导口岸经营服务企业诚信经营、合理定价。（各省、自治区、直辖市人民政府负责）

19. 公开通关流程及物流作业时限。制定并公开通关流程及口岸经营服务企业场内转运、吊箱移位、掏箱和货方提箱等作业时限标准，便利企业合理安排生产、制定运输计划。公布口岸查验单位通关服务热线，畅通意见投诉反馈渠道。（各省、自治区、直辖市人民政府牵头，交通运输部、海关总署、移民局配合）

20. 建立口岸通关时效评估机制。加强对整体通关时间的统计分析，每月通报各省（自治区、直辖市）整体通关时间。开展口岸整体通关时效第三方评估，适时向社会公布评估结果。将各省（自治区、直辖市）整体通关时间和成本纳入全国营商环境评价体系，科学设定评价指标和方法，初步建立常态化评价机制。（海关总署、发展改革委、发展研究中心按职责分工负责）

## 三、组织实施

### （一）加强组织领导

充分发挥国务院口岸工作部际联席会议制度作用，明确各项任务的实施步骤和完成时限，统筹推进落实，协调解决推进过程中的重大问题。联席会议办公室要加强政策研究和协调，重大情况及时向国务院报告。优化口岸营商环境工作情况纳入国务院督查范围，督查考核结果向社会公布，对推进不力的地区和部门进行问责。

### （二）强化责任落实

各有关部门要认真落实任务牵头和配合责任，加强协作配合，合理安排进度，确保各项任务有措施、能落实、可量化，并加快改革措施所涉法律法规的修改修订工作。各省（自治区、直辖市）人民政府要强化对本地区优化口岸营商环境工作的领导和统筹协调，研究制定配套措施，加大政策宣传力度，建立健全督导考核机制，确保各项任务落实到位。

# 国务院关于支持自由贸易试验区深化改革创新若干措施的通知

国发〔2018〕38号

各省、自治区、直辖市人民政府，国务院各部委、各直属机构：

建设自由贸易试验区（以下简称自贸试验区）是党中央、国务院在新形势下全面深化改革和扩大开放的战略举措。党的十九大报告强调要赋予自贸试验区更大改革自主权，为新时代自贸试验区建设指明了新方向、提出了新要求。为贯彻落实党中央、国务院决策部署，支持自贸试验区深化改革创新，进一步提高建设质量，现将有关事项通知如下：

## 一、营造优良投资环境

（一）借鉴北京市服务业扩大开放综合试点经验，放宽外商投资建设工程设计企业外籍技术人员的比例要求、放宽人才中介机构限制。（负责部门：人力资源社会保障部、住房城乡建设部、商务部；适用范围：所有自贸试验区，以下除标注适用于特定自贸试验区的措施外，适用范围均为所有自贸试验区）

（二）编制下达全国土地利用计划时，考虑自贸试验区的实际情况，合理安排有关省（市）的用地计划；有关地方应优先支持自贸试验区建设，促进其健康有序发展。（负责部门：自然资源部）

（三）将建筑工程施工许可、建筑施工企业安全生产许可等工程审批类权限下放至自贸试验区。（负责部门：住房城乡建设部）

（四）授权自贸试验区开展试点工作，将省级及以下机关实施的建筑企业资质申请、升级、增项许可改为实行告知承诺制。（负责部门：住房城乡建设部）

（五）将外商投资设立建筑业（包括设计、施工、监理、检测、造价咨询等所有工程建设相关主体）资质许可的省级及以下审批权限下放至自贸试验区。（负责部门：住房城乡建设部）

（六）自贸试验区内的外商独资建筑业企业承揽本省（市）的中外联合建设项目时，不受建设项目的中外方投资比例限制。（负责部门：住房城乡建设部）

（七）在《内地与香港关于建立更紧密经贸关系的安排》《内地与澳门关于建立更紧密经贸关系的安排》《海峡两岸经济合作框架协议》下，对自贸试验区内的港澳台资建筑业企业，不再执行《外商投资建筑业企业管理规定》中关于工程承包范围的限制性规定。（负责部门：住房城乡

建设部）

（八）对于自贸试验区内为本省（市）服务的外商投资工程设计（工程勘察除外）企业，取消首次申请资质时对投资者的工程设计业绩要求。（负责部门：住房城乡建设部）

（九）卫生健康行政部门对自贸试验区内的社会办医疗机构配置乙类大型医用设备实行告知承诺制。（负责部门：卫生健康委）

（十）自贸试验区内医疗机构可根据自身的技术能力，按照有关规定开展干细胞临床前沿医疗技术研究项目。（负责部门：卫生健康委）

（十一）允许自贸试验区创新推出与国际接轨的税收服务举措。（负责部门：税务总局）

（十二）省级市场监管部门可以将外国（地区）企业常驻代表机构登记注册初审权限下放至自贸试验区有外资登记管理权限的市场监管部门。（负责部门：市场监管总局）

（十三）支持在自贸试验区设置商标受理窗口。（负责部门：知识产权局）

（十四）在自贸试验区设立受理点，受理商标权质押登记。（负责部门：知识产权局）

（十五）进一步放宽对专利代理机构股东的条件限制，新设立有限责任制专利代理机构的，允许不超过五分之一不具有专利代理人资格、年满18周岁、能够在专利代理机构专职工作的中国公民担任股东。（负责部门：知识产权局）

（十六）加强顶层设计，在自贸试验区探索创新政府储备与企业储备相结合的石油储备模式。（负责部门：发展改革委、粮食和储备局，适用范围：浙江自贸试验区）

## 二、提升贸易便利化水平

（十七）研究支持对海关特殊监管区域外的“两头在外”航空维修业态实行保税监管。（负责部门：商务部、海关总署、财政部、税务总局）

（十八）支持有条件的自贸试验区研究和探索赋予国际铁路运单物权凭证功能，将铁路运单作为信用证议付票据，提高国际铁路货运联运水平。（负责部门：商务部、银保监会、铁路局、中国铁路总公司）

（十九）支持符合条件的自贸试验区开展汽车平行进口试点。（负责部门：商务部）

（二十）授予自贸试验区自由进出口技术合同登记管理权限。（负责部门：商务部）

（二十一）支持在自贸试验区依法合规建设能源、工业原材料、大宗农产品等国际贸易平台和现货交易市场。（负责部门：商务部）

（二十二）开展艺术品保税仓储，在自贸试验区内海关特殊监管区域之间以及海关特殊监管区域与境外之间进出货物的备案环节，省级文化部门不再核发批准文件。支持开展艺术品进出口经营活动，凭省级文化部门核发的准予进出口批准文件办理海关验放手续；省级文化部门核发的批准文件在有效期内可一证多批使用，但最多不超过六批。（负责部门：文化和旅游部、海关总署）

（二十三）支持自贸试验区开展海关税款保证保险试点。（负责部门：海关总署、银保监会）

（二十四）国际贸易“单一窗口”标准版增加航空、铁路舱单申报功能。（负责部门：海关总署、民航局、中国铁路总公司）

（二十五）支持自贸试验区试点汽车平行进口保税仓储业务。（负责部门：海关总署）

（二十六）积极探索通过国际贸易“单一窗口”与“一带一路”重点国家和地区开展互联互通和信息共享，推动国际贸易“单一窗口”标准版新项目率先在自贸试验区开展试点，促进贸易便利化。（负责部门：海关总署）

（二十七）在符合国家口岸管理规定的前提下，优先审理自贸试验区内口岸开放项目。（负责部门：海关总署）

（二十八）在自贸试验区试点实施进口非特殊用途化妆品备案管理。（负责部门：药监局）

（二十九）支持平潭口岸建设进境种苗、水果、食用水生动物等监管作业场所。（负责部门：海关总署，适用范围：福建自贸试验区）

（三十）在对外航权谈判中支持郑州机场利用第五航权，在平等互利的基础上允许外国航空公司承载经郑州至第三国的客货业务，积极向国外航空公司推荐并引导申请进入中国市场的国外航空公司执飞郑州机场。（负责部门：民航局，适用范围：河南自贸试验区）

（三十一）在对外航权谈判中支持西安机场利用第五航权，在平等互利的基础上允许外国航空公司承载经西安至第三国的客货业务，积极向国外航空公司推荐并引导申请进入中国市场的国外航空公司执飞西安机场。（负责部门：民航局，适用范围：陕西自贸试验区）

（三十二）进一步加大对西安航空物流发展的支持力度。（负责部门：民航局，适用范围：陕西自贸试验区）

（三十三）支持利用中欧班列开展邮件快件进出口常态化运输。（负责部门：邮政局、中国铁路总公司，适用范围：重庆自贸试验区）

（三十四）支持设立首次进口药品和生物制品口岸。（负责部门：药监局、海关总署，适用范围：重庆自贸试验区）

（三十五）将台湾地区生产且经平潭口岸进口的第一类医疗器械的备案管理权限下放至福建省药品监督管理部门。（负责部门：药监局，适用范围：福建自贸试验区）

## 三、推动金融创新服务实体经济

（三十六）进一步简化保险分支机构行政审批，建立完善自贸试验区企业保险需求信息共享平台。（负责部门：银保监会）

（三十七）允许自贸试验区内银行业金融机构在依法合规、风险可控的前提下按相关规定为境外机构办理人民币衍生产品等业务。（负责部门：人民银行、银保监会、外汇局）

（三十八）支持坚持市场定位、满足监管要求、符合行政许可相关业务资格条件的地方法人银行在依法合规、风险可控的前提下开展人民币与外汇衍生产品业务，或申请与具备资格的银行业金融机构合作开展远期结售汇业务等。（负责部门：人民银行、银保监会、外汇局）

（三十九）支持自贸试验区依托适合自身特点的账户体系开展人民币跨境业务。（负责部门：人民银行）

（四十）鼓励、支持自贸试验区内银行业金融机构基于真实需求和审慎原则向境外机构和境外项目发放人民币贷款，满足"走出去"企业的海外投资、项目建设、工程承包、大型设备出口等融资需求。自贸试验区内银行业金融机构发放境外人民币贷款，应严格审查借款人资信和项目背景，确保资金使用符合要求。（负责部门：人民银行、外交部、发展改革委、商务部、国资委、银保监会）

（四十一）允许银行将自贸试验区交易所出具的纸质交易凭证（须经交易双方确认）替代双方贸易合同，作为贸易真实性审核依据。（负责部门：银保监会）

（四十二）支持自贸试验区内符合条件的个人按照规定开展境外证券投资。（负责部门：证监会、人民银行）

（四十三）支持在有条件的自贸试验区开展知识产权证券化试点。（负责部门：证监会、知识产权局）

（四十四）允许平潭各金融机构试点人民币与新台币直接清算，允许境外机构境内外汇账户办理定期存款业务。（负责部门：人民银行、外汇局，适用范围：福建自贸试验区）

（四十五）推动与大宗商品出口国、"一带一路"国家和地区在油品等大宗商品贸易中使用人民币计价、结算，引导银行业金融机构根据"谁进口、谁付汇"原则办理油品贸易的跨境支付业务，支持自贸试验区保税燃料油供应以人民币计价、结算。（负责部门：人民银行等部门，适用范围：浙江自贸试验区）

（四十六）允许自贸试验区内银行业金融机构按相关规定向台湾地区金融同业跨境拆出短期人民币资金。（负责部门：人民银行，适用范围：福建自贸试验区）

（四十七）支持"海峡基金业综合服务平台"根据规定向中国证券投资基金业协会申请登记，开展私募投资基金服务业务。支持符合条件的台资保险机构在自贸试验区内设立保险营业机构。（负责部门：银保监会、证监会，适用范围：福建自贸试验区）

## 四、推进人力资源领域先行先试

（四十八）增强企业用工灵活性，支持自贸试验区内制造企业生产高峰时节与劳动者签订以完成一定工作任务为期限的劳动合同、短期固定期限劳动合同；允许劳务派遣员工从事企业研发中心研发岗位临时性工作。（负责部门：人力资源社会保障部）

（四十九）将在自贸试验区内设立中外合资和外商独资人才中介机构审批权限下放至自贸试验区，由自贸试验区相关职能部门审批并报省（市）人力资源社会保障部门备案。（负责部门：人力资源社会保障部）

（五十）研究制定外国留学生在我国境内勤工助学管理制度，由自贸试验区制定有关实施细则，实现规范管理。（负责部门：教育部）

（五十一）鼓励在吸纳非卫生技术人员在医疗机构提供中医治未病服务、医疗机构中医治未病专职医师职称晋升、中医治未病服务项目收费等方面先行试点。（负责部门：中医药局）

（五十二）授权自贸试验区制定相关港澳专业人才执业管理办法（国家法律法规暂不允许的除外），允许具有港澳执业资格的金融、建筑、规划、专利代理等领域专业人才，经相关部门或机构备案后，按规定范围为自贸试验区内企业提供专业服务。（负责部门：人力资源社会保障部、住房城乡建设部、银保监会、证监会、知识产权局，适用范围：广东自贸试验区）

（五十三）支持自贸试验区开展非标准就业形式下劳动用工管理和服务试点。（负责部门：人力资源社会保障部，适用范围：上海自贸试验区）

## 五、切实做好组织实施

坚持党的领导。坚持和加强党对改革开放的领导，把党的领导贯穿于自贸试验区建设全过程。要以习近平新时代中国特色社会主义思想为指导，全面贯彻党的十九大和十九届二中、三中全会精神，深刻认识支持自贸试验区深化改革创新的重大意义，贯彻新发展理念，鼓励地方大胆试、大胆闯、自主改，进一步发挥自贸试验区全面深化改革和扩大开放试验田作用。

维护国家安全。各有关地区和部门、各自贸试验区要牢固树立总体国家安全观，在中央国家安全领导机构统筹领导下，贯彻执行国家安全方针政策和法律法规，强化底线思维和风险意识，维护国家核心利益和政治安全，主动服务大局。各有关省（市）人民政府依法管理本行政区域内自贸试验区的国家安全工作。各有关部门依职责管理指导本系统、本领域国家安全工作，可根据维护国家安全和核心利益需要按程序调整有关措施。

强化组织管理。各有关地区和部门要高度重视、密切协作，不断提高自贸试验区建设和管理水平。国务院自由贸易试验区工作部际联席会议办公室要切实发挥统筹协调作用，加强横向协作、纵向联动，进行差别化指导。各有关部门要加强指导和服务，积极协调指导自贸试验区解决发展中遇到的问题。各有关省（市）人民政府要承担起主体责任，完善工作机制，构建精简高效、权责明晰的自贸试验区管理体制，加强人才培养，打造高素质管理队伍。

狠抓工作落实。各有关地区和部门要以钉钉子精神抓好深化改革创新措施落实工作。国务院自由贸易试验区工作部际联席会议办公室要加强督促检查，对督查中发现的问题要明确责任、限时整改，及时总结评估，对效果好、风险可控的成果，复制推广至全国其他地区。各有关部门要依职责做好改革措施的细化分解，全程过问、一抓到底。各有关省（市）要将落实支持措施作为本地区重点工作，加强监督评估、压实工作责任，推进措施落地生效，同时研究出台本省（市）进一步支持自贸试验区深化改革创新的措施。需调整有关行政法规、国务院文件和部门规章规定的，要按法定程序办理。重大事项及时向党中央、国务院请示报告。

国务院

2018 年 11 月 7 日

# 国务院关于同意深化服务贸易创新发展试点的批复

国函〔2018〕79 号

北京市、天津市、河北省、黑龙江省、上海市、江苏省、浙江省、山东省、湖北省、广东省、海南省、重庆市、四川省、贵州省、陕西省人民政府，商务部：

商务部关于深化服务贸易创新发展试点的请示收悉。现批复如下：

一、原则同意商务部提出的《深化服务贸易创新发展试点总体方案》，同意在北京、天津、上海、海南、深圳、哈尔滨、南京、杭州、武汉、广州、成都、苏州、威海和河北雄安新区、重庆两江新区、贵州贵安新区、陕西西咸新区等省市（区域）深化服务贸易创新发展试点。深化试点期限为 2 年，自 2018 年 7 月 1 日起至 2020 年 6 月 30 日止。

二、深化试点工作要以习近平新时代中国特色社会主义思想为指导，全面贯彻党的十九大和十九届二中、三中全会精神，统筹推进“五位一体”总体布局和协调推进“四个全面”战略布局，坚持创新、协调、绿色、开放、共享发展理念，以供给侧结构性改革为主线，深入探索适应服务贸易创新发展的体制机制、政策措施和开放路径，加快优化营商环境，最大限度激发市场活力，打造服务贸易制度创新高地。

三、试点地区人民政府（管委会）要加强对试点工作的组织领导，负责试点工作的实施推动、综合协调及措施保障，重点在管理体制、开放路径、促进机制、政策体系、监管制度、发展模式等方面先行先试，为全国服务贸易创新发展探索路径。有关省、直辖市人民政府要加强对试点工作的指导和支持，鼓励试点地区大胆探索、开拓创新。

四、国务院有关部门要按照职能分工，加强对试点工作的协调指导和政策支持，主动引领开放，创新政策手段，形成促进服务贸易创新发展合力。商务部要加强统筹协调、督导评估，会同有关部门及时总结推广试点经验。

五、深化试点期间，暂时调整实施相关行政法规、国务院文件和经国务院批准的部门规章的部分规定，具体由国务院另行印发。国务院有关部门根据《深化服务贸易创新发展试点总体方案》相应调整本部门制定的规章和规范性文件。试点中的重大问题，商务部要及时向国务院请示报告。

附件：1. 深化服务贸易创新发展试点总体方案

2. 深化服务贸易创新发展试点开放便利举措

3. 深化服务贸易创新发展试点任务及政策保障措施

国务院
2018年6月1日

**附件1**

## 深化服务贸易创新发展试点总体方案

优先发展服务贸易是推动经济转型升级和高质量发展的重要举措。2016年2月，国务院批复同意开展服务贸易创新发展试点。试点以来，各试点地区主动创新，探索服务贸易发展新机制、新模式、新路径，取得积极成效，有力推动了服务贸易创新发展。为进一步深化服务贸易创新发展试点，改革创新服务贸易发展机制，制定本方案。

### 一、总体要求

#### （一）指导思想

以习近平新时代中国特色社会主义思想为指导，全面贯彻党的十九大和十九届二中、三中全会精神，坚持创新、协调、绿色、开放、共享发展理念，以供给侧结构性改革为主线，充分发挥地方的积极性和创造性，推动在服务贸易管理体制、开放路径、促进机制、政策体系、监管制度、发展模式等方面先行先试，加快优化营商环境，最大限度激发市场活力，打造服务贸易创新发展高地，带动全国服务贸易高质量发展，不断培育“中国服务”核心竞争优势，推动形成全面开放新格局。

#### （二）基本原则

重点突破，优先发展。深化试点要把握重点和方向，树立服务贸易优先发展理念，推动资源和政策聚焦。服务新时代开放型经济发展，围绕服务贸易长远发展目标，针对不同阶段面临的主要制度障碍和政策短板，在试点地区率先突破，带动全国服务贸易创新发展。围绕推动解决服务贸易逆差较大问题，重点扩大服务出口。

创新驱动，转型发展。深入实施创新驱动发展战略，优化营商环境，支持创新创业，促进服务贸易领域新技术、新产业、新业态、新模式蓬勃发展，加快推动产业转型升级和经济结构调整。推动以“互联网+”为先导的新兴服务出口，打造开放发展新亮点。

纵横联动，协同发展。顺应数字经济时代服务发展新趋势，强化横向协作、纵向联动，各部门合力保障和指导试点地区开放创新；试点地区间推进经验共享，并与自贸试验区、北京市服务业扩大开放综合试点集成创新、经验互鉴。

有序深化，持续发展。不断适应服务贸易新形势新特点，有序深化改革，持续推进创新。逐项落实试点任务，不断总结推广经验，稳步推进服务贸易全方位改革发展。

## 二、深化试点地区及期限

深化试点地区为北京、天津、上海、海南、深圳、哈尔滨、南京、杭州、武汉、广州、成都、苏州、威海和河北雄安新区、重庆两江新区、贵州贵安新区、陕西西咸新区等省市（区域）。深化试点期限为2年，自2018年7月1日起至2020年6月30日止。

## 三、深化试点任务

### （一）进一步完善管理体制

加强国务院服务贸易发展部际联席会议工作统筹、政策协调、信息共享。强化地方服务贸易跨部门统筹协调决策机制。加快服务贸易领域地方性法规立法探索，围绕市场准入、管理、促进、统计、监测等形成经验。全面建立地方政府服务贸易发展绩效评价与考核机制。

### （二）进一步扩大对外开放

在试点地区分阶段推出开放便利举措。借鉴自贸试验区和北京市服务业扩大开放综合试点等的开放经验，推动服务领域对外开放。扩大新兴服务业双向开放。探索完善跨境交付、境外消费、自然人移动等模式下服务贸易市场准入制度，逐步放宽或取消限制措施，有序推进对外开放。支持试点地区探索建立服务领域开放风险预警机制。

### （三）进一步培育市场主体

科学建设运营全国性、区域性公共服务平台，加强对现有公共服务平台的整合与统筹利用，提高服务效率。鼓励金融机构在风险可控、商业可持续的前提下创新适应服务贸易特点的金融服务。探索建设一批服务贸易境外促进中心。充分发挥中国（北京）国际服务贸易交易会的平台作用。更好发挥贸易促进机构、行业协会的贸易促进作用。推动试点地区与重点服务贸易伙伴加强合作，支持企业开拓国际市场。

### （四）进一步创新发展模式

依托自贸试验区、经济技术开发区等建设一批特色服务出口基地。发挥海关特殊监管区域政策优势，发展仓储物流、研发设计、检验检测、维修、国际结算、分销、展览等服务贸易，重点建设数字产品与服务、维修、研发设计等特色服务出口基地。探索推进服务贸易数字化，运用数字技术提升服务可贸易性，推动数字内容服务贸易新业态、新模式快速发展。推动以数字技术为支撑、高端服务为先导的“服务+”整体出口。积极拓展新兴服务贸易，重点推进服务外包、技术贸易、文化贸易发展。

**（五）进一步提升便利化水平**

深入改革通关监管制度和模式，为与展览、维修、研发设计等服务贸易相关的货物、物品进出口提供通关便利。提升跨境交付、自然人移动等方面的便利化水平，完善签证便利政策，健全境外专业人才流动机制，畅通外籍高层次人才来华创新创业渠道，推动职业资格互认。提升移动支付、消费服务等方面的便利化水平，积极发展入境游。

**（六）进一步完善政策体系**

修订完善《服务出口重点领域指导目录》等服务贸易领域相关目录，充分利用现有资金渠道，积极开拓海外服务市场，鼓励新兴服务出口和重点服务进口。研究完善试点地区面向出口的服务型企业所得税政策。结合全面实施营改增改革，对服务出口实行免税，符合条件的可实行零税率，鼓励扩大服务出口。发挥好服务贸易创新发展引导基金作用。加大出口信用保险和出口信贷对服务贸易的支持力度。拓宽服务贸易企业融资渠道。完善外汇管理措施。加快推进人民币在服务贸易领域的跨境使用。

**（七）进一步健全统计体系**

完善服务贸易统计监测、运行和分析体系，建立健全服务贸易重点联系企业直报系统，开展重点联系企业统计数据直报，适当增加监测企业数量，开展试点地区的外国附属机构服务贸易统计，实现系统重要性服务贸易企业直报全覆盖。建立政府部门信息共享和数据交换机制，实现服务贸易发展协调机制成员单位相关工作数据共享。

**（八）进一步创新监管模式**

建立服务贸易重点联系企业运行监测机制，创新事中事后监管举措，切实防范骗税和骗取补贴的行为。探索建立商务、海关、税务、外汇等部门信息共享、协同执法的服务贸易监管体系。全面建立服务贸易市场主体信用记录，纳入全国信用信息共享平台并依法通过国家企业信用信息公示系统、“信用中国”网站向社会公开，实施守信联合激励和失信联合惩戒。探索创新技术贸易管理模式。逐步将有关服务贸易管理事项纳入国际贸易“单一窗口”。

## 四、组织实施

试点地区人民政府（管委会）作为试点工作的责任主体，要结合当地实际细化工作方案，加强组织实施、综合协调及措施保障，逐项落实试点任务，每年向商务部报送试点成效和可复制可推广经验。有关省、直辖市人民政府要加强对试点工作的指导和政策支持。国务院服务贸易发展部际联席会议成员单位要结合各试点地区发展基础、产业结构和资源优势，加强协同指导，积极予以支持，按职责分工做好落实开放举措、政策保障和经验推广工作。商务部要充分发挥国务院服务贸易发展部际联席会议办公室作用，加强统筹协调、跟踪督促，积极推进试点工作，确保任务落实，及时开展经验总结评估与复制推广，重大事项向国务院请示报告。

附件 2

### 深化服务贸易创新发展试点开放便利举措

| 领域 | 涉及行业 | 开放便利举措 | 现行相关规定 |
| --- | --- | --- | --- |
| 金融服务 | 银行业 | 允许外商独资银行、中外合资银行、外国银行分行在提交开业申请时同时申请人民币业务。 | 《中华人民共和国外资银行管理条例》第三十四条规定，外资银行营业性机构经营本条例第二十九条或者第三十一条规定业务范围内的人民币业务的，应当具备下列条件，并经国务院银行业监督管理机构批准。（一）提出申请前在中华人民共和国境内开业 1 年以上；（二）国务院银行业监督管理机构规定的其他审慎性条件。 |
| 电信服务 | 离岸呼叫中心业务 | 对于全部面向国外市场的服务外包企业经营呼叫中心业务（即最终服务对象和委托客户均在境外），不设外资股权比例限制。 | 《外商投资电信企业管理规定》第四条规定，外商投资电信企业可以经营基础电信业务、增值电信业务，具体业务分类依照电信条例的规定执行。第六条规定，经营基础电信业务（无线寻呼业务除外）的外商投资电信企业的外方投资者在企业中的出资比例，最终不得超过 49%。经营增值电信业务（包括基础电信业务中的无线寻呼业务）的外商投资电信企业的外方投资者在企业中的出资比例，最终不得超过 50%。第十七条规定，外商投资电信企业经营跨境电信业务，必须经国务院工业和信息化主管部门批准，并通过国务院工业和信息化主管部门批准设立的国际电信出入口局进行。<br>《国务院办公厅关于鼓励服务外包产业加快发展的复函》（国办函〔2010〕69 号）规定，同意完善支持中国服务外包示范城市发展服务外包产业的政策措施，对于全部面向国外市场的服务外包企业经营呼叫中心业务（即最终服务对象和委托客户均在境外），在示范城市实施不设外资股权比例限制的试点。 |

续表

<table>
<tr><th>领域</th><th>涉及行业</th><th>开放便利举措</th><th>现行相关规定</th></tr>
<tr><td rowspan="2">旅行服务</td><td>签证便利</td><td>1. 探索建立来华就医签证制度。<br>2. 推动广东全省实施 144 小时过境免签政策。</td><td>《中华人民共和国出境入境管理法》第十五条规定，外国人入境，应当向驻外签证机关申请办理签证。第十六条规定，对因工作、学习、探亲、旅游、商务活动、人才引进等非外交、公务事由入境的外国人，签发相应类别的普通签证。普通签证的类别和签发办法由国务院规定。第二十二条规定，持联程客票搭乘国际航行的航空器、船舶、列车从中国过境前往第三国或者地区，在中国境内停留不超过二十四小时且不离开口岸，或者在国务院批准的特定区域内停留不超过规定时限的，可以免办签证。<br>《中华人民共和国外国人入境出境管理条例》对签证的类别和签发、停留居留管理、调查和遣返等作了具体规定。</td></tr>
<tr><td>跨境自驾游</td><td>完善跨境自驾游监管举措，允许境外旅行社与国内企业合作，拓展自驾游旅游产品；完善自驾游艇、车辆等交通工具出入境手续，包括担保制度，降低入境游成本。</td><td>《中华人民共和国海关事务担保条例》第五条规定，当事人申请办理货物和运输工具过境的，按照海关规定提供担保。<br>《中华人民共和国海关对海南省进出境游艇及其所载物品监管暂行办法》（海关总署 2011 年第十五号公告）第九条规定，经核准进境的境外游艇，游艇所有人或者其委托的游艇服务企业应当依法向进境地海关缴纳相当于游艇应纳税款的保证金或者海关依法认可的其他担保。经海关总署核准，也可以由其委托的游艇服务企业为其提供总担保。</td></tr>
<tr><td rowspan="2">专业服务</td><td>工程咨询服务</td><td>1. 允许符合条件的外籍人员在试点地区执业提供工程咨询服务（法律法规有资格要求的除外）。<br>2. 对外资工程设计（不包括工程勘察）企业，取消首次申请资质时对工程设计业绩要求。</td><td>中国加入世界贸易组织议定书–附件 9：《中华人民共和国服务贸易具体承诺减让表》对建筑设计服务（CPC8671）、工程服务（CPC8672）在跨境交付项下市场准入限制为“要求与中国专业机构进行合作，方案设计除外”。[其中，工程服务（CPC8672）项下包括工程咨询服务]<br>《建设工程勘察设计管理条例》第八条规定，建设工程勘察、设计单位应当在其资质等级许可的范围内承揽建设工程勘察、设计业务。第九条规定，国家对从事建设工程勘察、设计活动的专业技术人员，实行执业资格注册管理制度。<br>《外商投资建设工程设计企业管理规定实施细则》第二条规定，外商投资建设工程设计企业，首次申请工程设计资质，其外国服务提供者（外国投资方）应提供两项及以上中国境外完成的工程设计业绩，其中至少一项工程设计业绩是在其所在国或地区完成的。</td></tr>
<tr><td>法律服务</td><td>探索密切内地（大陆）律师事务所与港澳台地区律师事务所业务合作的方式与机制。</td><td>《外商投资产业指导目录（2017 年修订）》禁止外商投资中国法律事务咨询（提供有关中国法律环境影响的信息除外）。</td></tr>
</table>

附件 3

## 深化服务贸易创新发展试点任务及政策保障措施

<table>
<tr><th colspan="2">试点任务</th><th>政策保障措施</th><th>责任单位</th></tr>
<tr><td rowspan="4">进一步完善管理体制</td><td>加强国务院服务贸易发展部际联席会议工作统筹、政策协调、信息共享。</td><td>—</td><td>商务部牵头推进</td></tr>
<tr><td>强化地方服务贸易跨部门统筹协调决策机制。</td><td rowspan="3">—</td><td rowspan="3">试点地区负责推进；商务部支持指导</td></tr>
<tr><td>加快服务贸易领域地方性法规立法探索，围绕市场准入、管理、促进、统计、监测等形成经验。</td></tr>
<tr><td>全面建立地方政府服务贸易发展绩效评价与考核机制。</td></tr>
<tr><td rowspan="6">进一步扩大对外开放</td><td>在试点地区分阶段推出开放便利举措。</td><td>—</td><td>试点地区负责推进；外交部、工业和信息化部、公安部、司法部、住房和城乡建设部、人民银行、海关总署、港澳办、台办、银保监会、外国专家局、中医药局及其他行业主管部门按职责分工落实开放便利举措并予以支持指导</td></tr>
<tr><td rowspan="2">借鉴自贸试验区和北京市服务业扩大开放综合试点等的开放经验，推动服务领域对外开放。</td><td>积极借鉴自贸试验区和北京市服务业扩大开放综合试点等在金融、旅游、文化教育、医疗健康、信息服务等服务领域开放经验。</td><td>试点地区负责推进；商务部会同有关部门和单位支持指导</td></tr>
<tr><td>探索对外商投资旅游类项目（国家级风景名胜区、国家自然保护区、全国重点文物保护单位、世界自然和文化遗产保护区旅游开发和资源保护项目除外）试行分级下放核准事权。</td><td>试点地区负责推进；发展改革委、商务部等部门和单位负责落实政策保障</td></tr>
<tr><td>扩大新兴服务业双向开放。</td><td>—</td><td>试点地区负责推进；商务部会同有关部门和单位支持指导</td></tr>
<tr><td>探索完善跨境交付、境外消费、自然人移动等模式下服务贸易市场准入制度，逐步放宽或取消限制措施，有序推进对外开放。</td><td>—</td><td>试点地区负责推进；有关行业主管部门负责落实开放便利举措并予以支持指导</td></tr>
<tr><td>支持试点地区探索建立服务领域开放风险预警机制。</td><td>—</td><td>试点地区负责推进；商务部、有关行业主管部门支持指导</td></tr>
</table>

续表1

<table>
<tr><th colspan="2">试点任务</th><th>政策保障措施</th><th>责任单位</th></tr>
<tr><td rowspan="10">进一步培育市场主体</td><td>科学建设运营全国性、区域性公共服务平台，加强对现有公共服务平台的整合与统筹利用，提高服务效率。</td><td>—</td><td>试点地区和商务部、财政部等有关部门和单位负责推进</td></tr>
<tr><td rowspan="3">鼓励金融机构在风险可控、商业可持续的前提下创新适应服务贸易特点的金融服务。</td><td>在遵守跨境人民币业务和外汇管理有关规定的前提下，鼓励政策性金融机构在现有业务范围内加大对服务贸易企业开拓国际市场、开展国际并购等业务的支持力度，支持服务贸易重点项目建设。</td><td>试点地区负责推进；银保监会、人民银行、商务部等有关部门和单位负责落实政策保障</td></tr>
<tr><td>金融机构在风险可控和商业可持续的前提下创新金融产品和服务，为“轻资产”服务贸易企业提供融资支持。</td><td>试点地区负责推进；人民银行、银保监会、证监会等部门和单位负责落实政策保障</td></tr>
<tr><td>探索运用大数据等技术手段创新服务贸易企业信用等级评定方法，为其融资创造更有利条件。</td><td>试点地区负责推进；人民银行、银保监会、证监会等部门和单位负责落实政策保障并予以支持指导</td></tr>
<tr><td>探索建设一批服务贸易境外促进中心。</td><td>—</td><td>试点地区负责推进；商务部、财政部、外交部、贸促会等部门和单位支持指导</td></tr>
<tr><td>更好发挥贸易促进机构、行业协会的贸易促进作用。</td><td>—</td><td>试点地区和贸促会负责推进</td></tr>
<tr><td>充分发挥中国（北京）国际服务贸易交易会的平台作用。</td><td>—</td><td>商务部、北京市人民政府负责推进</td></tr>
<tr><td rowspan="2">推动试点地区与重点服务贸易伙伴加强合作，支持企业开拓国际市场。</td><td>支持试点地区探索与重点服务贸易伙伴在重点领域加强合作。</td><td>试点地区和商务部、贸促会等部门和单位负责推进</td></tr>
<tr><td>积极争取国际组织的资金支持，建设家政劳务输出基地，推动服务业国际交流与合作。</td><td>商务部负责推进</td></tr>
</table>

续表2

<table>
<tr><th colspan="2">试点任务</th><th>政策保障措施</th><th>责任单位</th></tr>
<tr><td rowspan="5">进一步创新发展模式</td><td>依托自贸试验区、经济技术开发区等建设一批特色服务出口基地。</td><td>—</td><td>试点地区负责推进；商务部会同有关部门和单位支持指导</td></tr>
<tr><td>发挥海关特殊监管区域政策优势，发展仓储物流、研发设计、检验检测、维修、国际结算、分销、展览等服务贸易，重点建设数字产品与服务、维修、研发设计等特色服务出口基地。</td><td>—</td><td>试点地区负责推进；商务部、海关总署、财政部等部门和单位支持指导</td></tr>
<tr><td>探索推进服务贸易数字化，运用数字技术提升服务可贸易性，推动数字内容服务贸易新业态、新模式快速发展。</td><td>—</td><td rowspan="2">试点地区负责推进；商务部、发展改革委、工业和信息化部、科技部等部门和单位支持指导</td></tr>
<tr><td>推动以数字技术为支撑、高端服务为先导的“服务+”整体出口。</td><td>—</td></tr>
<tr><td>积极拓展新兴服务贸易，重点推进服务外包、技术贸易、文化贸易发展。</td><td>加快服务外包转型升级，加强技术贸易管理和促进，积极建设文化出口基地等特色服务出口基地。</td><td>试点地区负责推进；商务部会同有关部门和单位支持指导</td></tr>
<tr><td rowspan="4">进一步提升便利化水平</td><td rowspan="4">深入改革通关监管制度和模式，为与展览、维修、研发设计等服务贸易相关的货物、物品进出口提供通关便利。</td><td>加快与服务贸易相关货物的通关一体化改革，创新海关查验作业方式和手段，推广非侵入式查验等便利化方式。<br>创新内陆和沿海口岸与服务贸易相关货物的物流联通新模式，提高通关效率。<br>提高与服务贸易相关货物暂时进口便利度，拓展 ATA 单证册适用范围。</td><td>试点地区负责推进；海关总署负责落实政策保障</td></tr>
<tr><td>对需经检疫审批的生鲜商品等特殊展品，缩短审批时间。</td><td>试点地区负责推进；海关总署负责落实政策保障</td></tr>
<tr><td>在海关特殊监管区域内，设立展品常年保税展示平台，缩短艺术品内容审核时限，并支持文化产品保税展示交易。</td><td>试点地区负责推进；海关总署、文化和旅游部等部门和单位按职责分工落实政策保障</td></tr>
<tr><td>实现海关特殊监管区域间保税货物自行运输。</td><td>试点地区负责推进；海关总署负责落实政策保障</td></tr>
</table>

续表3

| 试点任务 | | 政策保障措施 | 责任单位 |
|---|---|---|---|
| 进一步提升便利化水平 | 深入改革通关监管制度和模式，为与展览、维修、研发设计等服务贸易相关的货物、物品进出口提供通关便利。 | 大力支持多式联运监管中心建设，创新多式联运监管方式，促进货物运输便利化。 | 试点地区负责推进；海关总署等部门和单位负责落实政策保障 |
| | | 推进船舶联合登临检查，提高国际航行船舶出入境查验效率，促进船舶快速通关，为国际运输服务发展创造便利条件。 | 试点地区负责推进；交通运输部、海关总署等部门和单位负责落实政策保障 |
| | | 对会展、拍卖等进出境展品、艺术品等特殊物品在有效监管的前提下优化服务，完善邮递、跨境电子商务通关服务。 | 试点地区负责推进；海关总署负责落实政策保障 |
| | | 对医疗器械和服务贸易特殊物品进一步简化检验检疫流程。<br>扩大快速验放机制在服务贸易领域的适用范围。<br>构建高效的申报前检疫监管模式。 | 试点地区负责推进；海关总署、商务部等部门和单位负责落实政策保障 |
| | | 实施生物材料检验检疫改革措施，推行就近报检、即报即检、现场查验等措施，为检验检测服务出口创造便利条件。 | 试点地区负责推进；海关总署负责落实政策保障 |
| | 提升跨境交付、自然人移动等方面的便利化水平。 | — | 试点地区负责推进；有关行业主管部门按职责分工落实开放便利举措并予以支持指导 |
| | 完善签证便利政策。 | — | 试点地区负责推进；公安部、外交部、外国专家局、中医药局等部门和单位按职责分工落实开放便利举措并予以支持指导 |
| | 健全境外专业人才流动机制，畅通外籍高层次人才来华创新创业渠道。 | 支持引进重点领域发展需要的境外高层次人才和紧缺人才。<br>强化对海外人才在项目申请、成果推广、融资服务等方面的支持。 | 试点地区负责推进；外交部、外国专家局等部门和单位负责落实政策保障 |
| | 推动职业资格互认。 | — | 人力资源社会保障部、工业和信息化部、发展改革委、商务部等部门和单位按职责分工负责推进 |
| | 提升移动支付、消费服务等方面的便利化水平，积极发展入境游。 | 研究解决国外游客移动支付便捷性问题的举措。 | 试点地区负责推进；商务部、文化和旅游部、人民银行等部门和单位按职责分工落实政策保障并予以支持指导 |

续表4

| 试点任务 | | 政策保障措施 | 责任单位 |
|---|---|---|---|
| 进一步完善政策体系 | 修订完善《服务出口重点领域指导目录》等服务贸易领域相关目录，充分利用现有资金渠道，积极开拓海外服务市场，鼓励新兴服务出口和重点服务进口。 | 在《服务出口重点领域指导目录》《服务外包产业重点发展领域指导目录》范围内，支持重点新兴服务出口。 | 试点地区负责推进；商务部、财政部等部门和单位负责落实政策保障 |
| | | 及时调整《鼓励进口服务目录》，对试点地区进口国内急需的研发设计、节能环保、环境服务和咨询等技术密集型、知识密集型服务给予贴息支持。 | 试点地区负责推进；商务部、财政部、发展改革委、工业和信息化部等部门和单位负责落实政策保障 |
| | 研究完善试点地区面向出口的服务型企业所得税政策。 | 将服务贸易创新发展试点地区的技术先进型服务企业所得税政策推广至全国范围，落实企业境外所得税收支持政策，支持新兴服务出口。研究完善试点地区面向出口的服务型企业所得税政策。 | 试点地区负责推进；财政部、税务总局、商务部、科技部、发展改革委等部门和单位负责落实政策保障 |
| | 结合全面实施营改增改革，对服务出口实行免税，符合条件的可实行零税率，鼓励扩大服务出口。 | — | 试点地区负责推进；财政部、税务总局、商务部等部门和单位支持指导 |
| | 发挥好服务贸易创新发展引导基金作用。 | 运行好服务贸易创新发展引导基金，建立项目信息征集协调机制，推动基金管理机构加强项目库建设和项目渠道管理。 | 试点地区负责推进；财政部、商务部等部门和单位负责落实政策保障 |
| | | 鼓励有条件的地方设立服务贸易创新发展引导基金。 | 试点地区负责推进并落实政策保障 |
| | 加大出口信用保险和出口信贷对服务贸易的支持力度。 | 大力发展出口信用保险保单融资、供应链融资、海外并购融资、应收账款质押贷款和融资租赁等业务。 | 试点地区负责推进；商务部、中国出口信用保险公司等部门和单位负责落实政策保障 |
| | | 鼓励保险公司针对服务贸易企业的风险特点，有针对性地创新开发保险产品，扩大服务贸易企业的出口信用保险覆盖面，在风险可控的前提下采取灵活承保政策，简化投保手续。 | |
| | | 以信用保险和保证保险为重点抓手，充分发挥信用保证保险在服务贸易领域的作用，为服务贸易企业提供损失补偿和增信融资等服务。 | |

续表5

| 试点任务 | | 政策保障措施 | 责任单位 |
| --- | --- | --- | --- |
| 进一步完善政策体系 | 拓宽服务贸易企业融资渠道。 | 积极支持符合条件的服务贸易企业在资本市场融资。加大多层次资本市场对服务贸易企业的支持力度，为服务贸易企业在交易所上市、在全国中小企业股份转让系统挂牌、发行公司债等创造更便利条件。 | 试点地区负责推进；证监会负责落实政策保障 |
| | | 推动中小微服务贸易企业融资担保体系建设，积极推进中小微服务贸易企业综合信息共享。 | 试点地区负责推进；银保监会负责落实政策保障 |
| | 完善外汇管理措施。 | 支持开展跨国公司总部企业外汇资金集中运营管理。 | 外汇局负责推进并落实政策保障 |
| | | 完善服务贸易企业外汇结算政策，为技术、文化、服务外包等企业对境外优质资产开展跨境并购创造有利条件。 | 外汇局、发展改革委、商务部等部门和单位负责推进并落实政策保障 |
| | 加快推进人民币在服务贸易领域的跨境使用。 | 鼓励和支持在服务贸易及相关的投融资和跨境电子商务活动中使用人民币进行计价结算。<br>重点支持运输、保险等跨境服务贸易扩大人民币计价和结算范围。 | 试点地区负责推进；人民银行负责落实政策保障 |
| 进一步健全统计体系 | 完善服务贸易统计监测、运行和分析体系，建立健全服务贸易重点联系企业直报系统。 | — | 试点地区和商务部、统计局、外汇局、税务总局等部门和单位负责推进 |
| | 开展重点联系企业统计数据直报和试点地区的外国附属机构服务贸易统计，适当增加监测企业数量，实现系统重要性服务贸易企业直报全覆盖。 | — | |
| | 建立政府部门信息共享和数据交换机制，实现服务贸易发展协调机制成员单位相关工作数据共享。 | — | 试点地区和国务院服务贸易发展部际联席会议各成员单位负责推进 |

续表6

<table>
<tr><th colspan="2">试点任务</th><th>政策保障措施</th><th>责任单位</th></tr>
<tr><td rowspan="5">进一步创新监管模式</td><td>建立服务贸易重点联系企业运行监测机制，创新事中事后监管举措，切实防范骗税和骗取补贴的行为。</td><td>—</td><td>试点地区和商务部、发展改革委、人民银行、税务总局、统计局、外汇局、国资委等部门和单位负责推进</td></tr>
<tr><td>探索建立商务、海关、税务、外汇等部门信息共享、协同执法的服务贸易监管体系。</td><td>—</td><td rowspan="2">试点地区和国务院服务贸易发展部际联席会议各成员单位负责推进</td></tr>
<tr><td>全面建立服务贸易市场主体信用记录，纳入全国信用信息共享平台并依法通过国家企业信用信息公示系统、“信用中国”网站向社会公开，实施守信联合激励和失信联合惩戒。</td><td>—</td></tr>
<tr><td>探索创新技术贸易管理模式。</td><td>对自由进出口技术的备案管理制度实行便利化改革，探索开展无纸化登记管理试点。</td><td>试点地区负责推进；商务部负责落实政策保障</td></tr>
<tr><td>逐步将有关服务贸易管理事项纳入国际贸易“单一窗口”。</td><td>探索京津冀地区、长三角地区、泛珠三角地区、长江沿线口岸“单一窗口”互联互通。</td><td>试点地区负责推进；商务部、海关总署以及有关行业主管部门予以支持指导</td></tr>
</table>

注：各试点地区深化试点工作方案、各领域开放便利举措及政策保障措施原则上应于2018年年底前出台。

# 关于企业报关报检资质合并有关事项的公告

海关总署公告2018年第28号

为贯彻落实《深化党和国家机构改革方案》工作部署，海关总署对企业报关报检资质进行了优化整合，现将有关事项公告如下：

## 一、企业报关报检资质合并范围

（一）将检验检疫自理报检企业备案与海关进出口货物收发货人备案，合并为海关进出口货物收发货人备案。企业备案后同时取得报关和报检资质。

（二）将检验检疫代理报检企业备案与海关报关企业（包括海关特殊监管区域双重身份企业）注册登记或者报关企业分支机构备案，合并为海关报关企业注册登记和报关企业分支机构备案。企业注册登记或者企业分支机构备案后，同时取得报关和报检资质。

（三）将检验检疫报检人员备案与海关报关人员备案，合并为报关人员备案。报关人员备案后同时取得报关和报检资质。具体办理上述业务的现场（以下简称“业务现场”）相关信息由各直属海关对外进行公告。企业向海关办理其他注册登记或者备案业务的，暂时按照原有模式办理。

## 二、新企业注册登记或者备案业务办理方式

自2018年4月20日起，企业在海关注册登记或者备案后，将同时取得报关报检资质。

### （一）注册登记或者备案申请

企业在互联网上办理注册登记或者备案的，应当通过“中国国际贸易单一窗口”标准版（以下简称“单一窗口”，网址：htp：//www. singlewindow. cn/）“企业资质”子系统填写相关信息，并向海关提交申请。企业申请提交成功后，可以到其所在地海关任一业务现场提交申请材料。

企业同时办理报关人员备案的，应当在“单一窗口”相关业务办理中，同时填写报关人员备案信息。其中，报关人员身份证件信息应当填写居民身份证相关信息，“单一窗口”暂时不支持使用其他身份证件办理报关人员备案。

除在“单一窗口”办理注册登记或者备案申请外，企业还可以携带书面申请材料到业务现场申请办理相关业务。

### （二）提交申请材料

企业按照申请经营类别情况，向海关业务现场提交下列书面申请材料：

1. 申请进出口货物收发货人备案的，需要提交：营业执照复印件、对外贸易经营者备案登记表（或者外商投资企业批准证书、外商投资企业设立备案回执、外商投资企业变更备案回执）复印件。

2. 申请报关企业（海关特殊监管区域双重身份企业）注册登记的，需要提交：注册登记许可申请书、企业法人营业执照复印件、报关服务营业场所所有权证明或者使用权证明。

3. 申请报关企业分支机构备案的，需要提交：报关企业《中华人民共和国海关报关单位注册登记证书》复印件、分支机构营业执照复印件、报关服务营业场所所有权证明或者使用权证明。

此外，企业通过“单一窗口”还可向海关申请备案成为加工生产企业或者无报关权的其他企业，企业需要提交营业执照复印件。企业备案后可以办理报检业务，但不能办理报关业务。企业提交的书面申请材料应当加盖企业印章；向海关提交复印件的，应当同时交验原件。

### （三）海关审核

海关在收取企业申请材料后进行审核，审核通过的，予以注册登记或者备案；审核不通过的，应当一次性告知企业需要补正的全部内容。海关将审核结果通过“单一窗口”反馈企业，企业登录“单一窗口”可以查询注册登记或者备案办理结果。

### （四）证书发放

自 2018 年 4 月 20 日起，海关向注册登记或者备案企业同时核发《中华人民共和国海关报关单位注册登记证书》和《出入境检验检疫报检企业备案表》，相关证书或者备案表加盖海关注册备案专用章。企业有需要的，可以在业务现场领取；没有领取的，不影响企业办理海关业务。

2018 年 4 月 20 日前，原检验检疫部门核发的《出入境检验检疫报检企业备案表》继续有效。

## 三、已办理注册登记或者备案企业处理方式

### （一）已在海关和原检验检疫部门办理了报关和报检注册登记或者备案的企业

企业无须再到海关办理相关手续，原报关和报检资质继续有效。

### （二）只办理了报关或者报检注册登记或者备案的企业

海关将对现行报关和报检企业管理作业系统数据库及相关功能进行整合和修改，共享相关数

据。自 2018 年 6 月 1 日起，企业可以通过“单一窗口”补录企业和报关人员注册登记或者备案相关信息。

1. 只取得报关资质的企业或者只取得报检资质的代理报检企业，在补录信息后，将同时具有报关、报检资质。

2. 只取得报检资质的自理报检企业，在补录信息后，还需要向海关提交商务部门的对外贸易经营者备案登记表（或者外商投资企业批准证书、外商投资企业设立备案回执、外商投资企业变更备案回执）复印件，才能同时具有报关、报检资质。

没有报关或者报检资质的企业，在 2018 年 6 月 1 日前需要办理报关或者报检业务的，可以按照原有模式向海关申请办理注册登记或者备案手续。

本公告自 2018 年 4 月 20 日起施行。

特此公告。

海关总署

2018 年 4 月 16 日

# 关于《国（境）外引进农业种苗检疫审批单》等3种监管证件实施联网核查的公告

海关总署、农业农村部、国家林业和草原局公告2018年第141号

为进一步优化口岸营商环境，促进跨境贸易便利化，海关总署、农业农村部、国家林业和草原局决定对《国（境）外引进农业种苗检疫审批单》等3种监管证件实施电子数据联网核查。现将有关事项公告如下：

一、自本公告发布之日起，启动《国（境）外引进农业种苗检疫审批单》《引进林木种子、苗木检疫审批单》《农业转基因生物安全证书（进口）》（以下简称证件）电子数据与进出口货物报关单电子数据的联网核查。

二、农业农村、林业和草原管理部门根据相关法律法规的规定签发证件，实时将证件电子数据传输至海关，海关在通关环节进行比对核查，并按规定办理进口手续。联网核查实施前已签发的证件，企业可凭纸质证件在有效期内向海关办理进口手续。

三、报关企业按照海关通关作业无纸化改革的规定，可采用无纸方式向海关申报。因海关和农业农村、林业和草原管理部门审核需要，或计算机管理系统、通信网络故障等原因，可以转为有纸报关作业或补充提交纸质证件。

四、企业可登录中国国际贸易“单一窗口”查询证件电子数据传输状态。

五、中国电子口岸数据中心为联网核查的技术支持部门。联系方式：010-95198。

特此公告。

海关总署　农业农村部　国家林业和草原局

2018年10月22日

# 关于《特殊医学用途配方食品注册证书》等5种监管证件实施联网核查的公告

海关总署、国家市场监督管理总局公告2018年第142号

为进一步优化口岸营商环境，提升跨境贸易便利化水平，海关总署、国家市场监督管理总局决定对《特殊医学用途配方食品注册证书》等5种监管证件实施电子数据联网核查。现将有关事项公告如下：

一、自公告发布之日起，在全国范围内实施《特殊医学用途配方食品注册证书》《保健食品注册证书或保健食品备案凭证》《婴幼儿配方乳粉产品配方注册证书》（以下简称证件）电子数据与进出口货物报关单电子数据的联网核查。

二、自2018年11月1日起，在全国范围内实施《强制性产品认证证书或证明性文件》《特种设备制造许可证及型式试验证书》电子数据与进出口货物报关单电子数据的联网核查。

三、市场监督管理部门根据相关法律法规签发证件，将证件电子数据传输至海关，海关在通关环节进行比对核查，并按规定办理进出口手续。联网核查实施前已签发的证件，企业可凭纸质证件在有效期内向海关办理进出口手续。

四、报关企业按照海关通关作业无纸化改革的规定，可采用无纸方式向海关申报。因海关和市场监督管理部门审核需要或计算机管理系统、通信网络故障等原因，可以转为有纸报关作业或补充提交纸质证件。

五、企业可登录中国国际贸易“单一窗口”查询证件电子数据传输状态。

六、中国电子口岸数据中心为联网核查的技术支持部门。中国电子口岸数据中心联系方式：010-95198。

特此公告。

海关总署　市场监管总局

2018年10月17日

# 关于《新食品原料许可证明》等2种监管证件实施联网核查的公告

海关总署、国家卫生健康委员会公告2018年第145号

为进一步优化口岸营商环境，促进跨境贸易便利化，海关总署、国家卫生健康委员会决定对《新食品原料许可证明》等2种监管证件实施电子数据联网核查。现将有关事项公告如下：

一、自公告发布之日起，在全国范围内实施《新食品原料许可证明》《进口尚无食品安全国家标准的食品暂予适用的标准》（以下简称证件）电子数据与进口货物报关单电子数据的联网核查。

二、国务院卫生行政部门根据相关法律法规签发证件，将证件电子数据传输至海关，海关在通关环节进行比对核查，并按规定办理进口手续。联网核查实施前已签发的证件，企业可凭纸质证件在有效期内向海关办理进口手续。

三、报关企业按照海关通关作业无纸化改革的规定，可采用无纸方式向海关申报。因海关和国务院卫生行政部门审核需要，或者计算机管理系统故障、通信网络故障、其他管理部门需要验核纸质证件等原因，也可以转为有纸报关作业或补充提交纸质证件。

四、企业可登录中国国际贸易“单一窗口”查询证件电子数据传输状态。

五、中国电子口岸数据中心为联网核查的技术支持部门。中国电子口岸数据中心联系方式：010-95198。

特此公告。

海关总署　国家卫生健康委员会

2018年10月29日

# 关于实施《赴境外加工光盘进口备案证明》《音像制品（成品）进口批准单》联网核查的公告

海关总署、中央宣传部公告2018年第146号

为进一步优化口岸营商环境，促进跨境贸易便利化，海关总署、中央宣传部决定对《赴境外加工光盘进口备案证明》（以下简称《进口备案证明》）和《音像制品（成品）进口批准单》（以下简称《进口批准单》）实施电子数据联网核查。现将有关事项公告如下：

一、自本公告发布之日起，海关总署、中央宣传部共同对赴境外加工光盘启动《进口备案证明》电子数据与进口货物报关单电子数据的联网核查工作。

二、自2018年11月1日起，海关总署、中央宣传部共同对进口音像制品（成品）启动《进口批准单》电子数据与进口货物报关单电子数据的联网核查工作。

三、新闻出版部门根据相关法律法规及有关规定签发《进口备案证明》《进口批准单》，并实时将《进口备案证明》《进口批准单》电子数据传输至海关。海关在通关环节进行比对核查，并按规定办理相关手续。

四、进口企业应按照现行规定，如实规范向海关申报。对于在联网核查实施前已申领的《进口备案证明》《进口批准单》，企业可凭纸质证件于2018年12月31日前在有效期内向海关办理报关手续。《进口备案证明》《进口批准单》管理货物目录详见附件。

五、因计算机管理系统、通信网络故障等原因，无法正常实施联网核查的，企业可提交纸本材料并按照要求办理相关手续。

六、企业可登录中国国际贸易“单一窗口”查询证件电子数据传输状态。

七、中国电子口岸数据中心为联网核查的技术支持部门。中国电子口岸数据中心联系方式：010-95198。

特此公告。

附件：1. 2018年《赴境外加工光盘进口备案证明》管理货物目录

2. 2018年《音像制品（成品）进口批准单》管理货物目录

海关总署　中央宣传部

2018年10月18日

附件 1

## 2018 年《赴境外加工光盘进口备案证明》管理货物目录

| 序号 | 海关商品编号 | 商品名称 | 备注 |
|---|---|---|---|
| 1 | 8523499030 | 其他赴境外加工并返回境内的已录制光盘 | 根据原 8523499000 拆分 |
| 2 | 8523801120 | 赴境外加工并返回境内的已录制唱片 | 根据原 8523801100 拆分 |

附件 2

## 2018 年《音像制品（成品）进口批准单》管理货物目录

| 序号 | 海关商品编号 | 商品名称 | 备注 |
|---|---|---|---|
| 1 | 8523292890 | 其他重放声音或图像信息的磁带 | |
| 2 | 8523292990 | 已录制的其他磁带 | |
| 3 | 8523299090 | 其他磁性媒体 | |
| 4 | 8523491090 | 其他仅用于重放声音信息的已录制光学媒体 | |
| 5 | 8523499090 | 其他已录制光学媒体 | |
| 6 | 8523801190 | 其他已录制唱片 | |
| 7 | 8523809990 | 其他媒体 | 磁性、光学或半导体媒体除外 |

# 关于实施《技术出口许可证》、《技术出口合同登记证》和《援外项目任务通知函》联网核查的公告

海关总署、商务部公告 2018 年第 147 号

为进一步优化口岸营商环境，促进跨境贸易便利化，海关总署、商务部决定对《技术出口许可证》、《技术出口合同登记证》和《援外项目任务通知函》实行电子数据联网核查。现将有关事项公告如下：

一、自本公告发布之日起，海关总署和商务部共同对技术贸易和援外物资启动《技术出口许可证》、《技术出口合同登记证》和《援外项目任务通知函》电子数据与进出口货物报关单电子数据的联网核查工作。

二、商务部及其授权发证机构根据相关法律法规及有关规定签发上述证件，并将有效电子数据传输至海关。海关在通关环节对证件信息进行比对核查，并按规定办理相关手续。

三、进出口企业应按照现行规定，如实规范向海关申报。对于在联网核查实施前已合法申领的上述证件，企业可凭纸质证件于 2018 年 12 月 31 日前在有效期内向海关办理报关手续。

四、因计算机管理系统、通信网络故障等原因，无法正常实施联网核查的，企业可提交纸本材料并按照要求办理相关手续。

五、企业可登录中国国际贸易“单一窗口”查询证件电子数据传输状态。

六、中国电子口岸数据中心为联网核查的技术支持部门。中国电子口岸数据中心联系方式：010-95198。

特此公告。

海关总署　商务部

2018 年 10 月 29 日

# 关于《进口药品通关单》等 7 种监管证件实施联网核查的公告

海关总署、国家药品监督管理局公告 2018 年第 148 号

为进一步优化口岸营商环境，促进跨境贸易便利化，海关总署、国家药品监督管理局决定对《进口药品通关单》等 7 种监管证件实施电子数据联网核查。现将有关事项公告如下：

一、自本公告发布之日起，在全国范围内实施麻精药品进出口准许证（包括麻醉药品进口准许、麻醉药品出口准许、精神药物进口准许、精神药物出口准许），进口医疗器械备案/注册证（包括医疗器械注册证、第一类医疗器械备案凭证），以及《进口特殊用途化妆品卫生许可批件》《进口非特殊用途化妆品卫生许可批件》电子数据与进出口货物报关单电子数据的联网核查。

二、自本公告发布之日起，在杭州、青岛海关开展《进口药品通关单》和蛋白同化制剂、肽类激素《药品进口准许证》《药品出口准许证》电子数据与进出口货物报关单电子数据的联网核查试点。

三、药品监督管理部门根据相关法律法规的规定签发上述证件，将证件电子数据传输至海关，海关在通关环节进行比对核查，并按规定办理进出口手续。联网核查实施前已签发的证件，企业可凭纸质证件在有效期内向海关办理进出口手续。

四、报关企业按照海关通关作业无纸化改革的规定，可采用无纸方式向海关申报。因海关和药品监督管理部门审核需要，或计算机管理系统、网络通信故障等原因，可以转为有纸报关作业或补充提交纸质证件。

五、企业可登录中国国际贸易“单一窗口”查询证件电子数据传输状态。

六、中国电子口岸数据中心为联网核查的技术支持部门。中国电子口岸数据中心联系方式：010-95198。

特此公告。

海关总署　国家药品监督管理局

2018 年 10 月 29 日

# 关于实施《进口广播电影电视节目带（片）提取单》联网核查的公告

海关总署、国家电影局、国家广播电视总局公告2018年第149号

为进一步优化口岸营商环境，促进跨境贸易便利化，海关总署、国家电影局和国家广播电视总局决定对《进口广播电影电视节目带（片）提取单》（以下简称《进口提取单》）实行电子数据联网核查。现将有关事项公告如下：

一、自本公告发布之日起，海关总署、国家电影局和国家广播电视总局共同启动《进口提取单》电子数据与进口货物报关单电子数据的联网核查工作。

二、国家电影局、国家广播电视总局根据相关法律法规及有关规定签发《进口提取单》，并实时将《进口提取单》电子数据传输至海关。海关在通关环节进行比对核查，并按规定办理相关手续。

三、进口企业应按照现行规定，如实规范向海关申报。对于在联网核查实施前已合法申领的《进口提取单》，企业可凭纸质证件于2018年12月31日前在有效期内向海关办理报关手续。《进口广播电影电视节目带（片）提取单》管理货物目录详见附件。

四、因计算机管理系统、通信网络故障等原因，无法正常实施联网核查的，企业可提交纸本材料并按照要求办理相关手续。

五、企业可登录中国国际贸易“单一窗口”查询证件电子数据传输状态。

六、中国电子口岸数据中心为联网核查的技术支持部门。中国电子口岸数据中心联系方式：010-95198。

本公告自发布之日起实施。

特此公告。

附件：2018年《进口广播电影电视节目带（片）提取单》管理货物目录

海关总署　国家电影局　国家广播电视总局

2018年10月18日

附件

## 2018 年《进口广播电影电视节目带（片）提取单》管理货物目录

| 序号 | 海关商品编号 | 商品名称 | 备注 |
|---|---|---|---|
| 1 | 3704001020 | 录有广播电影电视节目的电影胶片（已曝光但未冲洗） | |
| 2 | 3705001020 | 录有广播电影电视节目的教学专用幻灯片（已曝光已冲洗） | |
| 3 | 3706101010 | 录有广播电影电视节目的已冲洗的教学专用中宽电影胶片 | |
| 4 | 3706109010 | 录有广播电影电视节目的已冲洗的其他中宽电影胶片 | |
| 5 | 3706901010 | 录有广播电影电视节目的教学专用其他已冲洗的电影胶片 | |
| 6 | 3706909010 | 录有广播电影电视节目的其他已冲洗的电影胶片 | |
| 7 | 8523292820 | 录有广播电影电视节目的重放声音或图像信息的磁带 | |
| 8 | 8523292920 | 录有广播电影电视节目的其他磁带 | |
| 9 | 8523299020 | 其他录有广播电影电视节目的磁性媒体 | |
| 10 | 8523491020 | 录有广播电影电视节目的仅用于重放声音信息的光学媒体 | |
| 11 | 8523499020 | 其他录有广播电影电视节目的光学媒体 | |
| 12 | 8523512020 | 录有广播电影电视节目的固态非易失性存储器件（闪速存储器） | |
| 13 | 8523692020 | 其他录有广播电影电视节目的半导体媒体 | |
| 14 | 8523801110 | 录有广播电影电视节目的唱片 | |
| 15 | 8523809920 | 其他录有广播电影电视节目的媒体 | |

# 关于实施《古生物化石出境批件》联网核查的公告

海关总署、自然资源部公告2018年第150号

为进一步优化口岸营商环境，促进跨境贸易便利化，海关总署、自然资源部决定对《古生物化石出境批件》实施电子数据联网核查。

现将有关事项公告如下：

一、自2018年11月1日起，海关总署、自然资源部共同对古生物化石（参考海关商品编号：9705000020）出境启动《古生物化石出境批件》电子数据与出口货物报关单电子数据的联网核查工作。

二、自然资源主管部门根据相关法律法规及有关规定签发《古生物化石出境批件》，海关在通关环节对批件信息进行比对，并按规定办理相关手续。

三、出口企业应按照现行规定，如实规范向海关申报。对于在联网核查实施前已申领的《古生物化石出境批件》，企业可以凭有效期内的纸质证件于2018年12月31日前向海关办理报关手续。

四、因海关、自然资源主管部门审核需要及计算机管理系统、通信网络故障等原因，无法正常实施联网核查的，企业可提交纸本材料并按照要求办理相关手续。

五、企业可登录中国国际贸易“单一窗口”查询证件电子数据传输状态。

六、中国电子口岸数据中心为联网核查的技术支持部门。中国电子口岸数据中心联系方式：010-95198。

特此公告。

海关总署　自然资源部

2018年10月29日

# 关于实施《民用爆炸物品进口审批单》《民用爆炸物品出口审批单》联网核查的公告

海关总署、工业和信息化部公告2018年第151号

为进一步优化口岸营商环境，促进跨境贸易便利化，海关总署、工业和信息化部决定对《民用爆炸物品进口审批单》（以下简称《进口审批单》）和《民用爆炸物品出口审批单》（以下简称《出口审批单》）实施电子数据联网核查。现将有关事项公告如下：

一、自2018年11月1日起，海关总署、工业和信息化部通过中国国际贸易“单一窗口”平台，共同对民用爆炸物品启动《进口审批单》和《出口审批单》电子数据与进出口货物报关单电子数据的联网核查工作。

二、工业和信息化主管部门根据相关法律法规及有关规定签发《进口审批单》和《出口审批单》，并实时将《进口审批单》和《出口审批单》电子数据传输至海关。海关在通关环节进行比对核查，并按规定办理相关手续。

三、进出口企业应按照现行规定，如实规范向海关申报。对于在联网核查实施前已申领的《进口审批单》和《出口审批单》，企业可凭纸质证件于2019年4月30日前在有效期内向海关办理报关手续。《进口审批单》和《出口审批单》管理货物目录详见附件。

四、因计算机管理系统、通信网络故障以及目录中尚未列明的海关商品编号等原因，无法正常实施联网核查的或者因海关、工业和信息化主管部门审核需要的，企业可提交纸本材料并按照要求办理相关手续。

五、企业可登录中国国际贸易“单一窗口”查询证件电子数据传输状态。

六、中国电子口岸数据中心为联网核查的技术支持部门。中国电子口岸数据中心联系方式：010-95198。

特此公告。

附件：《民用爆炸物品进出口审批单》管理货物目录

海关总署　工业和信息化部

2018年10月29日

附件

## 《民用爆炸物品进出口审批单》管理货物目录

| 序号 | 海关商品编号 | 商品名称 | 备注 |
|---|---|---|---|
| 1 | 3602009091 | 硝化甘油炸药 | 甘油三硝酸酯类混合炸药 |
| 2 | 3602001091 | 铵梯类炸药 | 含铵梯油炸药 |
| 3 | 3602001091 | 多孔粒状铵油炸药 | |
| 4 | 3602001091 | 改性铵油炸药 | |
| 5 | 3602001091 | 膨化硝铵炸药 | |
| 6 | 3602001091 | 其他铵油类炸药 | |
| 7 | 3802001091 | 水胶炸药 | |
| 8 | 3602001091 | 乳化炸药（胶状） | |
| 9 | 3602001091 | 粉状乳化炸药 | |
| 10 | 3602001091 | 乳化粒状铵油炸药 | 重铵油炸药 |
| 11 | 3802001091 | 粘性炸药 | |
| 12 | 3602001081 | 含退役火药炸药 | 含退役火药的乳化、浆化、粉状炸药 |
| 13 | 3602001091<br>3602009091 | 其他工业炸药 | |
| 14 | 3602001091 | 震源药柱 | |
| 15 | 3602001091 | 震源弹 | |
| 16 | 3804900010 | 人工影响天气用燃爆器材 | 含炮弹、火箭弹等，限生产、购买、销售、运输管理 |
| 17 | 3602001091 | 矿岩破碎器材 | |
| 18 | 3602009091 | 中继起爆具 | |
| 19 | 3602001091 | 爆炸加工器材 | |
| 20 | 3603000091 | 油气井用起爆器 | |
| 21 | 9306900050 | 聚能射孔弹 | |
| 22 | 9303900010 | 复合射孔器 | |
| 23 | 9306900050 | 聚能切制弹 | |
| 24 | 9306900050 | 高能气体压裂弹 | |
| 25 | 3603000091 | 点火药盒 | |
| 26 | 3603000091<br>9306900050 | 其他油气井用爆破器材 | |
| 27 | 3602001091<br>3602009091 | 其他炸药制品 | |
| 28 | 3603000091 | 工业火雷管 | |

续表

| 序号 | 海关商品编号 | 商品名称 | 备注 |
|---|---|---|---|
| 29 | 3603000091 | 工业电雷管 | 含普通电雷管和煤矿许用电雷管 |
| 30 | 3603000091 | 导爆管雷管 | |
| 31 | 3603000091 | 半导体桥电雷管 | |
| 32 | 3603000091 | 电子雷管 | |
| 33 | 3603000091 | 磁电雷管 | |
| 34 | 3603000091 | 油气井用电雷管 | |
| 35 | 3603000091 | 地震勘探电雷管 | |
| 36 | 3603000091 | 继爆管 | |
| 37 | 3603000091 | 其他工业雷管 | |
| 38 | 3603000091 | 工业导火索 | |
| 39 | 3603000091 | 工业导爆索 | |
| 40 | 3602009091 | 切割索 | |
| 41 | 3603000091 | 塑料导爆管 | |
| 42 | 3603000091 | 引火线 | |
| 43 | 3603000091 | 安全气囊用点火具 | |
| 44 | 3603000091 | 其他特殊用途点火具 | |
| 45 | 3604900010 | 特殊用途烟火制品 | |
| 46 | 3603000091 | 其他点火器材 | |
| 47 | 3604900010 | 海上救生烟火信号 | |
| 48 | 2904204000 | 梯恩梯（TNT）/2, 4, 6-三硝基甲苯 | 限于购买、销售、运输管理 |
| 49 | 2933980070 | 工业黑索今（RDX）/环三亚甲基三硝铵 | 限于购买、销售、运输管理 |
| 50 | 2908999030 | 苦味酸/2, 4, 6-三硝基苯酚 | 限于购买、销售、运输管理 |
| 51 | 3601000091 | 民用推进剂 | 限于购买、销售、运输管理 |
| 52 | 2920900020 | 太安（PETN）/季戊四醇四硝酸酯 | 限于购买、销售、运输管理 |
| 53 | 2938990060 | 奥克托今（HMX） | 限于购买、销售、运输管理 |
| 54 | 3602009010 | 其他单质猛炸药 | 限于购买、销售、运输管理 |
| 55 | 3601000030 | 黑火药 | 用于生产烟花爆竹的黑火药除外，限于购买、销售、运输管理 |
| 56 | 3602009091 | 起爆药 | |
| 57 | 3603000091 | 延期器材 | |
| 58 | 3102300000 | 硝酸铵 | 限于购买、销售、运输管理 |
| 59 | | 国防科工委、公安部认为需要管理的其他民用爆炸物品 | |

备注：本目录中有关商品编号仅供参考。

# 关于实施《银行调运人民币现钞进出境证明》《黄金及黄金制品进出口准许证》联网核查的公告

海关总署、中国人民银行公告2018年第152号

为进一步优化口岸营商环境，促进跨境贸易便利化，海关总署、中国人民银行决定对《银行调运人民币现钞进出境证明》（以下简称《人民币调运证明》）和《黄金及黄金制品进出口准许证》（以下简称《黄金准许证》）实施电子数据联网核查。现将有关事项公告如下：

一、自本公告发布之日起，海关总署、中国人民银行共同对人民币调运、黄金及黄金制品进出口启动《人民币调运证明》和《黄金准许证》电子数据与进出口货物报关单电子数据的联网核查工作。

二、人民银行主管部门根据相关法律法规及有关规定签发《人民币调运证明》和《黄金准许证》，并实时将《人民币调运证明》和《黄金准许证》电子数据传输至海关。海关在通关环节进行比对核查，并按规定办理相关手续。

三、进出口企业应按照现行规定，如实规范向海关申报。对于有效期在2019年4月30日内的《黄金准许证》，企业可以凭纸质证件向海关办理报关手续。

四、因海关和人民银行主管部门审核需要及计算机管理系统、通信网络故障等原因，无法正常实施联网核查的，企业可提交纸本材料并按照要求办理相关手续。

五、企业可登录中国国际贸易“单一窗口”查询证件电子数据传输状态。

六、中国电子口岸数据中心为联网核查的技术支持部门。中国电子口岸数据中心联系方式：010-95198。

特此公告。

海关总署　中国人民银行

2018年10月29日

# 关于实施《人类遗传资源材料出口、出境证明》联网核查的公告

海关总署、科技部公告 2018 年第 153 号

为进一步优化口岸营商环境，促进跨境贸易便利化，海关总署、科技部决定对《人类遗传资源材料出口、出境证明》实施电子数据联网核查。现将有关事项公告如下：

一、自 2018 年 11 月 1 日起，海关总署、科技部共同对人类遗传资源材料启动《人类遗传资源材料出口、出境证明》电子数据与出口货物报关单电子数据的联网核查工作。

二、国家科技主管部门根据相关法律法规及有关规定签发《人类遗传资源材料出口、出境证明》，并实时将《人类遗传资源材料出口、出境证明》电子数据传输至海关。海关在通关环节进行比对核查，并按规定办理相关手续。

三、出口企业应按照现行规定，如实规范向海关申报。对于在联网核查实施前已申领的《人类遗传资源材料出口、出境证明》，企业可凭纸质证件于 2018 年 12 月 31 日前在有效期内向海关办理报关手续。

四、因海关、科技主管部门审核需要及计算机管理系统、通信网络故障等原因，无法正常实施联网核查的，企业可提交纸本材料并按照要求办理相关手续。

五、企业可登录中国国际贸易"单一窗口"查询证件电子数据传输状态。

六、中国电子口岸数据中心为联网核查的技术支持部门。中国电子口岸数据中心联系方式：010-95198。

特此公告。

海关总署　科技部

2018 年 10 月 30 日

中国国际贸易

单一窗口

年鉴

# 地方建设篇

DIFANG JIANSHE PIAN

2019

# 北京市

## 一、综述

2018年，北京市积极落实《国家口岸管理办公室关于国际贸易“单一窗口”建设的框架意见》的有关要求，10月25日正式启动中国（北京）国际贸易单一窗口（以下简称北京“单一窗口”）二期建设，突出空港物流服务特色，实现标准版用户信息与北京“单一窗口”用户信息共享，完成金融服务中心、平台客户服务、可视化业务量统计等各系统应用，制定宣传推广技术方案，申请保障资金，组织专门技术推广服务团队为企业进行授课、培训，发放培训资料，建立10多个微信群，不间断为用户在线技术服务，并提供远程服务和上门服务，技术团队7×24小时为企业提供技术支持。积极为企业提供辅助通关综合服务和个性服务，实现北京“单一窗口”最后一公里保障，有效节省企业进出口成本。加大宣传力度，拓展宣介渠道，利用培训会、咨询会，大力宣传北京“单一窗口”；建立微信公众号，畅通交流渠道，普及使用技巧；印发手提袋、宣传单，摄制宣传片，提升北京“单一窗口”社会影响力。

## 二、运行情况

### （一）运行数据

#### 1. 北京“单一窗口”数据

截至2018年年底，北京“单一窗口”累计业务量670.83万票，比2017年增长4.66万票，其中货物申报142.69万票（报关单128.23万票、检验检疫申报14.46万票），空运舱单申报478.97万票，航空器申报29.19万票，税费支付15.05万票，加工贸易（金关二期）2.46万票，企业资质（海关企业注册备案与对外贸易经营者）办理2.16万票，原产地证、许可证件、出口退税办理等0.31万票。平台用户3800多家，覆盖外贸企业3万多家。

2018年8月，平台业务量出现跳跃式增长，较7月实现翻番，11月份业务量达到最高值

109.44 万票。2018 年北京“单一窗口”业务运行情况如图 1 所示。

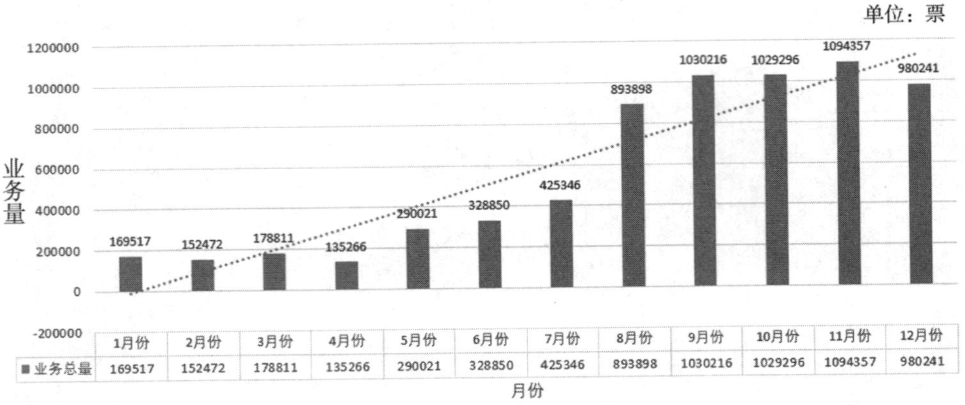

单位：票

| 月份 | 1月份 | 2月份 | 3月份 | 4月份 | 5月份 | 6月份 | 7月份 | 8月份 | 9月份 | 10月份 | 11月份 | 12月份 |
| --- | --- | --- | --- | --- | --- | --- | --- | --- | --- | --- | --- | --- |
| ■业务总量 | 169517 | 152472 | 178811 | 135266 | 290021 | 328850 | 425346 | 893898 | 1030216 | 1029296 | 1094357 | 980241 |

**图 1　2018 年北京“单一窗口”业务运行情况**

2. 特色应用运行情况

北京“单一窗口”一期项目本地化应用建设包括航空器地面代理及人员备案、政企协同、企业征信等系统，已经建设完成并推广应用。二期项目本地化应用依托北京大兴国际机场建设，聚焦物流通关服务业务创新，联合北京海关数据分中心积极协调北京大兴国际机场海关筹备办等单位，梳理新机场物流通关业务需求，创新“单一窗口”应用模式，分析用户及应用场景，设计物流全流程可视化跟踪方法。同时，涵盖北京“单一窗口”系统和业务的监控平台也正在建设中，该平台将对系统软硬件和业务数据传输进行实时监控和报警，进一步提高北京“单一窗口”运行保障水平，提升进出口企业体验度和获得感。

电子口岸平台保障项目中，舱单及辅助单证（进口/出口）信息化处理 894.64 万条。完成各类单据信息化处理和数据整合，其中，运输工具单据处理 12.09 万次；保税仓库单据处理 6.31 万票；展览品单据回程处理 0.26 万条，来程处理 0.19 万条；快件单据 A 类、B 类、C 类共处理 670.51 万条，D 类处理 27.66 万条。

**（二）运行维护**

2018 年北京“单一窗口”发布系统更新 13 次，主要包括内容管理、门户首页、应用管理等；现场运维 123 次，主要是应用系统性能优化与例行维护；应用系统例行巡检 50 多次，实行每周系统定期检查制度，及时发现问题，避免影响用户使用。

以政府购买服务的方式，专门组织标准版北京地区推广服务团队（以下简称服务团队），强化对企业用户的服务：积极参与试点工作，为“单一窗口”新注册企业用户提供多方位技术服务，电子口岸呼叫中心 95198 全年共受理企业热线电话 5.09 万次（人工接听 3.16 万次、语音解答 1.93 万次）；北京“单一窗口”服务热线 010-86398038 提供 7×24 小时实时服务，全年累计服务电话 1.81

万次（呼入 1.7 万次、呼出 0.11 万次）；10 多个微信群 24 小时在线，每日提供 200~400 人次的技术服务；远程技术支持服务帮助企业迅速解决问题；全年上门技术服务 100 余次。

### （三）宣传推广

北京市大力宣传引导北京外贸企业参与试用标准版新功能，运用自媒体丰富与企业的沟通渠道。2018 年 11 月 28 日，北京“单一窗口”微信服务号上线，提供“单一窗口”使用案例、学堂服务、资料下载、培训报名、业务相关的行业信息等多项资讯服务，截至 2018 年 12 月 31 日，关注人数有 444 人，微文阅读次数达 7322 次。注重培训效果，创新培训模式，让企业操作者从零起步到迅速掌握“单一窗口”各功能应用，2018 年累计开展各类培训 43 场，培训人数超过 4000 人。摄制北京“单一窗口”宣传片，印制手提袋、印刷册等物品进行发放，扩大“单一窗口”的社会影响力和知名度。

## 三、 大事记

1 月 11 日

“单一窗口”推广宣传服务团队与北京海关联合组织召开“单一窗口”应用交流座谈会。北京市商务委（口岸办）副主任柯永果、北京海关副关长车燕玲出席会议并讲话。

2 月 7 日

与中国建设银行北京市分行签署战略合作协议，确定北京“单一窗口”平台与建行“跨境 e+”平台进行全面合作，为企业提供“全流程、全线上、一站式”综合金融服务。

3 月 20 日

北京“单一窗口”首票“进口机电许可证”业务由中商外贸有限公司试点完成。

4 月 8 日

标准版“非机电产品自动进口许可证”功能由北京康安农业发展有限公司先行测试，试点成功。

5 月 16 日

为世界银行演示“单一窗口”业务操作，并就外贸业务流程、口岸环境收费、业务现状与问题等与世界银行开展沟通交流。

5 月 28 日~6 月 1 日

北京“单一窗口”亮相中国（北京）国际服务贸易交易会“京津冀协同发展”主题展。

7 月 23 日

标准版关检融合统一申报新报关业务，由中国外运北京空运公司成功完成全国首票申报。

7 月 30 日

北京“单一窗口”二期建设项目通过北京市财政局评审。

7 月 30 日

北京“单一窗口”新门户上线。

9 月 4 日

标准版“展览品通关”业务由北京外运服务会展有限公司完成全国首单申报。

9 月 27 日

标准版出口退税功能在北京“单一窗口”平台正式上线运行。

10 月 10 日

北京“单一窗口”二期建设项目招投标完成。

10 月 25 日

北京“单一窗口”二期建设项目启动会议召开。

11 月 1 日 ~8 日

北京市口岸办到巴西圣保罗桑托斯港、智利圣地亚哥瓦尔帕莱索港考察，宣传推广北京“单一窗口”。

11 月 28 日

“北京‘单一窗口’”微信订阅号上线。

12 月 26 日

本地应用特色门户系统（含四大中心、统一认证、统一注册与登录、CMS 系统等）及新机场业务需求完成评审。

## 四、 政策文件

# 关于进一步优化营商环境<br>提升京津跨境贸易便利化若干措施的公告

2018 年联合公告第 3 号

为贯彻落实国务院《优化口岸营商环境促进跨境贸易便利化工作方案》（国发〔2018〕37 号）要求，进一步提升京津跨境贸易便利化水平，结合实际，制定了具体措施，现公告如下：

### 一、优化报关放行模式

1. 推广应用“提前申报”模式。鼓励进口企业采用提前申报，提前办理单证审核和货物运输作业，非布控查验货物抵达口岸后即可放行提离。

2. 实行“先放行后改单”模式。对海关查验发现异常，而又不涉证、不涉税、不涉及检验检疫风险，仅涉及查验后改单放行的报关单，允许在海关放行后修改报关单数据。

3. 实施“先放行后缴税”模式。进一步推广“银关融”增信担保、“同业联合”增信担保、财务公司担保等，积极开展关税保证保险，提高通关效率和降低企业经营成本。根据企业信用等级分类实施差异化担保模式，探索实施 AEO 高级认证企业免担保验放，降低企业融资成本。

4. 扩大新一代海关税费电子支付系统适用范围，将税款类保证金、滞报金纳入其中，进一步提升支付海关税费的便捷性。

## 二、优化查验检测模式

5. 在货物监管现场实施“查检合一”作业。统筹整合辖区查验场地、设施设备等查验资源，加强查验指令统筹协调，严格执行一次查验，实现现场执法统一、通关流程优化、通关效率提高。

6. 推行“先验放后检测”检验监管模式。按照海关总署要求，符合条件的进口商品，在口岸完成现场检验检疫工作并符合要求后，即允许提离海关监管现场，在货物提离后实施实验室检测，办理综合评定及证书签发手续，缩短在港堆放时间，降低堆存和装卸等费用。

7. 优化鲜活产品进口检验检疫流程。搭建肉类、生鲜水产品、水果、食用水生动物等商品通关便捷通道，加快口岸查验速度，支持扩大日用消费品进口。

8. 对用于备案注册、研发测试和贸易洽谈等的进口食品、化妆品样品，免于标签检验和备案，免于提供卫生评价资料和原产地证明，免于抽样检测。

9. 优化动植物及其产品、食品、化妆品、生物制品出口申报前监管流程，通过企业分类管理及产品风险分析等措施，强化出口检验检疫作业与通关作业的有机衔接与融合，形成电子底账，方便企业在出口申报前办结相关检验检疫手续。

10. 优化快件、电商监管模式，统一使用作业场所自动化机检线，实施“一屏作业”。

## 三、便利单证办理，推广无纸化

11. 实行进口许可证件申领和通关作业无纸化。除安全保密等特殊情况外，属于自动进口许可证管理的货物和属于进口许可证管理的货物（除消耗臭氧层物质以外）可以实现申报资料网上提交、网上审批、许可证件联网核查和通关作业无纸化，企业无须再提交书面资料和领取纸质许可证。

## 四、大力推广应用国际贸易“单一窗口”

12. 企业可通过国际贸易“单一窗口”申报出口退税，实现报关单信息与出口退税申报信息自动转换，无须重复录入。

13. 加快推进电子口岸和国际贸易“单一窗口”升级改造，突出地方特色，丰富和完善功能，实现“一个平台、一次提交、一站办结”。将“单一窗口”功能覆盖至海关特殊监管区域和跨境电子商务综合试验区等相关区域。

## 五、清理规范降低口岸收费

14. 实行口岸收费目录清单制度。建立由地方财政局、商务局（口岸办）双牵头，价格、市场监管、交通、财政部财政监察专员办事处等共同参与的清理口岸收费工作机制，按照国家统一清单模板在国际贸易“单一窗口”、口岸管理部门网站、企业对外网站和口岸经营服务现场按照统一清单模板公示收费目录清单，清单之外不得收费。

15. 清理规范口岸经营服务性收费，对实行政府定价的，严格执行规定标准；对实行市场调节价的，督促收费企业执行有关规定，不得违规加收其他费用；鼓励竞争，破除垄断，推动降低报关、货代、船代、物流、仓储、港口服务等环节经营服务性收费。加强监督检查，依法查处各类违法违规收费行为，大幅降低进出口环节合规成本，力争港口综合费用水平在全国具有明显竞争力，服务好京津冀协同发展。

## 六、完善口岸服务机制

16. 推行“预约通关”模式。依托“互联网+海关”一体化网上办事平台，对适用于海关总署 2018 年第 109 号公告的三种货物，需在海关正常办公时间以外办理通关手续的，可向海关提出预约通关申请（失信企业除外），探索更大范围货物预约通关。

17. 通过建立归类先例库，推广归类预裁定服务，加强税政调研，开发商品归类信息服务等系统，支持和帮助企业提前确定涉税要素，帮助企业用足用好国家减税政策。

18. 提升企业信用管理水平。遵循“守法便利”原则，实施信用等级梯次分类管理，为高信用等级企业提供全方位便捷服务。积极培育和扩大认证企业数量，优化企业整体信用等级结构，开展 AEO 高级认证，应用 AEO 国际互认合作成果，支持企业“走出去”。

19. 为重点企业提供个性化服务。海关通过“企业协调员制度”、微信公众号新媒体等线上线下多种方式建立对企业日常跟踪服务机制，及时解决企业进出口过程中遇到的困难和问题。

20. 做好政策宣讲和解读。通过举办“进出口政策服务咨询会”、价格政策提醒告诫会、国际贸易“单一窗口”推介会及相关新政策措施宣传培训会等多种形式，加强政策宣传解读，引导口岸运营主体、进出口服务企业参与口岸提效降费工作，实现政企协同联动。

21. 完善口岸通关制度环境。围绕口岸提效降费，按照问题导向、需求导向和目标导向，探索从完善国际贸易“单一窗口”、扩大公开透明、优化服务流程、规范中介代理等方面逐步建立北京口岸制度体系，营造稳定、公平、透明、可预期的跨境贸易营商环境。

本公告自发布之日起施行。

北京市商务局（北京市政府口岸办）
天津市商务局（天津市政府口岸办）
中华人民共和国北京海关
中华人民共和国天津海关
北京市财政局
天津市财政局
北京市发展和改革委员会
天津市发展和改革委员会
北京市市场监督管理局
天津市市场监督管理委员会
北京天竺综合保税区管委会
2018 年 12 月 29 日

# 天津市

## 一、综述

天津市委、市政府高度重视“单一窗口”工作，在政府工作报告中部署了中国（天津）国际贸易单一窗口（以下简称天津“单一窗口”）建设工作，并列为天津自贸试验区制度创新的重点任务和优化口岸营商环境的重要举措。天津市商务局（口岸办）、天津海关、天津海事局、天津出入境边防检查总站、天津港集团、天津滨海机场、滨海新区政府等单位密切协作，共同组成项目建设工作组，共建共用天津“单一窗口”。

2015 年 7 月 1 日，天津“单一窗口”正式运行，实现了“互联网+”免费报关和港口服务的重大突破，国务院自贸试验区部际联席会议确定为可复制推广的经验，中国中央电视台做了专题宣传报道，广大进出口企业享受到了“互联网+”免费报关的便利和红利。

天津“单一窗口”通过与标准版全面对接，与海关、海事、边检、商务、公安、市场监管、税务、生态环境、贸促会、金融 10 个部门信息化对接和数据互联互通，具备了 12 个方面 30 余项服务功能，实现了货物申报覆盖率 100%、海运舱单申报覆盖率 100%、空运舱单申报覆盖率 100%、海运运输工具申报覆盖率 100%、空运运输工具申报覆盖率 100%，提前实现 2018 年年底覆盖率达到 80%的目标。

截至 2018 年年底，企业在天津“单一窗口”可以开展企业资质办理，许可证件和原产地证申领，运输工具申报，舱单申报和一般货物、加工贸易、跨境电子商务、税费交纳等业务，以及通关过程的查询统计，功能覆盖了国际贸易的主要环节。

同时，天津“单一窗口”结合企业发展需求和口岸工作实际，建设运行了跨境电商、平行进口车管理、金融服务、信用服务、联合查验服务、查验费用减免服务等地方特色功能，并根据企业新的需求，持续不断开发和拓展新的服务功能，满足企业开展国际贸易需要，不断提升国际贸易便利化水平。

## 二、运行情况

### （一）运行数据

截至2018年年底，天津“单一窗口”注册用户3580家，比2017年增加980家。2018年货物申报103.02万票、舱单申报882.99万票（其中水运869.95万票、空运13.04万票）、运输工具申报10.47万票（其中水运9.41万票、空运1.06万票）、原产地证申领2501票、许可证件申领1320票、企业资质办理4678票、税费支付7.95万票。跨境电商平台备案企业233家，备案商品7.26万种，订单申报量累计达到2322.81万单，货值37.98亿元人民币，“双11”跨境电商促销期间，系统处理峰值近120万单，同比增长400%。

### （二）运行维护

2018年，天津“单一窗口”通过公开招标客服服务项目，通过95198热线、远程网络、QQ、微信等方式及时受理企业问题，为企业提供应用指导咨询和服务。

### （三）宣传推广

2018年，天津“单一窗口”共组织70余场面向企业的应用推广宣讲会，服务企业近2000家，培训人数达5000余人次，确保了天津口岸货物、舱单、运输工具申报等通关服务的平稳高效。

## 三、特色应用

天津“单一窗口”结合企业需求和口岸监管要求，开发应用了部分特色应用项目。

一是建成跨境电商信息化综合服务功能，完成与标准版系统对接运行，实现了跨境电商“一次申报、一次查验、一次放行”。

二是实现平行进口汽车政府监管服务，在天津“单一窗口”提供平行进口汽车业务“一站式”信息服务。

三是建设应用“联合查验一次放行”系统，对海关查验信息和检验检疫查验信息对碰，实现通关商品“一次开箱、一次查验、一次放行”，为通关流程业务改革提供了支撑保障。

四是拓展金融服务功能。积极对接中国出口信用保险公司天津分公司等保险服务机构，以及中国银行、中国工商银行、上海浦发银行、中国建设银行等10家金融机构，所对接金融机构分别与天津口岸办签署战略合作协议，共同推动研究系统互联互通和数据交换共享，为外贸企业提供口岸通关及外贸金融（保险）服务，促进口岸贸易便利化，提高外贸企业市场竞争力。

五是新增企业信用信息查询功能，供企业通过国家企业信用信息系统、天津市市场主体信用信息公示系统、中国海关企业进出口信用信息公示平台查询相关信息。

## 四、 大事记

3 月 9 日

京津两市口岸办举办提升跨境贸易便利化政策宣讲会，其间宣讲天津“单一窗口”应用功能。

4 月 16 日

国家口岸办赴天津调研天津“单一窗口”国际合作工作。

7 月 27 日

天津市口岸办会同中国海关出版社有限公司举办天津“单一窗口”建设及功能巡讲会。

8 月 31 日

天津市副市长赵海山调研部署天津“单一窗口”工作。

11 月 22 日

珠海市口岸办赴天津调研天津“单一窗口”。

## 五、 政策文件

### 关于公布天津市压缩货物通关时间工作措施的公告

天津市口岸办 2018 年第 1 号公告

为贯彻落实《国务院口岸工作部际联席会议办公室关于印发〈压缩货物通关时间的措施（试行）〉的通知》（口岸联办函〔2017〕1 号）和《国家口岸管理办公室关于印发〈压缩货物通关时间的措施（试行）〉重点任务分工方案的函》（国岸函〔2017〕57 号）精神以及市领导批示要求，进一步压缩进出口货物通关时间，提高口岸工作效率，市口岸办会同口岸相关部门和单位共同研究制定了《天津市压缩货物通关时间工作措施》，经市人民政府同意，已于 2017 年 9 月 12 日实施印发，现予以公布。

特此公告。

天津市口岸办

2018 年 3 月 8 日

### 天津市压缩货物通关时间工作措施

#### 一、工作目标

进一步提高口岸管理信息化和通关作业装备自动化水平，提高口岸查验工作效能。深入推进

"三互"大通关建设，推动口岸查验单位业务流程再造，减少监管作业环节，提高海空两港运行效率，提高口岸整体通关效率。加快建立口岸通关时间监测、评估和公开制度，营造良好的进出口通关环境。通过各项改革措施综合施策，落实国务院办公厅关于进一步简化流程、提高效率、优化营商环境的有关要求，努力完成压缩进出口货物通关时间，提高口岸工作效率的工作任务。

## 二、工作要求

市有关部门、口岸相关单位要加强协同配合，注重整体联动，形成有效衔接。各项任务的责任部门（单位）要研究制定本部门（单位）的细化分解措施，明确时间节点和完成时限，建立工作台账，确保措施落实到位，取得实际效果，让企业真正受益。

## 三、工作任务

### （一）提高信息化建设水平，全面推进无纸化作业

1. 继续推进报关无纸化，将适用通关作业无纸化企业范围扩大到所有信用等级企业。（天津海关负责）

2. 推进无纸化报检，提高审单效率。积极开发、部署和应用无纸化报检系统，不断推进报检单证简化、电子化和数据化，努力提高无纸化报检覆盖率，提高自动审单水平，增强电子辅助审单水平。（天津检验检疫局负责）

3. 全面推进关检查验环节无纸化。积极应用移动查验单兵作业系统，推进查验环节无纸化。（天津海关、天津检验检疫局分别负责，市口岸办配合）

4. 加强关检合作，继续深化通关单联网核查机制，实施无纸通关；加强与港口部门合作，完善电子放行工作机制，不断扩大电子放行适用范围。（天津海关、天津检验检疫局分别负责，市口岸办、天津港集团配合）

5. 积极推进天津国际贸易"单一窗口"升级版建设。全面实现与国家"单一窗口"标准版对接，完善服务功能，拓展服务应用，信息共享共用，提升技术性能，健全运维机制，保障平台安全，逐步覆盖国际贸易全链条主要环节，为国际贸易供应链参与方提供服务保障。（市口岸办牵头，天津海关、天津检验检疫局、天津海事局、天津边检总站、天津港集团、天津滨海国际机场配合）

### （二）推进查验部门业务流程再造，减少监管作业环节，提高查验工作效能

6. 优化查验流程。推进"天津海关集中审像"建设。（天津海关、天津检验检疫局负责）

7. 提高非侵入、非干扰式机检查验作业比例。（天津海关负责）

8. 实施查验“双随机、一公开”机制，公开查验环节时间。（天津海关、天津检验检疫局负责）

9. 加快检验检疫法检货物人工转单速度。同时优化报检窗口设置，提高冷冻鲜活产品的审单速度。（天津检验检疫局负责）

10. 加强企业信用和产品风险分级分类管理，开展风险预警监管体系建设，将货物监管工作前推后移，强化事中事后监管。（天津海关、天津检验检疫局分别负责）

11. 对进口货物实施检验检疫分类监管。除按照相关法律法规和质检总局规定，必须在口岸完成检验检疫工作的进口货物外，其余货物在风险可控的前提下，可直接疏散至各区政府主导建设的检验检疫工作场站实施检验检疫。对风险较低的入境货物，在满足相关规定的前提下，可实施“直通到厂”查验模式，在企业实施检验检疫工作。（天津检验检疫局负责）

12. 优化出口货物监管流程。依照质检总局中国电子检验检疫主干系统（e-CIQ）设定的抽验比例实施口岸核查货证，对于抽中查验的货物，在具备条件的情况下，可直抵码头进行查验，提高出口通关效率。对未抽中查验货物，由产地检验检疫机构直接放行，天津检验检疫机构不再进行口岸查验。（天津检验检疫局负责）

13. 在有效防控出口货物报关风险的基础上，放宽对出口货物提前申报的限制，大力推进提前申报、货到验放，有效提升出口通关时效。（天津海关负责）

14. 开展关税担保模式创新。制定实施天津口岸关税担保模式创新方案。（市商务委、天津海关负责）

15. 推广汇总征税模式，对适用汇总征税的报关单先放行、后征税。继续推进电子支付、银行担保、汇总征税等工作，加大推进预归类、预审价的工作力度，实现部分通关环节的前置和后移。（天津海关负责）

16. 优化人力资源配置，确保充足的查验人员配备，减少因人力资源不足造成的货物等候或积压现象。（天津海关、天津检验检疫局分别负责）

**（三）提高海港空港运行效率**

17. 集装箱船舶装卸月平均单桥作业效率达到30自然箱/小时以上。集装箱码头及各堆场提落箱、需在提箱车辆进场后30分钟内完成提落箱作业（冷箱、框架箱、超箱及单票多箱需要倒箱作业的除外）。（天津港集团负责）

18. 进一步完善港口码头、堆场提箱作业流程，合理安排机力，确保按计划提箱。同时，各集装箱码头提高作业效率，并按照实际业务需求完善网上营业厅的系统功能，逐步实现查验集装箱在网上营业厅办理结费、缴费和码头提箱预约申请等服务功能。（天津港集团负责）

19. 天津外轮理货有限公司建设实施集装箱智能理货项目。对集装箱装卸理货作业模式进行

升级，提升作业效率与装卸理货数据准确性；实现由传统人工理货方式向远程智能理货方式的转型升级。（天津港集团负责）

20. 天津外轮理货有限公司推行理货报告随卸船随发送机制，改变整船货物卸载完毕后再统一发送理货报告的做法，将货物卸船与理货报告发送由串联转向并联，应在船舶抵港报当日12时起20小时内向海关发送重箱理货报告。同时，要创新理货理念，全面推行“随理随发”工作机制，确保理货报告按时发送。（天津港集团负责）

21. 推广实施“港口一站通”平台应用，建立统一的集装箱业务基础服务标准，实现港口业务“一站式”服务。（天津港集团负责）

22. 开展智慧港口建设。创新港口物流运作模式，完善物流信息系统，实施“天津港集装箱码头操作系统一体化工程”项目，提升港口集装箱业务流程的服务质量和管理水平，实现机械调度、船舶配载、场地策划的智能化管理。（市交通运输委、天津港集团负责）

23. 提高机场货物作业效率。航班落地前，人员及保障设备提前10分钟到达指定机位做好准备工作。国际出港全货机结单时间为飞机起飞前4小时，国际客机结单时间为飞机起飞前3小时。各货站可根据航空公司实际情况制定个性化结单时间。国际航班到达后，普货提货时间，全货机不超过6小时，客机不超过4小时。急快件或鲜活易腐货物提货时间不超过2小时。（天津滨海国际机场负责）

**（四）推进“三互”大通关改革，提高整体通关效率**

24. 全面推进“一站式作业”通关改革，深化“三个一”（关检合作“一次申报、一次查验、一次放行”）改革，统筹使用口岸监管设施，探索推进监管结果互认，减少重复处置。实施海港口岸通关流程和物流流程综合优化改革试点，压缩进出口货物通关时间，提高整体通关效率。（市口岸办牵头、天津海关、天津检验检疫局、天津东疆保税港区管委会、天津港集团、天津滨海国际机场配合）

25. 推进检验检疫一体化改革。进一步优化完善检验检疫内部协调机制，围绕检验检疫业务通报、通检、通放，以实现出口直放和进口直通为目标，优化检验检疫通关一体化工作流程，打破机构间隔，服务促进对外贸易发展。（天津检验检疫局负责）

26. 天津港集团及时按照海关提供的运抵报告信息进行信息核碰，并将核碰后的信息推送给运抵堆场或码头，便利承担海关集中查验作业服务的单位快速、准确地将查验箱提到查验场。（天津海关、天津港集团负责）

27. 出台承担海关集中查验作业服务的单位查验提箱、集港、掏箱等作业时限标准。（天津港集团牵头，相关单位配合）

28. 完善预约查验机制，企业可在规定的时间内预约查验单位非工作时间和节假日办理查验

手续。（天津海关、天津检验检疫局分别负责）

29. 在船舶抵港前实行船舶网上预报预检，提高船舶抵港后通关效率。优化船舶进出口岸审批海事查验系统功能，落实 7×24 小时值班制度。（天津海事局牵头，天津海关、天津检验检疫局、天津边检总站配合）

30. 推动船舶代理企业优化换单流程，开展网上换单业务，缩短换单时间。优化箱管押箱环节的财务业务一体化流程，推动网上办理押箱核费，进一步提高箱管效率。（市口岸办牵头，天津市船舶代理及无船承运人协会配合）

31. 进一步引导企业应用海关进口提前报关方式。加强与企业沟通，做好与通关时间耗时较长企业的沟通工作，最大限度减少企业影响因素，压缩通关时间。（天津海关负责）

**（五）建立通关时间公开、监督和评估制度**

32. 应用通关作业全程时间节点信息化系统，公开通关过程中各作业环节的时间节点，实现货物通关状态查询和时间公开，为压缩通关时间提供支撑和保障。（市口岸办牵头，相关部门配合）

33. 把压缩通关时间确定为口岸管理部门的一项重要职责，利用通关作业全程时间节点信息化系统，对整体通关时间和各环节通关时间进行监控，及时发现部门内部或者部门之间结合部通关中存在的问题，予以协调解决。（市口岸办牵头，相关部门配合）

34. 口岸查验部门及有关单位每月将上月本单位的通关作业时效情况报送市口岸办。（市口岸办牵头，相关部门配合）

35. 配合国家口岸管理办公室开展口岸通关时间第三方评估工作，有效利用评估结果改进口岸工作。（市口岸办牵头，相关部门配合）

**附件**

## 承担海关集中查验作业服务的单位查验作业时限标准

### 一、码头、堆场提箱时间标准

各提箱码头及堆场严格按照要求，在提箱车辆入场后 30 分钟内完成提箱作业，各出口运抵堆场或码头接收到查验信息后立刻发送回执，并于 1 小时内具备提箱条件。

承担海关集中查验作业服务的单位应在各出口运抵堆场或码头具备提箱条件后 6 小时内，将查验的集装箱提至查验场。

## 二、集港时间标准

当出口集装箱查验完毕后，海关予以放行且有天津港各码头集港动态的情况下，承担海关集中查验作业服务的单位应在满足集港条件后 6 小时内完成集港。如晚集港，由货主或其代理人自行联系码头收箱事宜，并在集港委托中标注确认。

## 三、现场掏箱作业时间标准

（一）单箱人力作业月平均时间标准：20 尺/60 分钟以内，40 尺/120 分钟以内。

（二）单箱机械作业月平均时间标准：20 尺/30 分钟以内，40 尺/60 分钟以内。

# 河北省

## 一、综述

为进一步落实国家口岸办，河北省委、省政府关于中国（河北）国际贸易单一窗口（以下简称河北“单一窗口”）建设运营的相关要求，河北省口岸办在提升贸易通关便利化水平、优化口岸营商环境下功夫，突出重点、强化举措，加快推进河北“单一窗口”建设，压缩通关时间，提高通关效率，减少企业整体通关成本，对优化河北省口岸营商环境发挥了十分重要的作用。

## 二、运行情况

### （一）运行数据

截至 2018 年年底，河北“单一窗口”注册用户 6538 家，服务企业超过 12000 家。企业资质办理 6119 票，许可证件申领 553 票，原产地证申领 24 万票，运输工具申报 4.9 万票，舱单申报 7.8 万票，货物报关 12 万票，货值 493 亿美元，检验检疫申报 21 万票，货值 639 亿美元，税费支付 1.2 万票。

### （二）运行维护

完成与标准版的数据对接，实现了申报数据下发解析、分类汇总。2018 年年底，实现货物申报、运输工具申报、舱单申报、企业资质办理、许可证件申领等 11 大系统、150 余项功能。服务企业超过 12000 家，客服接听电话 4.3 万次，解决企业咨询 5 万多个，客户满意度达到 98%。截至 2018 年年底，河北“单一窗口”主要功能覆盖率达 90%以上，超过国家要求的 80%的目标。进出口企业在“单一窗口”免费办理各项通关业务，降低了通关成本约 2000 万元人民币，提高了通关效率，“单一窗口”已成为进出口企业办理通关业务的主渠道。

### （三）宣传推广

#### 1. 资讯发布

截至2018年年底，发布“河北‘单一窗口’”微信订阅号、服务号资讯368条，完成微信订阅号改版，并完成原创新闻及节日恭贺资讯56条，微信订阅人数1031人，较去年增长783人；河北“单一窗口”平台发布资讯1610条。

#### 2. 走访企业

实地走访企业调研，收集了12家企业在河北“单一窗口”平台使用方面的问题，网络问卷征集问题130多个。

#### 3. 刊物印发

出版原创类电子口岸动态期刊11期，并印发邮寄至11家相关单位。

#### 4. 组织培训

2018年，河北省组织相关培训8次。其中开展关检融合培训1次，贸促会原产地证及“单一窗口”新增功能培训1次，关检融合、跨境电商培训3次，“单一窗口”及跨境电商培训1次，线上直播形式培训会2次。

## 三、 特色应用

### （一）中信保项目

完成“国际风险预警”资信查询、“买方资信调查”申请、“信用保险”线上投保功能上线。继续开发理赔申请、融资申请、用户共享等二期信保金融系统，填补平台为企业提供出口信用保险、信保金融等服务空白。

### （二）金融服务项目

与中国银行河北分行、中国建设银行河北分行、中国工商银行河北分行、中国交通银行河北分行、中国民生银行河北分行合作，在平台完成企业的融资对接功能。

### (三)“一带一路”专栏

“一带一路”专栏涵盖国家政策、地方政策、“一带一路”沿线31个国家和地区“投资指南”及“风险专报”，为河北省外贸企业提供一站式风险投资、风险查询平台。

## 四、大事记

3月16日

河北省副省长夏延军一行赴河北省电子口岸发展股份有限公司就河北“单一窗口”平台建设及运营情况进行指导。

7月12日

河北“单一窗口”金融服务项目正式上线。

7月26日

河北省副省长夏延军主持召开研究跨境贸易便利化会议，听取河北“单一窗口”平台建设及运营情况。

9月20日

河北省口岸办派员参加标准版业务培训会。

9月25日

河北“单一窗口”贸促会原产地证申领功能正式上线。

9月29日

河北省口岸办组织开展河北“单一窗口”平台税费支付系统在线培训。

11月9日

河北省口岸办组织开展河北“单一窗口”新增功能推广应用培训会。

11月15日

河北省电子口岸发展股份有限公司会同石家庄海关开展“海关专用缴款书”企业自行打印改革培训会。

## 五、政策文件

### 河北省人民政府印发关于优化口岸营商环境促进跨境贸易便利化工作的若干措施的通知

冀政字〔2018〕72号

各市（含定州、辛集市）人民政府，雄安新区管委会，省政府有关部门：

现将《关于优化口岸营商环境　促进跨境贸易便利化工作的若干措施》印发给你们，请认真贯彻执行。

河北省人民政府
2018 年 12 月 30 日

## 关于优化口岸营商环境<br>促进跨境贸易便利化工作的若干措施

为进一步优化口岸营商环境，加快提升我省跨境贸易便利化水平，按照《国务院关于印发优化口岸营商环境　促进跨境贸易便利化工作方案的通知》（国发〔2018〕37 号）要求，结合我省实际，制定以下若干措施。

### 一、总体要求

以习近平新时代中国特色社会主义思想为指导，坚持新发展理念，深入推进“放管服”改革，以优化流程、提升效能、降低成本、完善服务为重点，加快构建更有活力、更富效率、更加开放、更具便利的口岸营商环境。整体通关时间以 2017 年为基数，到 2018 年年底压缩三分之一以上，到 2019 年年底累计压缩 45%，到 2020 年年底累计压缩 50%，提前一年完成国家目标任务，到 2021 年年底累计压缩 60%，高于国家目标 10 个百分点。集装箱进出口环节合规成本以 2017 年为基数，到 2018 年年底压减 100 美元以上，到 2019 年年底累计压减 35%以上，到 2020 年年底累计压减 50%以上，力争达到 60%。需在进出口环节验核的监管证件到 2018 年年底较 2017 年减少三分之一以上。

### 二、工作任务

#### （一）优化流程

1. 积极融入全国通关一体化改革。推进海关、边检、海事一次性联合检查。海关直接使用市场监管、商务等部门数据办理进出口货物收发货人注册登记。加强关铁信息共享，推进铁路运输货物无纸化通关。2018 年年底前，海关与检验检疫业务全面融合，实现“五统一”：统一申报单证、统一作业系统、统一风险研判、统一指令下达、统一现场执法。（石家庄海关牵头，河北海事局、省公安边防总队、省商务厅、省市场监管局、省交通运输厅、河北机场管理集团有限公司按职责分工负责）

2. 大力推广“提前申报”模式。加大宣传力度，鼓励企业采用“提前申报”模式报关，提前办理单证审核和货物运输作业，非布控查验货物抵达口岸后即可放行提离，提高进口货物“提前申报”比例。（石家庄海关牵头，省交通运输厅、河北机场管理集团有限公司按职责分工负责）

3. 推行海关税收征管新模式。落实关税保证保险改革政策，协助试点保险公司筛选优质企业开展投保业务。支持企业集团财务公司、融资担保公司参与多元化税收担保试点工作。跟进国家财关库银横向联网改革，推进税单无纸化。（石家庄海关、河北银保监局、人行石家庄中心支行、省税务局按职责分工负责）

4. 优化检验检疫作业。引入市场竞争机制，支持企业实验室、社会检测机构等第三方机构参与进出口商品检验，结合采取预先取样检测等措施，提升检验时效。创新检验检疫方法，加快口岸快速查验实验室建设，推广应用现场快速检测技术，进一步缩短检验检疫周期。推行进口矿产品等大宗资源性商品“先验放后检测”检验监管方式。对进口鲜活农产品实行优先报关、优先查验，即报即查，合格即放；对出口鲜活农产品，严格落实申报前监管服务，及时查验，优先放行。（石家庄海关牵头，相关部门按职责分工负责）

5. 优化船舶进出港流程。加强港口企业、海事、引航等单位间的协作配合，优化船舶调度管理，科学安排船舶进出港，提高航道利用率及船舶进港靠泊效率，减少大宗货物运输船舶锚地待泊时间。合理安排作业流程，压缩非作业时间，提升码头作业效率。（省交通运输厅、河北海事局、石家庄海关按职责分工负责，口岸所在地市政府配合）

**（二）提升效能**

1. 深化国际贸易“单一窗口”建设。扩大“单一窗口”应用范围，将“单一窗口”功能覆盖至海关特殊监管区域和跨境电子商务综合试验区等相关区域。加强“单一窗口”与银行、保险、民航、铁路、港口等相关行业机构合作。积极对接国家推出的新业务、新功能、新系统，组织推广国际航行船舶“一单多报”。2018 年年底前，“单一窗口”主要业务应用率达到 90%；2020 年年底前，达到 100%。（省发展改革委牵头，相关部门按职责分工负责，口岸所在地市政府配合）

2. 建设口岸物流信息化平台。按照国家制定的电子数据交换报文标准，支持港口企业、河北机场集团有限公司等在我省主要口岸搭建物流信息化平台，畅通查验单位与相关作业企业的数据交换通道，实现作业场站货物装卸、仓储理货、物流运输、报关清关、费用结算等环节无纸化、电子化。2019 年 6 月底前，实现内外贸集装箱堆场的电子化海关监管；2019 年年底前，在主要国际航线实现海关与企业间的海运提单、提货单、装箱单等信息电子化流转。（省发展改革委、省交通运输厅、石家庄海关、河北机场管理集团有限公司按职责分工负责，口岸所在地市政府配合）

3. 提升口岸查验智能化水平。口岸查验单位充分利用港口电子数据交换系统（EDI）、“单一窗口”等信息平台，在进境运输工具到港前，对申报数据实施在线审核并及时向码头、船舶代理反馈。提高机检查验率，实现布控查验集装箱 100%机检查验；推动集中审像和 CT、H986 智能审图，提高查验效率和智能化水平。（石家庄海关、省交通运输厅、省公安边防总队按职责分工负责）

4. 公开通关流程及物流作业时限。制定通关流程及口岸经营服务企业场内转运、吊箱移位、掏箱提箱等作业时限标准，便于相关企业合理安排进出口通关计划。2019 年年底前，在口岸现场和业务办理现场公开公示通关流程和口岸经营服务企业作业时限。进一步畅通意见投诉反馈渠道，公布查验单位服务热线，在“单一窗口”建立信息反馈系统。（口岸所在地市政府牵头，省发展改革委、石家庄海关、省公安边防总队、省交通运输厅按职责分工负责）

5. 提高大宗货物集疏港能力。加快打通铁路公路进港“最后一公里”，补齐港口集疏运基础设施短板，推进运输服务协同联动，大幅提高铁路集疏港比例。（省发展改革委、省交通运输厅按职责分工负责，口岸所在地市政府配合）

6. 大力发展集装箱国际运输。加强与国内外知名船公司及船代、货代公司的合作，深入挖掘现有集装箱航线潜力，积极开辟日韩、东南亚、俄罗斯等更多航线，提升我省港口的集装箱班轮运输国际竞争能力。完善内陆港布局，拓展腹地货源，形成“海运口岸+内陆港”国际物流货运通道。加强与环渤海港口的合作，借力推进我省港口集装箱运输上量提质。（省交通运输厅、省发展改革委、省商务厅、石家庄海关、口岸所在地市政府按职责分工负责）

7. 推进跨境电商贸易便利化发展。依托河北省国际贸易“单一窗口”等平台，支持中国（唐山）跨境电子商务综合试验区线上综合服务平台建设；积极对接国家版跨境电商线上综合服务平台，推进我省跨境电子商务信息共享机制、跨境贸易金融结算中心、跨境贸易大数据应用中心等建设运营。（省商务厅、省发展改革委、石家庄海关、人行石家庄中心支行、省税务局，唐山市政府按职责分工负责）

### （三）降低成本

1. 规范进出口环节收费。推行口岸收费目录清单公示制度，对收费项目和标准进行动态管理，清单外一律不得收费。清理规范口岸经营服务性收费，推动降低报关、货代、船代、物流、仓储、港口服务等环节经营服务性收费，对实行政府定价的，严格执行规定标准；对实行市场调节价的，创造公平竞争的环境，通过竞争把收费标准降下来，不得违规加收其他费用；对独家经营的，加强监管，破除垄断，逐步引入市场竞争。建立健全口岸收费监督管理机制，加强检查，依法查处各类违法违规收费行为。（省财政厅牵头，省交通运输厅、省发展改革委、石家庄海关、省商务厅、省市场监管局、省工业和信息化厅按职责分工负责，口岸所在地市政府配合）

2. 加快发展多式联运。加快建设多式联运公共信息平台，加强交通运输、海关、市场监管等部门信息开放共享，深化秦皇岛港、唐山港、黄骅港等与铁路公司对接合作，推动外贸集装箱货物在途、舱单、运单、装卸等铁水联运物流信息交换。2019 年年底前，沿海港口实现铁水联运信息交换和共享。（省交通运输厅、省发展改革委、省商务厅、中国铁路北京铁路局集团公司驻石家庄办事处、石家庄海关、省市场监管局、省公安边防总队、河北机场管理集团有限公司按职责分工负责）

### （四）完善服务

1. 精简进出口环节监管证件。落实国家监管证件联网核查工作，2018 年年底前，将进出口环节验核的监管证件由86种减至46种，除安全保密需要等特殊情况外，其余监管证件全部实现联网核查。大力推进监管证件通关无纸化作业，对实现联网核查的监管证件，不再进行纸面签注。优化监管证件办理程序，2020年年底前，监管证件全部实现网上申报、网上办理。（石家庄海关牵头，相关部门按职责分工负责）

2. 推广实施“双随机、一公开”监管。推进全链条监管“选、查、处”分离，提升“双随机”监管效能。优化抽查方式，通过风险管理的方法，加强风险分析和研判，提高抽查精准度。运用科技手段，实现电子化随机选派人员，杜绝人工干预，保证随机布控查验比例达到90%左右。加强执法结果应用，完善执法结果公开机制。将随机抽查方法从进出口货物一般监管拓展到常规稽查、保税核查、保税货物监管和注册登记（备案）企业监管等全部执法领域。（石家庄海关牵头，相关部门按职能分工负责）

3. 完善港口配套服务功能。培育壮大煤炭、铁矿石、LNG、木材等一批交易中心或价格指数发布中心，积极争取进口水果、肉类、粮食等指定口岸资质。培育发展航运金融，鼓励金融机构发展面向国际贸易、集装箱运输等企业的特色金融业务，引进培育若干航运融资担保机构，推动完善航运保险、信息服务等新型港航服务功能，促进现代服务要素向我省沿海港口集聚，加快向现代化综合贸易大港转型。提升曹妃甸、石家庄综合保税区对外开放功能，争取黄骅港综合保税区早日获批，提升保税加工、保税物流层次和水平，大力发展保税服务、保税维修、保税展示、跨境电商保税备货等新模式、新业态，构建完善对外开放平台。（省发展改革委、省交通运输厅、石家庄海关、省商务厅、人行石家庄中心支行、河北银保监局按职责分工负责，口岸所在地市政府配合）

4. 提升航运服务水平。支持我省沿海城市整合港口现有航运要素、信息等资源，建设航运服务中心，优化业务流程，完善服务设施，规范市场行为，激发航运市场活力，为企业提供多功能、全方位服务。（省交通运输厅、石家庄海关、河北海事局、省商务厅按职责分工负责，口岸所在地市政府配合）

## 三、组织实施

### （一）加强组织领导

省成立以分管副省长为组长，省政府分管副秘书长和省发展改革委、石家庄海关负责同志为副组长，河北海事局、省公安边防总队、省交通运输厅、省商务厅、省财政厅等相关部门及相关市政府分管负责同志为成员的优化口岸营商环境促进跨境贸易便利化工作推进小组，统筹指导总体工作，推进落实各项任务，研究解决重大问题。领导小组办公室设在省发展改革委，协调相关部门和单位推进我省优化口岸营商环境工作。各有关部门要认真落实牵头和配合责任，加强协作配合，确保各项任务保质保量如期完成。秦皇岛、唐山、沧州市政府要加强对本地优化口岸营商环境工作的组织领导和资金保障，细化工作措施，加大宣传力度，确保各项任务落实到位。

### （二）建立评估机制

加强对整体通关时间的统计分析和评估研究，自2019年起按月在“单一窗口”对各市整体通关时间进行通报。研究建立通关时间实时监控方法，增加对各环节的信息把控程度，提高通关实效的可预期性。开展口岸整体通关时效第三方评估，适时向社会公布评估结果。

### （三）强化督导考核

建立考核督办制度，适时对各地各有关部门承担工作任务进行考核督导，对推进不力造成不良后果的，依法依纪进行问责。

## 其他参考文件

1.《河北省人民政府办公厅印发关于推进新时代外贸高质量发展实施方案的通知》（冀政办字〔2018〕97号）。

2.《河北省人民政府办公厅关于提升跨境贸易便利化水平的实施意见》（冀政办字〔2018〕130号）。

3.《河北省2018年深化“放管服”改革工作要点》（冀政办字〔2018〕132号）。

# 山西省

## 一、 综述

山西省委、省政府高度重视“单一窗口”建设工作，将中国（山西）国际贸易单一窗口（以下简称山西“单一窗口”）建设工作列入《山西省政府工作报告》，同时纳入省政府重点工作“13710”督办系统予以推进。山西省省长楼阳生就加快山西“岸、港、网”建设，全力打造内陆地区对外开放新高地，主持召开了全省口岸工作座谈会，对“单一窗口”建设等口岸工作提出了新的要求。山西省分管副省长也多次听取“单一窗口”工作汇报，要求按照国家口岸办的安排部署，加强宣传，形成合力，统筹推进山西“单一窗口”建设。

## 二、 运行情况

### （一）运行数据

截至2018年年底，山西“单一窗口”自2017年8月上线以来，已累计办理申报业务6.63万票，货物和空运运输工具申报业务覆盖率达100%，有效降低了企业进出口业务申报成本。

### （二）运行维护

山西省政府分管副秘书长担任组长，牵头成立了山西“单一窗口”试点工作领导小组，负责统筹推进山西“单一窗口”试点工作。小组成员由山西省口岸办、太原海关、原山西出入境检验检疫局、太原武宿综合保税区负责人组成。领导小组下设运维服务保障工作小组，并建立了“单一窗口”微信服务群，通过微信群及时沟通、反馈和解决试点工作中出现的问题，做好运维服务保障工作。太原海关、原山西出入境检验检疫局等单位分别成立部门“单一窗口”推广工作组，明确由业务骨干现场帮助企业进行业务申报。

### （三）宣传推广

利用《山西日报》《太原日报》《山西晚报》等新闻媒体和网易新闻、山西新闻网，以及太原海关、原山西出入境检验检疫局官网，宣传推广山西“单一窗口”，为“单一窗口”推广应用营造良好的氛围。联合太原海关多次举办“单一窗口”新功能模块培训活动，太原钢铁集团、富士康科技集团等110余户重点企业，500余名企业代表参加了培训。

## 三、 大事记

10月19日

山西省副省长王一新主持召开山西省口岸工作领导小组会议。会议要求要认真落实口岸提效降费各项工作措施，突出抓好降低进出口环节合规成本、压缩通关时间和简化进出口环节审批事项三项工作。

# 内蒙古自治区

## 一、综述

2018 年，党中央、国务院高度重视“单一窗口”工作，将其作为深化“简政放权、放管结合、优化服务”改革重要工作，内蒙古自治区积极推进新一轮高水平对外开放，连续三年将“单一窗口”建设列入《内蒙古自治区政府工作报告》。建设“单一窗口”有利于优化口岸管理和服务机制，有利于促进口岸综合治理体系和治理能力的现代化，有利于构建与推动形成全面开放新格局要求相一致的口岸营商新环境。

### （一）编制完成了《中国（内蒙古）国际贸易单一窗口（2018~2020）三年规划》

根据党中央，国务院，内蒙古自治区党委、政府关于“单一窗口”建设的一系列决策部署，统筹推进“单一窗口”建设，在总结试点成果基础上，结合口岸实际情况，充分借鉴国际、国内成熟经验，编制完成了《中国（内蒙古）国际贸易单一窗口（2018~2020）三年规划》。按照三年规划任务，2018 年云智能卡口系统通过联合验收，正式上线运行，在呼和浩特关区实现全覆盖；进出境载货车辆口岸卡口验放时间压缩到 50 秒左右。未来的中国（内蒙古）国际贸易单一窗口（以下简称内蒙古“单一窗口”）将进一步结合内蒙古口岸实际情况、相关部门和企业需求，积极探索创新，建设具有地方特色的应用平台，为各界提供多样化的优质服务，有效支撑口岸新型贸易业态发展。

### （二）深入推进内蒙古“单一窗口”智能卡口系统建设

全区智能卡口建设基本完成，策克、二连浩特、满都拉和珠恩嘎达布其口岸陆续完成了系统测试和监管作业模式切换，其余各口岸智能卡口测试和上线工作也在有序推进。智能卡口系统的上线实现了内蒙古自治区各口岸、各场所、各类型的卡口设备的智能化统一管理，极大提高了卡口的作业效率和管理效能，取得了较好的社会效益。

### （三）鄂尔多斯综合保税区成功对接标准版

内蒙古自治区口岸办率先尝试通过公共导入服务平台为保税区提供导入申报服务，区别原有方式，实现鄂尔多斯综合保税区独立完成标准版导入客户端的部署，以实现同标准版系统的对接。此举将有效降低企业对接难度，节约对接及维护的成本投入，提高对接效率和标准化程度。

### （四）深入推进口岸通信网络建设和改造工作

内蒙古自治区口岸办不断深入推进口岸通信网络建设，促进全区口岸建设标准、规范、稳定的内蒙古电子口岸网络保障系统。内蒙古自治区电子口岸中心通过公开招标确定中国联合网络通信有限公司内蒙古分公司为全区电子口岸网络服务供应商，签订了《内蒙古自治区电子口岸中心与中国联合网络通信有限公司内蒙古分公司合作协议》，旨在通过其专业的队伍和专业的服务，彻底优化升级全区电子口岸网络架构，为全区电子口岸发展提供坚强的网络保障。

### （五）引入金融服务新模式

内蒙古自治区电子口岸中心先后与中国人民财产保险股份有限公司呼和浩特市分公司、中国建设银行内蒙古自治区分行、中国民生银行股份有限公司呼和浩特分行、内蒙古电子口岸股份有限公司等企业签订综合金融服务战略合作协议。围绕“单一窗口”相关功能，不断优化和创新跨境金融产品，推动“单一窗口”金融功能更加丰富完善，为外贸企业提供更丰富、优质的口岸通关及金融服务，进一步提升外贸企业市场竞争力。进一步增强内蒙古“单一窗口”的金融服务功能，提升“单一窗口”服务能级，持续优化内蒙古自治区口岸营商环境，提升内蒙古自治区外贸便利化水平。

### （六）加强协调配合，共同推进“单一窗口”建设

为加快推进内蒙古“单一窗口”建设，内蒙古自治区口岸办多次与呼和浩特海关和满洲里海关召开业务对接会，研究分析并解决建设中存在的问题，针对发现的问题，时时沟通、立行立改，明确下一步工作目标与责任，真正地实行信息的高效共享和业务的一系列衔接。

各参与方信息共享水平和互操作性的提升，为全区国际贸易链条各主要环节的持续优化起到了推动作用。内蒙古自治区国际贸易便利化程度和口岸营商环境的不断改善发挥着积极作用，必将为内蒙古主动融入国家“一带一路”倡议、中蒙俄经济走廊建设发挥更大作用，为内蒙古对外开放新格局的形成贡献更多力量。

## 二、 运行情况

### （一）运行数据

截至2018年年底，内蒙古“单一窗口”货物申报43.10万票、运输工具申报1457票（空运865票、公路592票）、舱单申报11.52万票、原产地申领1500票、许可证申领73票、企业资质办理5112票、税费支付7.38万票、加工贸易办理1783票。

### （二）宣传推广

全面推进标准版在自治区推广应用，结合国家机构改革及其政策业务变化的实际，内蒙古自治区口岸办分别于2018年6月22日、7月22日在呼和浩特组织召开标准版推广应用培训会议，解读最新政策、介绍最新功能、分析热点问题、充分沟通交流、解答操作难题，助力提升内蒙古“单一窗口”应用覆盖率。培训会共有229家企业、475余人参加，同时还有8个分会场的各盟市口岸办、隶属海关及企业相关人员参会。

### （三）运行维护

为切实加强内蒙古“单一窗口”运维保障相关工作，内蒙古自治区建立运维保障队伍，保障网络、电力稳定性，并结合各地气候环境特点，根据需要配备加热、降温及防沙的设备。为更好地为企业服务，开通了“单一窗口”统一服务热线95198，目前共设电话客服人工座席4个，实现热线接通率95%以上。同时还建立了95198微信服务群，有微信服务群5个，微信群成员达到1200余人。

## 三、 特色应用

2018年，内蒙古自治区口岸办大力开展了内蒙古“单一窗口”全域通关一体化系统、跨境电子商务公共服务系统、云视频系统、呼叫中心系统、云平台、公共大数据服务平台的建设工作。

# 辽宁省

## 一、综述

为贯彻落实2018年国务院第25次、26次常务会议精神和国务院口岸工作部际联席会议精神，辽宁省委、省政府高度重视中国（辽宁）国际贸易单一窗口（以下简称辽宁“单一窗口”）建设和推广工作，在省委全会、省人代会、省经济工作会议上都把推进辽宁“单一窗口”建设作为扩大对外开放、促进东北老工业基地振兴发展的重要工作进行部署。2018年，辽宁省委书记陈求发对辽宁“单一窗口”建设推广作出2次重要批示，并给予建设资金支持；辽宁省省长唐一军，副省长王大伟、陈绿平先后作出10次批示，并多次到海关、原检验检疫部门和海关特殊监管区视察辽宁“单一窗口”建设。辽宁省政府成立了以分管省长为组长、口岸各相关单位分管领导为成员的省口岸工作领导小组，集全省口岸之力，上下协同一心，研究推动辽宁“单一窗口”建设推广问题。辽宁省口岸办牵头负责辽宁“单一窗口”工作，统筹协调省市两级政府及各相关查验单位，健全“单一窗口”工作机制与建设运营体制，建立了省市口岸管理交流群（47人）、“单一窗口”推广组（59人）、“单一窗口”客服群（500人）等微信和QQ群。多次组织召开专题工作会议，开展专题调研，研究制定了加快辽宁“单一窗口”建设的工作方案、推进实施方案、应用推广方案等文件；各查验单位派员和口岸部门联合办公，组成领导挂帅的辽宁“单一窗口”推进组，共同推广标准版。截至2018年12月29日，辽宁“单一窗口”业务申报累计达346万票，空运舱单和公路舱单申报被列为全国首批试点省份，公路运输工具申报被列为全国首个试点省份，三项业务试点效果显著，短期内申报率达到100%。

## 二、运行情况

### （一）运行数据

截至2018年年底，辽宁“单一窗口”注册用户1.4万家，比2017年增加1.23万家。2018年货物申报120.63万票、舱单申报197.09万票（水运154.8万票、空运34.81万票、公路7.48万票)、运输工具申报 8.82 万票（水运 6.17 万票、空运 1.19 万票、公路 1.46 万票)、原产地证申领 5337 票、许可证件申领 16 票、企业资质办理 2.01 万票、税费支付 5.95 万票、加工贸易办理 1274 票、跨境电商申报 966 票。见图 2、图 3。

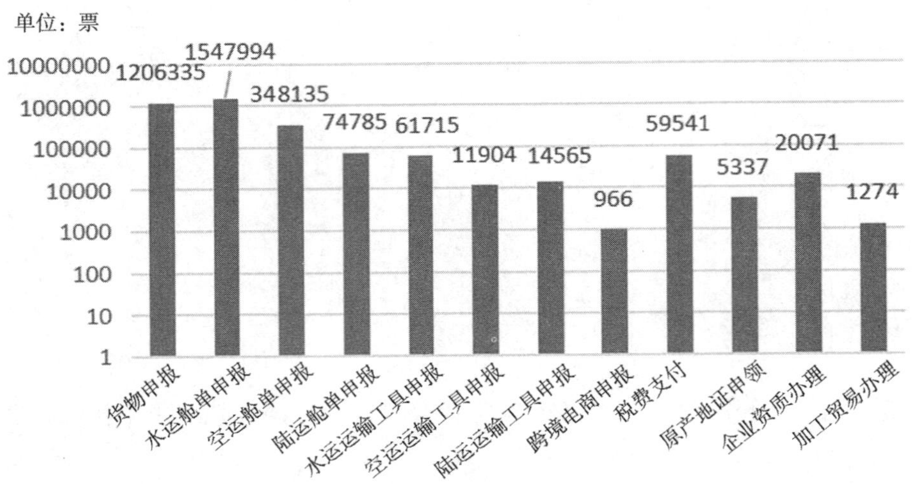


**图 2　2018 年辽宁“单一窗口”主要业务申报量**

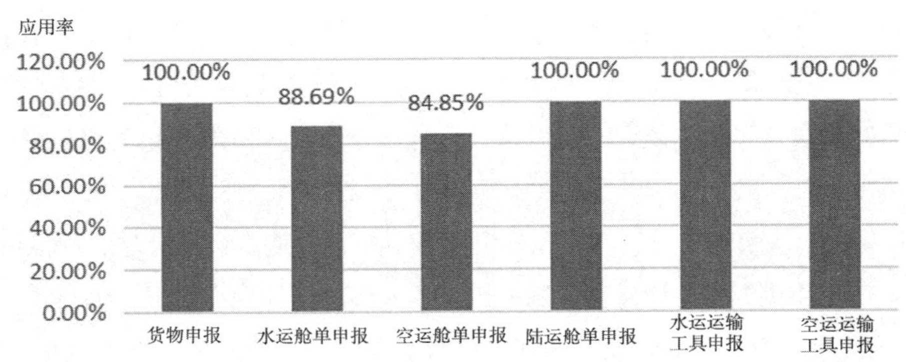


**图 3　2018 年辽宁“单一窗口”主要业务应用率**

**（二）运行维护**

一是充分依托各口岸部门运维资源，规范服务接入和服务标准，建立省市两级统一运维保障体系，实现对外服务、发布、变更、故障处理的高效协同。以辽宁省通关（电子口岸建设）工作领导小组办公室名义印发了《中国（辽宁）国际贸易“单一窗口”运行管理实施细则（暂行）》。

二是建设完善的客户服务体系，实施双中心轮值制度，提供 7×24 小时无间断热线服务和工作日在线服务；按照国家口岸办的部署安排，如期完成本地服务热线 95198 接入开通工作。

三是完善网络基础设施，确保辽宁“单一窗口”平台安全、稳定和高效运行。

### （三）宣传推广

一是举办培训会议。2018 年在全省 7 个口岸共组织召开大型培训会 33 场，宣讲国家政策和“单一窗口”相关业务。针对业务量波动较大的企业，围绕企业需求和用户体验，开展针对性集中培训，累计举办小型专题座谈会 7 场，培训企业 64 家、近 110 人，全年累计培训企业超过 1600 家、2700 余人。

二是开展上门走访。2018 年 8 月 1 日~17 日，为确保关检融合统一申报工作平稳过渡，以及空运舱单及税费支付在全省口岸广泛应用，辽宁省口岸办抽调查验部门和辽宁电子口岸公司的 16 名技术专家成立联合保障工作组，送服务到企业，开展针对性的上门指导，鼓励企业大胆使用标准版进行业务申报。12 月再次向 7 个口岸派出业务精通、技术轧实的技术骨干组建 7 个走访小组，为企业提供“一对一”贴身服务。全年累计直接上门走访企业 382 家，实际解决问题 1200 个，推广里程达 10 万多公里；接听客服热线电话共计 3.51 万例，线上互动 9.87 万例。

三是加强政策宣传引导。本着优化资源、全面覆盖、重点突破、多措并举的原则，建立健全市场推广机制，借助电视、报纸、办事大厅窗口、微信群、公众号及企业座谈会等，全方位、多渠道地加大政策宣传力度。

## 三、 特色应用

按照“政府主导、市场运作、部门参与、高效协同”的原则，积极探索新路径、合力打好共建牌、切实找准突破点、共同谋划创实效，不断完善地方特色功能建设。2018 年，以口岸政务服务资源整合为重点，陆续启动海关涉税保函管理系统、国际邮轮申报及快速通关系统、平行进口车预约系统和归类智能导航系统等 4 项贴近地方特色的应用项目开发建设，并全部上线运行。

一是海关涉税保函管理系统的开发及上线运行，方便大连海关涉税保函业务管理，可实现对全关涉税保函的在线核对、登记、核注、销案、查询、统计等功能。开启了关企合作互信的新模式，推动了辽宁“单一窗口”申报数据标准化的进程，进一步提升大连口岸通关效率。

二是国际邮轮申报及快速通关系统于 2018 年 4 月 1 日启动试运行，实现国际邮轮相关信息向口岸单位的一次申报，以及航运公司、航线、邮轮班期等信息查询功能。为邮轮季首航的“中华泰山号”918 名旅客带来了创新便捷的通关服务。首创了全国“旅客移动应用终端”和“边检单兵作业终端”，仅游客进境验放环节作业效率可提高 5 倍。

三是平行进口车预约系统正式上线运行，实现对进口汽车的预约申报、现场检验、综合评定、发证归档及后续监管的全流程实时电子信息化监管，丰富了自贸试验区板块的业务功能。

四是归类智能导航系统于 2018 年 4 月 10 日启动试运行，在智慧申报平台中建立覆盖大连关区 95%以上进出口商品的智能导航数据库，通过高效的搜索功能，为自贸试验区企业提供合规申报引导。企业可通过大连自贸试验区专属通道在货物申报时使用归类导航功能进行辅助申报，平台充分发挥了归类数据的便利性，也进一步提高了辽宁“单一窗口”的易用性。

五是数字化可视系统建成并投入使用，可实时展示货物、船舶申报情况，跟踪船舶实时动态，实现大数据分析，使更多企业享受到“单一窗口”建设成果。

## 四、 大事记

2月2日

辽宁省口岸办在沈阳组织召开全省口岸暨“单一窗口”建设工作会议。

2月6日

辽宁“单一窗口”上线运行大连海关涉税保函管理系统。

3月6日

辽宁省副省长陈绿平在大连口岸通关服务中心调研辽宁“单一窗口”相关工作。

3月22日

辽宁省口岸办在盘锦市组织召开“单一窗口”船舶、舱单申报推广培训会议。

3月23日

辽宁省口岸办在大连组织召开辽宁“单一窗口”运维实施专题会议。

4月1日

辽宁“单一窗口”上线运行国际邮轮申报及快速通关系统部分功能。

4月8日

辽宁省被确定为标准版空运舱单功能第一批试点省份。

4月11日

辽宁省商务厅赴宁波调研“单一窗口”。

5月3日~4日

辽宁省口岸办组织口岸相关部门一行赴舟山调研“单一窗口”。

6月10日

辽宁“单一窗口”试运行平行进口车预约系统。

7月4日

辽宁省副省长陈绿平主持召开辽宁省通关（电子口岸建设）工作领导小组工作会议暨提升贸易便利化推进会议。

7月10日

辽宁省口岸办在沈阳组织召开“单一窗口”暨提升跨境贸易便利化推广应用工作会议。

7 月 12 日

辽宁省被确定为标准版公路舱单申报功能第一批试点省份。

7 月 13 日~25 日

辽宁省口岸办在沈阳、大连、丹东、营口、锦州、葫芦岛、盘锦组织召开 7 场“单一窗口”培训会议。

8 月 15 日

辽宁省被确定为标准版公路运输工具功能第一批试点省份。

8 月 29 日~9 月 7 日

辽宁省商务厅赴新疆送训，并调研新疆电子商务和口岸贸易便利化工作。

11 月 8 日

辽宁省商务厅赴天津市调研“单一窗口”应用推广工作。

11 月 22 日

辽宁省通关（电子口岸建设）工作领导小组办公室、大连海关、沈阳海关联合印发《关于全面推广中国（辽宁）国际贸易“单一窗口”标准版水运舱单申报功能的通知》（辽通关办〔2018〕13 号）。

11 月 26 日~30 日

辽宁省口岸办分别在大连、丹东、营口和盘锦等地组织召开标准版新一批功能推广培训会议。

12 月 3 日~5 日

辽宁省口岸办分别在沈阳、锦州、葫芦岛等地组织召开标准版新一批功能推广培训会议。

# 吉林省

## 一、综述

2018 年，吉林省口岸办积极落实党中央、国务院部署，在联检部门的支持配合下，积极推动中国（吉林）国际贸易单一窗口（以下简称吉林“单一窗口”）的建设与推广工作。在 2017 年年底吉林“单一窗口”上线运行的基础上，逐步完善“单一窗口”各项功能，使吉林“单一窗口”服务范围覆盖到国际贸易链条各主要环节；加强吉林“单一窗口”推广的力度，对省内进出口企业加强培训，提高吉林“单一窗口”主要业务覆盖率。

## 二、运行情况

### （一）运行数据

截至 2018 年年底，吉林“单一窗口”累计货物申报 64247 票、空运舱单申报 4023 票、运输工具申报 1651 票、企业资质办理 4 票、原产地证申领 1891 票、许可证件申领 168 票、税费支付 3.23 万票、跨境电商办理 8.46 万票。

### （二）运行维护

吉林省口岸办采取多措并举提高吉林“单一窗口”业务覆盖率。积极协调长春海关、原吉林出入境检验检疫局出台了容错机制，对企业使用吉林“单一窗口”申报出现错误予以容错，极大提高了企业申报积极性。协调各地区商务局、口岸办对域内重点企业建立企业联系负责人制度。每月定期对各地区使用情况进行排名，并进行内部通报，督促各地区做好宣传、服务保障工作。建立吉林“单一窗口”微信群与 QQ 群，积极组织运维企业进行答疑、解惑工作，在线解答企业在使用吉林“单一窗口”过程中遇到的问题，重点解决企业注册、申报及系统故障简单排查等问题的解答，及时在群里告知标准版系统升级等通知，并将企业的意见与建议及时整理，反馈给国家口岸办。

### （三）宣传推广

吉林省口岸办会同长春海关、原吉林出入境检验检疫局，分别赴延边朝鲜族自治州、吉林市、通化市、长春市等市州组织召开吉林“单一窗口”推广使用培训会议，培训内容包括“单一窗口”操作实务、政策解读、现场答疑等环节，重点外贸企业、报关企业500余家、3000余人参会，达到了宣传推广的预期效果。2018年8月1日起，关检融合申报，所有外经贸企业和代理报关企业均通过吉林“单一窗口”进行货物申报，原海关QP系统货物申报功能关闭，实现周平均货物申报量650~700票，实现了100%覆盖；2018年10月1日起，税费支付业务均通过吉林“单一窗口”进行申报，每天税费支付平均650~700票，实现了100%覆盖；吉林“单一窗口”空运舱单申报、企业资质办理、原产地许可证申领，以及加工贸易办理等功能均可正常使用。

## 三、特色应用

吉林省口岸办不断研究丰富吉林“单一窗口”功能，加快地方应用项目研发进程，协调各联检部门提供数据支持，物流平台、一站式、视频监控等系统正在安装调试。

### （一）功能介绍

吉林“单一窗口”功能介绍见表1。

**表1 吉林“单一窗口”功能介绍**

| 系统名称 | | 功能介绍 |
|---|---|---|
| 特色服务 | 边境口岸通关一站式系统 | 边境口岸通关使用，实现企业一站式快速通关、联检单位共同监管、电子化作业，简化企业申报工作，提升通关效率。 |
| | 跨境电商协同平台 | 为企业的跨境进口和跨境出口业务提供全面的信息申报和管理平台，实现企业一次申报，让企业在“单一窗口”上实现跨境进出口业务的全程办理，减少企业工作量，提升跨境通关效率。 |
| | 口岸监管视频中心 | 整合口岸图像信息资源，形成协调有序、反应快速、指挥畅通的口岸应急指挥、通信体系。 |

续表

| 系统名称 | | 功能介绍 |
|---|---|---|
| 物流服务 | 航空口岸物流协同系统 | 航空口岸物流协同系统是以航空口岸为枢纽的生态系统，贸易环节中参与主体有发货人、航空公司、地面代理、运输车队、报关行、收货人、海关等相关角色。 |
| | 铁路口岸物流协同系统 | 铁路口岸物流协同系统是“单一窗口”铁路业务应用的体现，实现跨区域、跨部门、跨企业的交易数据、监管数据、物流数据间的交换协同，满足申报主体的申报需求和联检单位的执法要求，提高货物通关效率。 |
| | 公路口岸物流协同系统 | 公路口岸物流协同系统是以公路口岸为枢纽的生态系统，贸易环节中参与主体有发货人、代理、运输车队、报关行、收货人等相关角色。 |
| | 供应链金融系统 | 通过供应链金融系统，银行可以获取物流全链条的信息，为企业交易的真实性提供依据；“单一窗口”可以从银行获取企业的基本信息（征信信息）、关税代缴信息等；企业可以获取银行提供的金融服务信息。 |
| 数据服务 | 大数据决策分析系统 | 大数据决策分析系统通过统计当前进出口贸易的通关数据，了解进出口贸易的现状及趋势，便于管理单位及时做出政策性的决策与资源调配。 |
| | 通关物流状态查询 | 通关物流状态查询系统是面向企业的一个通关物流状态综合查询系统，解决企业在进出口贸易过程中出现的物流状态信息滞后、查询不便及信息盲点等问题。 |
| | 口岸全景数据展示 | 口岸全景数据展示依托“单一窗口”落地的实时业务数据，通过实时收集、展示口岸业务数据，建立一个实时、便利、全面的展示窗口，便于联检部门和管理部门及时有效地掌握最新的口岸通关作业数据。 |
| | 数据交换共享服务系统 | 数据交换共享服务系统是“单一窗口”的核心基础平台，是解决各单位数据交换问题的关键。是“单一窗口”数据协同、数据共享的有效支撑。 |
| | “单一窗口”权限系统 | “单一窗口”统一权限系统作为吉林“单一窗口”的基础支撑平台，主要为吉林“单一窗口”提供统一的权限认证管理服务。 |
| | “单一窗口”运维平台 | “单一窗口”运维平台以地图形式展示部署项目区域，指令化采集服务器基础信息，动态网络拓扑图实时展示服务器参数指标。服务器指数触碰到异常指标线系统自动下发警告信息给相关负责人，动态图标展示服务器阶段性参数，异常图标展示容易出现异常的区域和参数。 |
| | “单一窗口”数据交换平台 | “单一窗口”数据交换平台实现各类应用系统之间的数据整合，又可以实现各个系统之间的数据同步，从而进一步实现应用系统的整合与业务的协作，能够快速应对业务需求的变化，帮助用户提高市场竞争力。 |

### （二）创新点

#### 1. 口岸视频监控系统

口岸视频监控系统是整合口岸图像信息资源，形成协调有序、反应快速、指挥畅通的口岸应急指挥、通信体系。该系统主要是实现各监管区域、监管部门的视频信息与“单一窗口”进行对接，增加一个实现视频监控信息统一储存、管理、查看的平台。

吉林口岸视频监控系统的建设，主要的目的是通过将业务数据与监控视频相关联，可以强化视频资源共享和统计分析各查验单位的监控管理，通过当前强大网络通信体系，为省级高级决策和应急指挥提供一个支撑系统，以便必要时可以调阅或及时掌握监控区域的进出货物、人员、车辆等情况，提供多端（如 PC、移动设备等）查看，使各级人员可以通过传回的视频图像在监控中心或办公室内及时查看和实施调度指挥，并对各单位的执行情况及执行结果进行实时监督，及时调整方案。“单一窗口”实时接收各监管场所、各监管部门的监控数据，并集中存储与管理（各个单位原来的存储与管理保持现状），部门之间需要共享或查阅时，可以通过“单一窗口”储存的资源来实现；省级高层领导或“单一窗口”领导小组可以通过该系统向口岸联检单发出协调/协同指令，以实现视频统一指挥调度。

#### 2. 大屏数据展示

大屏数据展示依托“单一窗口”落地的实时业务数据，通过实时收集、展示口岸业务数据和企业贸易数据，建立一个实时、便利、全面的展示窗口，便于联检部门和管理部门及时、有效掌握最新的口岸通关作业数据。

#### 3. 边境口岸通关一站式系统

边境口岸通关一站式系统属于吉林“单一窗口”的特色服务，系统是在现行边境通关模式的基础上，整合指纹识别、视频监控、电子预报等技术的智能化综合应用系统。

系统为车辆和人员信息事先备案、货物信息预先申报、联检单位事先设置布控规则，出入境时只需要向联检单位提交一次资料，计算机根据联检单位事先设置的布控规则自动查验，通过车牌识别、指纹采集、虹膜比对等技术实现系统快速审批，最终完成联检单位的并联放行。以实现“通道无人值守、司机自主操作、联检单位自动查验、一人同时监管多条通道”为目标，简化企业操作，减轻口岸联检部门工作量，提高口岸通关效率。

通过建立边境口岸通关一站式系统，使“单一窗口”作为各联检单位共同监管、联合执法的有效载体，实现一站式快速通关、联检单位共同监管、电子化作业，简化企业申报工作，提升通关效率。

### 4. 航空口岸物流协同系统

航空口岸物流协同系统是以航空口岸为枢纽的生态系统，贸易环节中参与主体有发货人、航空公司、地面代理、运输车队、报关行、收货人、海关等相关角色。系统具备能够满足这些协作关系的单证传递、作业执行状态的及时共享，可以系统对接，也可以人工录入。平台具有权限控制，每个作业者仅能进行与自身相关的业务信息交换和查看维护，保护各角色的商业秘密。

### 5. 铁路口岸物流协同系统

铁路口岸物流协同系统是“单一窗口”铁路业务应用的体现，实现跨区域、跨部门、跨企业的交易数据、监管数据、物流数据间的交换协同，满足申报主体申报需求和联检单位执法要求，提高货物通关效率。

协同数据申报主体主要有发货人、报关行、货代、监管场所、铁路公司、运输企业、收货人。各申报主体之间通过航空口岸物流协同系统实现业务快速跟进，申报环节无缝对接，企业可以及时地获取关键节点的“物流链信息”和监管单证状态。

铁路口岸物流协同系统以铁路口岸枢纽为核心服务对象，满足联检部门监管要求，整合信息资源，发挥信息化系统管理优势，提高企业通关自主性和便利性。

### 6. 公路口岸物流协同系统

公路口岸物流协同系统是以公路口岸为枢纽的生态系统，贸易环节中参与主体有发货人、代理、运输车队、报关行、收货人等相关角色。系统能够满足这些协作关系的单证传递、作业执行状态的及时共享，可以系统对接，也可以人工录入。平台具有权限控制，每个作业者能进行与自身相关的业务信息交换和查看维护，保护各角色的商业秘密。

## 四、 大事记

9 月 3 日

吉林“单一窗口”航空口岸物流协同系统上线。

10 月 1 日

税费支付业务均通过吉林“单一窗口”进行申报，每天税费支付平均 650～700 票，实现了 100%覆盖。

10月15日

吉林“单一窗口”兴隆综合保税区铁路口岸物流协同系统上线。

11月12日

吉林“单一窗口”边境口岸通关一站式平台系统上线。

# 黑龙江省

## 一、 综述

2018 年，黑龙江省全面做好标准版的推广应用工作，为黑龙江省外经贸企业提供更加便捷、高效的服务。提升“单一窗口”企业应用率，使“单一窗口”成为企业面对口岸管理相关部门的主要接入服务平台。“单一窗口”建设是自贸试验区建设的一项重要内容，黑龙江省建立健全“单一窗口”建设和运维经费保障机制。通过实施“单一窗口”申报制度，企业在一个平台上就可以完成申报并获取处理结果，监管部门通过一个平台就可以完成信息交换、业务处理和结果反馈，通关效率将提高 50%左右。近年来，作为全国较早开放的沿边区域、中俄地区友好合作示范省份，黑龙江省依托沿边开放这一最大比较优势，积极参与“一带一路”“中蒙俄经济走廊”建设，大力发展开放型经济，建设开放型城市，对外合作规模不断扩大、领域不断深化、往来不断密切，在全国沿边开放大格局中的重要地位凸显。

中国（黑龙江）国际贸易单一窗口（以下简称黑龙江“单一窗口”）由黑龙江省政府统筹推动、黑龙江省口岸管理部门具体负责，建立并完善“单一窗口”建设协作配合机制，并将“单一窗口”建设纳入本部门的发展规划，实行共建、共管、共享，通过“单一窗口”实现政府管理和服务功能。满足口岸管理相关部门执法和监管要求，充分发挥口岸管理相关部门现有职能作用，推进综合执法，实现单向管理向多元治理的转变。以便利企业为目的，通过协调简化单证格式和数据标准，优化口岸业务流程，减少数据重复录入，让数据多跑路，让企业少奔波，突破时间和空间限制，提供“一站式”服务。以科技创新为引领，推动“互联网+”、大数据、云计算等新技术与口岸通关业务深度融合，高标准建设“单一窗口”，不断深化“单一窗口”应用，实现良性循环和可持续发展。

## 二、运行情况

### （一）运行数据

截至2018年年底，黑龙江“单一窗口”平台注册用户数261家。2018年，关检融合前货物申报10.33万票，关检融合后货物申报8.27万票，通过黑龙江“单一窗口”货物申报比率达100%。野生动物贸易许可申领7185票、税费支付3.90万票、公路舱单申报1864票、企业资质办理5040票、原产地证申领654票、运输工具申报208票（水运运输工具申报92票、空运运输工具申报46票、公路运输工具申报70票）、跨境电商申报总量11.15万票（跨境进口1.99万票、跨境出口9.16万票）。

### （二）运行维护

黑龙江“单一窗口”平台的运维支撑工作由专业的技术团队来执行，黑龙江省口岸办负责监督和指导具体的运维工作。运维团队通过社会公开招标产生，在2018年9月26日正式开始为企业提供运维服务。黑龙江“单一窗口”运维团队通过微信群、热线电话0451-95198和QQ群（包括QQ远程协助）等方式为企业解答“单一窗口”平台使用中遇到的问题。运维团队为企业服务过程中，问题解答及时、准确，未出现任何形式的企业投诉，企业满意度高，给企业展示出黑龙江省口岸办良好的公众服务形象。

截至2018年12月31日，运维团队累计为企业解答各类问题1365个，企业咨询的主要问题集中在用户注册、资质备案、货物申报、税费支付4个方面，这4类问题占比为91%；运输工具申报、舱单申报、加工贸易办理、跨境电商申报等新增功能申报较少，相应的问题也不多。详见表2。

**表2　2018年黑龙江“单一窗口”运维团队解答问题统计表**

| 序号 | 功能模块 | 问题描述 | 问题数量 | 占比 |
| --- | --- | --- | --- | --- |
| 1 | 企业资质许可证件 | 企业在“单一窗口”平台的注册问题、企业资质备案问题、企业信息维护问题、许可证件问题。 | 275 | 20.17% |
| 2 | 用户注册管理 | 管理员及操作员账号绑定对应IC卡的问题、操作员账号权限授权问题。 | 180 | 13.18% |
| 3 | 货物申报 | 企业进行货物申报过程中的各种问题，如报关、通关状态、数据查询、修撤单等。 | 390 | 28.57% |

续表

| 序号 | 功能模块 | 问题描述 | 问题数量 | 占比 |
|---|---|---|---|---|
| 4 | 税费办理 | 企业进行税费支付过程中的问题，主要是三方协议签署和支付过程跟踪，以及税单打印问题。 | 405 | 29.67% |
| 5 | 运输工具及舱单 | 主要是公路运输工具、铁路运输工具，以及公路舱单、航空舱单的使用问题。 | 51 | 3.73% |
| 6 | 跨境电商加工贸易 | 加工贸易账册手册内销问题、跨境企业出口报关单关联详单问题。 | 16 | 1.17% |
| 7 | 关联机构咨询 | 其他涉及互联网+海关及电子口岸咨询类问题。 | 48 | 3.51% |

为进一步方便企业咨询、反馈使用“单一窗口”的问题，黑龙江省口岸办于 2018 年 12 月 25 日在黑龙江省内开通了 95198 热线电话，三大运营商的手机用户和固定电话均可拨打咨询，并且在中国国际贸易单一窗口网站“我要办事”板块黑龙江页面上进行更新提示。运维团队在日常运维工作中总结了企业遇到的常见问题及解决办法，整理出黑龙江“单一窗口”常见操作问题知识库，并通过微信群和 QQ 群的方式推送给各企业学习参考，并且对知识库的内容及时进行更新完善。

黑龙江“单一窗口”平台自推广应用以来，不断听取各方面的意见和建议，积极配合国家管理的需要及国际贸易发展趋势，同时助力广大企业的发展要求，平台持续更新相关功能，以满足各种需求。黑龙江“单一窗口”运维团队与“单一窗口”技术团队保持着密切的沟通，时刻掌握着平台的变化信息，“单一窗口”平台如有更新操作，运维团队会在第一时间通知企业，提示企业避免在平台更新维护期间进行业务操作，减少因“单一窗口”平台维护操作给企业业务申报带来影响。

### （三）宣传推广

黑龙江省口岸办积极推进黑龙江“单一窗口”的推广培训工作，2018 年 3 月至 10 月，会同哈尔滨海关走访哈尔滨综合保税区，以及佳木斯、牡丹江、绥芬河、抚远、黑河、同江、东宁的 176 家企业，同企业深入交流黑龙江“单一窗口”的功能特点并宣贯国家对于推广“单一窗口”的政策方针，组织大型现场培训会 4 次，指导企业人员 312 人次，企业使用“单一窗口”的积极性得到了极大提升。

为进一步推广黑龙江“单一窗口”的新增功能，以及调研企业近半年的使用情况，黑龙江省口岸办联合哈尔滨海关在 2018 年 11 月 26 日通过视频会议的形式组织全省外贸企业进行了黑龙江“单一窗口”新增功能的推广培训，全省参加培训企业 230 家，人员 438 人次，培训期间邀请了哈尔滨海关相关同志给企业讲解了相关海关业务规范，通过培训使企业对于“单一窗口”新增功能有了深入的了解。培训期间黑龙江“单一窗口”运维团队也收集汇总了企业使用“单一窗口”时的主要问题及企业的意见，方便后续优化改进，并再次向全省企业推介了黑龙江“单一窗口”运维团队的联系方式，为企业提供咨询沟通的渠道，企业对此评价很高。

## 三、大事记

1月30日

黑龙江省委常委、常务副省长李海涛，黑龙江省委常委、副省长贾玉梅分别在黑龙江省商务厅关于制定黑龙江省国际贸易“单一窗口”运行管理细则及组建运维团队有关情况的报告上作出批示，批准商务厅申请组建运维团队的资金，启动运维团队组建工作。

9月26日

黑龙江“单一窗口”运维团队正式开始为企业解答问题。

12月25日

黑龙江“单一窗口”热线电话0451-95198正式开通。

# 上海市

## 一、综述

建设中国（上海）国际贸易单一窗口（以下简称上海“单一窗口”），是上海自贸试验区制度创新的重要内容，是落实国务院《落实“三互”推进大通关建设改革方案》、《关于改进口岸工作支持外贸发展的若干意见》和《进一步深化中国（上海）自由贸易试验区改革开放方案》的具体举措，是上海自贸试验区贸易监管制度创新的重要内容之一，也是上海口岸对接国际标准、提升口岸通关效率、促进贸易便利化的一项切实措施。

## 二、运行情况

### （一）运行数据

截至2018年年底，上海“单一窗口”货物申报2889.16万票，水运舱单申报35.38万票，空运舱单申报3156航次，邮轮申报448艘次；中国国际进口博览会期间，通过“单一窗口”办理业务的服务参展商882家，参展商品种类662类，参展国家（地区）117个，参展商品货值3140.74万美元。

### （二）运行维护

上海“单一窗口”运行维护情况统计见表3。

**表3 上海“单一窗口”运行维护情况统计**

| 运行维护工作项 | 2017年度数量 | 2018年度数量 | 增长量 | 增长率（%） |
| --- | --- | --- | --- | --- |
| 呼入话务量（次） | 33870 | 50183 | 16313 | 48.16 |
| 工单总数（票） | 15880 | 10914 | −4966 | −31.27 |
| 合计 | 49750 | 61097 | 11347 | 22.81 |

注：2018年，受关检融合以及海关新关税系统上线影响，上海“单一窗口”热线话务量同比增长明显。

本统计周期中，客户服务总体满意度为99.93%。总体满意度由热线服务客户满意度、现场服务客户满意度、客户回访满意度三部分构成：热线服务客户满意率达99.95%（数据来源于133110次有效热线服务评价）；现场服务客户满意率达100%（数据来源于249份有效服务单满意度调查表）；客户回访满意率达99.65%（数据来源于1163次有效满意度回访调查）。

**（三）宣传推广**

2018年，上海“单一窗口”相关负责部门现场服务249次，涉及85家企业；组织各类“单一窗口”参观学习、交流、业务洽谈等166次。

## 三、大事记

2月7日

中共中央政研室副主任张季考察上海“单一窗口”。

5月14日

中央政治局委员、国务院副总理胡春华考察上海“单一窗口”。

6月1日

中央政治局委员、上海市委书记李强考察上海“单一窗口”。

11月3日

世界银行派员考察上海“单一窗口”。

## 四、政策文件

### 关于上海口岸推进货物申报全面提速压缩进口整体通关时间的通知

沪口岸政〔2018〕50号

各报关企业、货代企业、贸易企业：

国务院《政府工作报告》明确提出2018年整体通关时间再压缩三分之一。今年以来，上海海关等口岸单位认真组织实施提升跨境贸易便利化措施，压缩整体通关时间取得阶段性成效，但任务依然繁重，需要口岸各服务单位和市场主体共同参与推进，进一步压缩进口整体通关时间（指运输工具抵港至海关放行的时间），着力推进申报提速，不断完善压缩整体通关时间的制度环境。

## 一、以推行进口“提前申报”为重点实现申报全面提速

1. 全面推行进口“提前申报”

面向所有海运和空运货物（含分拨货物）、所有信用企业、所有通关类型全面推行进口“提前申报”。在舱单数据提前传输的前提下，企业提前申报报关单，海关提前办理单证审核及税费征收，货物实际到港后即办理查验或放行手续。8 月 23 日，上海海关 12360 热线再次全面解读进口“提前申报”，进一步明确：不需要换“提货单 D/0”（运单），只要查询到舱单信息，在货物抵港前就可以申报。

2. 进一步便利企业查询获得舱单信息

不断完善“单一窗口”向企业推送港航信息功能，更加便利申报企业查询获得申报需要的舱单信息。对分拨货物，特别是空运分拨，请货代企业及时将分单信息通知收货人。

## 二、进一步推行通关与物流“并联作业”，压缩口岸各环节的作业时间

3. 推行“换单电子化”和“提前换单”

近期，上海口岸将通过上海“单一窗口”推行“换单电子化”，对电放“提单”换“提货单 D/0”（运单），实现无纸化办理，并进一步推广“提前换单”。同时，还将继续推动提升港航费用电子支付的覆盖率。

4. 推行进口关税保证保险

今年 9 月，上海口岸将开展进口关税保证保险试点，通过保险公司为企业提供关税担保，进一步便利企业办理关税支付业务。请相关进出口企业积极参与关税保证保险试点。

5. 全面推进集装箱设备交接单无纸化

今年 9 月，上海口岸将全面推行集装箱设备交接单无纸化，实现集装箱在船公司、码头、堆场、集卡（司机）之间无纸化流转交接。请货代（运输）企业进一步优化作业流程，不断压缩口岸物流时间。

6. 进一步推行通关与物流“并联作业”

申报企业应最大限度把申报时间往前赶，对不能“提前申报”的，要尽早安排“到港即报”。上海口岸单位与申报企业共同合作，对不需要查验的进口集装箱整箱，形成《进口集装箱“并联作业”（48 小时）参考流程》（附后）。请各申报企业结合实际积极参与，不断完善作业流程。

7. 完善“通关+物流”跟踪查询应用系统

把“通关+物流”跟踪查询应用系统由海运集装箱推广到空运货物，并扩充到单一窗口移动版和港务业务办理系统，便利企业查询货物到港状态，及时进行申报，查询流程办理进度。

## 三、进一步发挥好市场主体共同参与推进作用，不断完善压缩整体通关时间的制度环境

8. 不断提升口岸代理服务的质量和效率

在新的制度环境下，需要申报企业、货代（运输）企业不断调整优化企业内部作业流程，加强相互之间以及与贸易企业（货主）之间衔接，提前安排单证交接、办理税费支付手续等业务，进一步提升服务质量和效率。

9. 探索建立口岸代理服务企业的评价机制

围绕压缩整体通关时间，上海口岸单位将探索建立代理服务企业的评价机制，更好发挥行业协会桥梁纽带作用，宣传推广代理服务企业的典型经验和做法；并通过单一窗口通报“提前申报”和压缩整体通关时间的有关情况，建立通关时间监督制度。

10. 进一步推进建立公开、透明、可预期的制度环境

上海口岸单位将进一步听取企业的意见和建议，开展政策宣讲，积极推进解决企业关切的实际问题，探索建立申报容错的标准和流程，不断完善压缩整体通关时间的制度环境。

企业在口岸业务中遇到困难和问题，请及时与市口岸办和相关单位联系反映。

附　《进口集装箱“并联作业”（48 小时）参考流程》（略）

上海市口岸服务办公室

2018 年 8 月 31 日

# 江苏省

## 一、 综述

2018 年，江苏省口岸办在国家口岸办的指导下，积极落实党中央和国务院部署，加快推进优化口岸营商环境，促进跨境贸易便利化工作，有序推动中国（江苏）国际贸易单一窗口（以下简称江苏“单一窗口”）建设。

## 二、 运行情况

### （一）运行数据

截至 2018 年年底，江苏“单一窗口”注册用户超过 1 万家，比 2017 年增加近 2000 家。

2018 年江苏“单一窗口”对接标准版业务数据：货物申报 532.3 万票、舱单申报 74.3 万票（其中水运 67.1 万票、空运 7.2 万票）、运输工具申报 16.4 万票（其中水运 15.9 万票、空运近 5000 票）、原产地证申领近 5000 票、许可证件申领 2.6 万票、企业资质办理 6.7 万票、税费支付 48.8 万票、加工贸易 17.3 万票。

2018 年江苏“单一窗口”特色应用数据：货物申报 120.9 万票，水运运输工具申报 24.8 万票，原产地证申领近 30.4 万票，人员出境申报近 5000 个团队、21 万人次，船港动态申报 201.4 万票，船载危险货物、船舶防污染作业申报 21.6 万票（其中危险品 20 万票、防污染作业 1.6 万票）。

### （二）运行维护

保障好数据中心各平台的安全稳定运行是江苏省电子口岸公司的核心工作。严格按照机房管理规定及 ISO 27001 要求进行运维工作，人员职责清晰，各负其责。在全体人员的努力下，2018 年未发生重大故障和人为责任事故，出色完成了全年的运行保障工作。

### 1. 保障数据中心环境稳定运行

严格按照ISO相关规定与机房值班制度，每天安排专人值班巡检。采用人工与自动化结合的方式，值班人员配合运维软件及环控软件短信报警，对机房设备运行实时监测。发现故障，立即上报，调集人员及时处理，全力保障数据中心安全稳定运行。按照维护保障要求，敦促维护保障服务商按月度定期对机房设备进行深度巡检，对机房软硬件设备及空调、消防、环控等子系统出具详细服务报告。全年累计处理机房设备硬件故障22次，更换备件7次。另外处理机房精密空调故障2次，修复运营商机房及ECC大屏空调故障3次。节假日及机房改造期间，均安排人员每天值班，确保数据中心的安全稳定运行。

### 2. 保障网络安全稳定运行

2018年全年网络（共四大部分，分别是生产网、数据交换网、云平台，以及办公网络）运维情况基本正常，主要故障为出现过2次宽带网络中断，导致部分项目受到短暂影响。在日常网络巡检维护之外，具体还进行了如下工作，联调ipsec vpn通道7条，防火墙策略优化更新8次，F5地址映射配置19次，完成生产网电信宽带扩容工作。

运维人员定期分析网络安全设备日志，及时封堵安全漏洞，定时更新安全设备特征库来应对最新网络攻击。面对暴发的挖矿病毒，根据网络实际情况，研究梳理内网应对策略，第一时间消除内外网安全隐患，确保了数据中心网络及服务器的安全，保障对外提供稳定且安全的网络服务。

### 3. 保障数据库系统正常运行

对数据库服务器进行管理、维护、备份、监控和优化，全年共发生2次数据库小型机硬件故障（IO板损坏），均第一时间进行合理处置，故障期间数据库正常对外提供服务。日常做好数据库备份，定期对备份数据进行恢复检查，验证备份数据的有效性，并帮助开发人员完成1次对数据库中表数据的恢复。

对SAN环境进行管理和维护，保障核心业务系统能够正常运行。每天对小型机、光纤交换机、备份服务器、EMC存储和磁带库等核心数据设备进行检查和维护，发现告警及时排查予以解决，保证业务的不间断运行。

对NAS存储进行管理、维护和备份。新建一套NAS存储，在不影响网站运行的情况下，完成新旧NAS存储间数据迁移。每天定期对NAS数据进行备份和检查，定期做好网站文件在NAS存储之间的互备工作，提高网站文件的可用性。

### 4. 保障服务器稳定运行

做好各类服务器维护工作，对江苏“单一窗口”等关键应用项目重点保障，对关键应用项目均采用了物理机、虚拟机跨平台分散部署的多重保障机制。

2018 年对超期服役的服务器逐步实现了更新换代，重点应用项目从原先旧 HP 服务器上逐步迁移至新一批 IBM 服务器上。2018 年完成了生产网应用项目虚拟化改造，将业务备机改造为虚拟化集群，同时缓解了服务器资源不够用的问题。真正做到了业务系统多机冗余、虚实结合、资源最大化利用。全年共处置生产网服务器硬盘故障 4 次，服务器软硬件死机故障 4 次，虚拟化软件故障 3 次。单个应用节点故障均未对业务造成影响。

## 三、 特色应用

### （一） 口岸物流通关时效评估系统

口岸通关提效降费工作是国务院和江苏省政府部署的重点工作任务之一。围绕国务院常务会议确定的优化口岸营商环境、促进跨境贸易便利化的若干措施，江苏省电子口岸公司发挥口岸信息汇聚点的功能定位，与连云港和张家港电子口岸积极合作，建设了口岸物流通关时效评估系统并成功上线试运行，实现了对江苏省试点口岸物流通关各环节时效的准确掌握，为压缩通关时间提供了科学决策依据，为监管部门加强风险防控，落实减单证、优流程、提时效、降成本等具体工作提供了支持。

### （二） 金融特色服务

2018 年 10 月 13 日，国务院印发《优化口岸营商环境　促进跨境贸易便利化工作方案》（国发〔2018〕37 号），明确提出要加强“单一窗口”与银行、保险、民航、铁路、港口等相关行业机构合作对接，共同建设跨境贸易大数据平台。江苏省电子口岸积极贯彻落实相关工作要求，迅速开展金融特色服务项目建设，紧锣密鼓地与本地金融服务机构开展对接。11 月、12 月两个月时间完成了与中国银行、中国出口信用保险公司、中国建设银行、中国工商银行、中国民生银行和太平洋保险、紫金保险等金融和保险机构的洽谈合作工作，相关服务内容成功在江苏“单一窗口”金融服务系统落地，进一步拓宽了江苏省电子口岸平台服务功能。企业通过登录江苏“单一窗口”，选择指定模块即可办理相关金融业务，享受了一站式金融服务。

### （三） 改造国际航行船舶进出口岸申报系统

该系统服务江苏省内所有开放口岸的外轮船舶代理公司、码头、船舶修理公司、船舶供应公司等申报企业，在申报国际航行船舶进出口岸及船舶在港的各项业务时，通过登录系统一次录入申报内容，实现向海事、海关、边防等口岸管理部门申报。口岸管理部门通过自身的监管系统对申报数据进行审批并推送至江苏省电子口岸平台，申报企业可以获得其申报数据的审批结果。系统于2013年9月率先在南京海事局启用，2018年年底完成改造，与标准版运输工具申报系统实现对接，使江苏境内的国际航行船舶申报在一个窗口实现。截至2018年年底，系统累计完成船舶申报85.7万票。

### （四）江苏"单一窗口"人员出入境申报系统

该系统依托江苏省电子口岸平台、江苏电子口岸公安交换网，实现出境旅客信息的采集，通过公安交换网实现内外网数据传输，边检旅客出境监管平台通过大数据技术对旅客信息进行过滤、整理，实现对出境旅客的预查控和智能预警功能，完善边防对出境旅客的预查控监管的覆盖面。系统于2012年12月上线运行，截至2018年年底，系统累计共申报2.7万个团队、近75万人次。

### （五）船港动态系统

该系统作为获取和存储船舶、港口、货物监管等信息的交互枢纽，成为口岸查验部门掌握内外贸货物的有效渠道，所获得的所有内外贸货物信息、国际与国内航行船舶信息均可与各口岸查验部门共享。航运公司、船舶、港口、码头、货主、代理等各有关方可实现与口岸查验部门之间的信息交互。系统于2015年1月15日实现全省上线，截至2018年年底，累计共收到全省1132余家码头企业申报的590万票数据。

### （六）船载危险货物、船舶防污染作业监管服务平台

该平台涉及江苏海事局、南京海关等多个口岸管理部门，服务社会公共安全，为企业申报提供"一站式"服务平台。航运公司、货主、代理商通过平台对危险品货物、防污染作业进行申报。平台于2014年10月上线运行，截至2018年年底，累计共完成危险品申报90.3万票、防污染作业申报8.5万票。

### （七）江苏"单一窗口"出口退税系统

该系统主要实现出口退税备案、申报、单证、反馈的线上办理，实现相关影像资料的在线报送，查询出口退税进度，并实现与海关之间的数据共享。系统于2017年12月底在全省上线运行，截至2018年年底，帮助企业退税金额累计近2亿元人民币。

### （八）江苏"单一窗口"原产地证申领系统

该系统实现原产地证业务线上的申报、管理、打印，以及与南京海关、江苏省贸促会之间的数据交换、共享等功能。系统于2016年10月上线运行，截至2018年年底，累计共完成原产地证申领50.1万票。

### （九）推广人员监管系统、散客信息采集系统

这两个系统在南通机场边检站成功试运行后，系统项目组于 2018 年上半年多次赴现场进行实地调研和调试，实现了系统在连云港和徐州空港的落地应用。

### （十）持续推进口岸诚信通关系统

经过项目组的多次汇报，江苏省边防总队确定将系统推广列为 2018 年重点工作任务，已对沿江及南通地区边检站开展了培训工作，现该系统已全面开展使用。

### （十一）水转水运输货物港口建设费核销管理系统

2018 年，为方便企业，提高业务办理速度和数据准确性，南京海事局与江苏省电子口岸合作建设了水转水运输货物港口建设费核销管理系统。

## 四、大事记

4 月 16 日

江苏“单一窗口”中国银行金融服务系统顺利开通。

5 月 16 日

江苏“单一窗口”中国信保（江苏）金融服务系统顺利开通。

7 月 10 日

江苏省副省长郭元强来到江苏省电子口岸公司，调研江苏省电子口岸建设及贸易便利化工作情况。

12 月 14 日

江苏“单一窗口”紫金保险服务系统顺利开通。

12 月 25 日

江苏“单一窗口”口岸通关物流时效评估系统江港和海港模块上线试运行。

# 浙江省

## 一、 综述

2018年，按照习近平总书记赋予浙江的“干在实处永无止境，走在前列要谋新篇，勇立潮头方显担当”的新使命和新要求，根据浙江省委、省政府深化“最多跑一次”改革、推进政府数字化转型的决策部署和袁家军省长“加快推动21个重大项目取得突破性进展”的指示要求，浙江省口岸办会同项目配合单位科学组织，有效推进，狠抓落实，较好地完成了中国（浙江）国际贸易单一窗口（以下简称浙江“单一窗口”）建设的各项任务。截至2018年年底，平台注册用户超23.6万，累计办理各类业务541万余票；浙江省进口、出口整体通关时间分别为45.32小时和8.14小时，较2017年分别压缩169.9小时和16.06小时，压缩率分别为78.94%和66.37%，分列沿海各省（市）第1位和第4位，超额完成了“国家压缩三分之一”的目标和“浙江省压缩二分之一”的目标。

### （一）形成了“标准版+地方特色版”的建设模式

2015年浙江省启动浙江“单一窗口”建设，依托浙江、宁波两个电子口岸，结合浙江实际，形成了“标准版+地方特色版”的建设模式。在标准版方面，2018年完成开放的12大功能（货物申报、舱单申报、运输工具申报、税费支付、贸易许可证申领、跨境电商、原产地证书申领、企业资质办理、出口退税申报、查询统计、物品通关、加工贸易）全对接，实现全功能覆盖。在浙江地方特色版方面，2018年建设运营浙江自贸试验区保税燃料油加注“一口受理”平台、义乌市场采购贸易联网信息平台、跨境电子商务“一站式”平台，分别为中国（浙江）自由贸易试验区、义乌国际贸易综合改革试点、中国（杭州）跨境电子商务综合试验区提供了支撑和保障。

### （二）积极承担标准版试点任务，取得明显成效

浙江省口岸办主动向国家口岸办申请，2018年承担了运输工具（船舶）申报、船舶联合登临检查、贸促会原产地证申报、“义新欧”铁路申报4项功能试点，进展顺利。特别是在舟山进行的

运输工具（船舶）申报试点，有效结合浙江省“最多跑一次”改革，形成了“舟山试点”样板经验。这一试点的最大亮点就是打破了海关、原检验检疫局、海事、边检等查验单位间的传统申报模式，通过制度创新和流程再造，实现了企业办理船舶进出境通关手续“一单多报”。填报数据由1113 项压缩至 371 项，44 类、70 余种纸质申报材料全部取消，基本实现全程无纸化，同时，还实现了与港航业务系统联动，93 项数据复用。全流程办理时间从 16 小时压缩至 2 小时，企业从来回跑 9 次变为最多跑 1 次。

2018 年 6 月 21 日，国家口岸办联合相关部委在舟山召开标准版运输工具（船舶）申报系统全国推广应用现场会，将“舟山试点”样板经验向全国推广。会后，“舟山试点”样板经验开始向浙江全省推广。2018 年 8 月 9 日，浙江省公安边防总队本着“先行先试，提供经验”的原则，在浙江全省边检站率先启用标准版运输工具（船舶）申报系统。浙江海事局自 2018 年 10 月 30 日起，在浙江全省辖区全面启用标准版，实现浙江省辖区标准版海事业务应用全覆盖。截至 2018 年 12 月 31 日，浙江省辖区通过“单一窗口”成功办理国际航行船舶进口岸申请 8736 艘次、进口岸查验 7809 艘次、出口岸许可 7715 艘次，累计为船舶节约进出口岸通关时间 4 万余小时。

其他三项试点也分别全力推进，船舶联合登临检查试点已在舟山开展，贸促会原产地证试点已完成，“义新欧”铁路申报试点已获准启动。

### （三）积极推进数字化“单一窗口”建设

2018 年，按照浙江省省长袁家军“要在数字化‘单一窗口’建设上下功夫”的批示要求，浙江省口岸办提出了数字“单一窗口”的建设构想并编制完成了数字“单一窗口”（2019～2021）项目建议书，计划通过 4 年努力到 2021 年建成最便捷、最高效、最透明、最安全的数字化“单一窗口”。该项目已被纳入浙江省政府数字化转型首批重大项目清单。

根据项目建议书，按照流程再造和数据共享的要求，浙江省口岸办不断优化顶层设计，梳理形成核心业务流程图，并建立协同模型，共计涉及 69 个一级模块、222 个二级模块、647 个一级功能点、1100 余个二级功能点，为通关流程再造提供了支撑。在完善企业申报反馈平台基础上，2018 年还开发了通关时效评估平台并试运行，可以按月对浙江省海运集装箱货物进行通关时效分析。

## 二、运行情况

### （一）运行数据

截至 2018 年年底，浙江“单一窗口”共有注册用户 23.6 万家，比 2017 年增加 4.07 万家。2018 年，共办理业务 203.96 万票，其中，货物申报 83.10 万票、检验检疫申报 9.70 万票、运输工具申报 15.73 万票、舱单申报 82.80 万票、企业资质办理 5.13 万票、原产地证（海关）申领 672 票、原产地证（贸促会）申领 13 票、农药许可证申领 1283 票、机电许可证申领 5 票、税费办理支付 6.46 万票、加工贸易办理 1.08 万票。

### （二）运行维护

#### 1. “舟山试点” 样板经验成为国家标准

自舟山获批成为全国首批建设“单一窗口”的试点地区以来，在浙江省口岸办的领导下，由舟山市口岸办牵头，驻舟山查验单位参与，积极争取国家相关部委和浙江相关省属部门的支持，全力推进“单一窗口”试点应用，2018 年一举取得了船舶“一单四报”（即一份单据同时报送海关、海事、原检验检疫、边检 4 家口岸单位）全流程应用、船舶进出境无纸化通关、口岸港航通关服务“4+1”模式 3 项全国首创的“集成性改革创新”，口岸通关“最多跑一次”改革取得突破性进展，申报和通关时间大大缩短。2018 年 6 月 21 日，国家口岸办联合相关部委在舟山召开标准版运输工具（船舶）申报系统全国推广应用现场会，将“舟山试点”样板经验向全国推广。2018 年 8 月 7 日，交通运输部、海关总署、国家移民管理局联合印发《关于在全国口岸推广应用“单一窗口”标准版运输工具（船舶）申报系统的通知》（署岸发〔2018〕62 号），要求国际航行船舶业务统一切换至“单一窗口”进行申报，标志着在舟山试点成功的“一单多报”样板经验正式成为全国标准。

截至 2018 年年底，浙江自贸试验区对接标准版运输工具海事业务申报审批量达 14394 艘次，其中进口岸申请 5115 艘次、进口岸查验 4645 艘次、出口岸审批 4634 艘次，浙江自贸试验区“单一窗口”应用率已达 100%，累计为企业节约时间 2 万余小时。更重要的是，大幅减少了企业的船舶租金成本、人力申报成本等。其中在船舶租金方面，以 30 万吨油轮为例，船舶日租金 15 万美元，日停泊费 2 万元人民币，假设通过缩短申报时间为企业节约 1 天，提升的船舶运营效率即可带来 8 万美元以上的直接经济效益。而以 2017 年舟山口岸船舶进出境通关约 1 万艘次以上数据测算，可带动舟山港口运营周转效率的同步提升，创造更为可观的间接经济效益。

加强数据共享，全国首创口岸港航通关服务“4+1”模式。一是对接江海联运数据平台。舟山市加强数据应用，探索将“单一窗口”的通关监管数据，与舟山江海联运服务中心信息平台的港航业务数据进行对接，开发了“口岸港航通关服务‘4+1’模式”这一特色应用，将两者信息集成、系统联通，形成了“通关监管+港航业务”的网上一体化服务模式，实现了 4 家口岸单位和港航部门的数据共享，在全国尚属首例。二是优化港航业务工作流程。通过“4+1”服务模式，企业无须重复录入船舶基本信息和进出境动态信息，即可完成港务调度、引航申请等港航业务申报，在“一单四报”减少 742 项数据的基础上，又进一步减少录入 93 项数据。更重要的是，同步推进港航业务的无纸化改革，取消了进口岸申请书、引航申请单、委托书等各类纸质单证，进一步扩大了“船舶通关无纸化改革”的覆盖范围。三是推动国家战略有效对接。舟山市首创的口岸港航通关服务“4+1”模式，是“单一窗口”和江海联运服务中心这两大国家物流信息平台实现的首次对接，实现了通关、港航、江海联运物流信息的充分共享，为推动提升我国的国际贸易和江海联运、对外和对内两大物流体系的运行效率提供了最佳的实践载体和经验案例。

### 2. 积极推进浙江“单一窗口”数字化建设

2018 年 6 月 5 日，浙江省省长袁家军作出“要在数字化‘单一窗口’建设上下功夫”的批示要求后，浙江省立即启动了数字“单一窗口”规划，该项目已被列入浙江省政府数字化转型首批项目。

“单一窗口”数字化转型的目标：按照国际标准、国内领先的要求，通过 4 年努力，到 2021 年，建成最便捷（最大限度压缩口岸通关环节）、最高效（提供全流程自动化、智能化的“一站式”服务）、最透明（制度、规则、流程、收费公开透明）、最安全（健全口岸联防联控体制机制，实现“管得住”和“通得快”双提升）的数字化“单一窗口”，整体通关时效达到世界先进水平。

“单一窗口”数字化转型的主要任务：一是打造“三平台”，即企业申报反馈、通关时效评估、口岸监管服务 3 个平台。其中企业申报反馈平台是“单一窗口”的核心业务，通关时效评估和口岸监管服务平台是“单一窗口”数字化转型的重要成果体现，为口岸提速增效提供有效支撑。二是建设“一大库”，即完善口岸大数据，推进平台共建数据共享。三是实现“一迁移”，即分步骤实现系统向政务云迁移。

### 3. 完善和开发功能模块上线应用

按照浙江省政府首批数字化转型项目的要求，浙江省口岸办加快推进数字化“单一窗口”建设，共完善和开发了 22 个功能模块，其中 18 个已在浙江全省实现全功能上线应用。

（1）深化技术和工作两个方案。对技术方案确定的项目清单进行认真梳理，视各功能模块的实现难度进行科学安排，加快推进 16 项基础较好的模块，2018 年已全部完成在浙江全省的应用；加强协同推进 5 项（4 项国家试点和通关时效平台建设）有难度的模块，2018 年运输工具申报（船舶）和贸促会原产地证 2 项试点已完成，船舶联合登临检查已在舟山试点，“义新欧”铁路申报试点在义乌启动，通关时效评估平台海运部分建成并投入试运行；尚不具备上线条件的 1 项（出口退税申报功能）模块，创造条件积极推进，2018 年会同浙江省税务局，已实现了部分查询功能，并积极争取全功能试点。同时对工作方案确定的协同工作进行了细化，聚焦落实流程再造模型和业务协同模型，针对协同难度大的功能模块，明确各相关单位的工作边界，成立专题工作小组，有针对性地开展协同工作。

（2）完善企业申报反馈平台。2018 年主要解决应用中发现的问题，进一步完善功能。一是加快“单一窗口”三期功能上线。2018 年共规划“单一窗口”三期 52 个功能点，主要对口岸政务服务、物流服务、数据服务和特色应用等功能进行完善。经科学规划，统筹安排，加强督促，确保了项目的进度和质量。特别是完成了市场采购、运输工具申报服务集成模式试点，全面联网宁波舟山港、萧山空港、义乌陆港等浙江省内主要海陆空口岸的作业系统，并对接浙江全省主要外贸相关主体，实现业务联动，取得阶段性成果。2018 年 11 月 16 日提前完成了开发任务，通过了专家组阶段性检查，已全部上线应用。二是借助“单一窗口”推动提效、降费、减证。2018 年杭州关区进口通关速度已成为长三角地区最快的关区（杭州关区整体通关时间：进口 57.91 小时、出口 2.56 小时）。浙江省集装箱进口、出口合规成本分别为 280 美元、260 美元，已低于 2017 年上海测算结果（进口、出口分别为 319 美元、299 美元）。各种口岸监管证件也从 86 项精简到 46 项，并实现联网核查。

（3）加快推进通关时效评估平台建设。浙江省口岸办结合数字化“单一窗口”建设的要求，从 2018 年 6 月份开始，联合杭州海关、宁波海关和浙江省海港集团，启动了通关时效评估平台建设。主要做了两方面的工作：一是邀请通关研究方面的权威机构北京睿库贸易安全及便利化研究中心共同参与，通过对“单一窗口”、海关和海港数据的分析，结合现场调研，完成了《浙江海运口岸营商环境专题研究报告》，为通关时效评估平台的开发提供了方法论和数学模型；二是完成了通关时效评估平台海运部分的开发，2018 年系统已建成并投入试运行，可以按月对浙江省海运集装箱货物进行通关时效分析。浙江省通关时效评估工作方案已获国家口岸办认可并获准试点。

（4）努力推动流程再造和数据共享。一是突出流程再造。这是浙江省省长袁家军在数字化转型工作中反复强调的重点要求，浙江省口岸办始终把它放在突出位置，坚持问题导向，抓好 3 个协同。针对垂直管理单位协同难的问题，抓好上下协同，借助国家部委加强推进力度，调动各相关单位积极融入数字化转型，促进办事流程串联改并联；针对通关流程环节多的问题，抓好横向协同，借助浙江省大数据平台归集共享数据，加快推进通关时效评估平台建设，促进评估流程分散变集中；针对政企间数据不通、协同不畅的问题，抓好政企协同，借助服务集成模式，打破政务系统和企业系统间的“信息孤岛”，促进申报流程人工变自动。二是利用浙江省大数据平台实现数据共享。一方面，以业务功能模块梳理成果为基础，形成了第一批数据共享清单，实现了首批数据的按月共享，各省级单位积极配合，数据质量不断提高。另一方面，积极对接国家口岸办和相关联检单位，促进“单一窗口”数据在浙江省落地，2018 年已按要求完成了数据目录的录入工作，将按需求积极争取实现归集。

### （三）宣传推广

#### 1. 开展培训

2018 年，浙江省口岸办加大对企业培训推广的力度，按月对各口岸标准版推广应用情况进行通报。上半年各主要应用功能率先超过国家规定的 70% 的目标，达到 100%。特别是 7 月份以来，为配合关检融合申报的推广，浙江省口岸办组织了 6 场培训会，浙江全省 1000 多家重点企业的 1400 多人参加培训，确保了关检融合后业务的顺利过渡，2018 年浙江省关检融合申报率已达 100%，企业获得感明显。

2018 年标准版应用推广计划提前实现超额完成。累计组织培训近 60 场，参加企业 1500 余家、近 2000 人次。

#### 2. 开展驻点支持

自标准版推广以来，浙江省口岸办指导浙江电子口岸持续派遣技术及运营人员赴各口岸实施驻点，深入业务现场，与企业面对面沟通，并保障系统使用过程中出现的问题快速响应、及时解决。累计帮助企业排解问题约 2600 例（含企业操作性问题），有效地消除了企业疑虑，进一步增强了企业对应用标准版的信心。

#### 3. 编制指导操作材料

浙江海事局正式编制完成全国首本应用于指导代理企业和海事执法人员操作使用标准版的《国际贸易“单一窗口”标准版运输工具海事业务申报操作指南》（简称《指南》）和《国际贸易“单一窗口”标准版运输工具海事业务审批应用手册》（简称《手册》）。

2018 年 3 月，受交通运输部海事局委托，浙江海事局组织舟山海事局骨干力量启动了《指南》《手册》的编写工作；5 月，《指南》《手册》通过交通运输部海事局组织的专家评审，并在推进福建等直属海事局推广应用标准版工作中发挥重要作用；6 月，在国家口岸办组织召开的标准版运输工具（船舶）系统全国推广应用现场会上，《指南》《手册》得到国家口岸办、浙江省政府领导的高度评价和代理企业的高度认可；8 月，《指南》《手册》根据前期专家评审意见、“单一窗口”系统更新及实践应用情况进行了修改完善，正式完成编制工作。

## 三、 特色应用

### （一）中国（浙江）自由贸易试验区保税燃料油加注“一口受理”平台

为加快推进东北亚保税燃油供应中心建设，按照探索创新“油品全产业链投资便利化和贸易自由化”等浙江自贸试验区重点任务的要求，从 2017 年 3 月开始，舟山市政府依托浙江“单一窗口”平台启动浙江自贸试验区保税燃油加注“一口受理”平台建设，将保税燃油加注的船舶申报与货物申报集中到一个平台上，仓储、供油、货代、船代等企业通过平台一点接入、一次性提交满足口岸监管部门要求的格式化单证和电子信息，口岸监管部门和口岸作业部门审批结果通过该窗口反馈给申报人，最终实现企业从申报加注保税燃油到受油船舶出境只需跑一次。

2018 年 3 月，“一口受理”平台的“一船一供”“一船多供”“多船多供”等业务全面上线应用，全国首创具有舟山特色的口岸港航通关服务“4+1”一体化功能，实现引航港调无纸化申报。同时，拓展船舶修造、船供系统建设，服务浙江自贸试验区建设国际海事服务基地。

2018 年，舟山保税船用燃料油供应量达 359. 3 万吨，同比增长 96. 5%，跃升国内第一大加油港，并首次跻身全球十大供油港，成为内地保税油供应体量最大、增速最快、竞争最活跃的区域。

### （二）义乌市场采购贸易联网信息平台

义乌市场采购贸易联网信息平台是一个涵盖市场采购贸易各方经营主体和贸易全流程的综合管理服务平台，由义乌市地方政府投资建设和运营管理，承载市场采购贸易方式各项政策实施。该平台通过信息网络技术，实现货物流、单证流、资金流、信息流的采集与汇聚，为贸易出口管理部门开展业务提供数据信息支撑，为市场采购贸易各经营主体提供报关、免税备案、结汇等各类电子政务“一站式”服务，对小商品出口提供全方位一体化支持。

2018 年，义乌市场采购贸易联网信息平台实现了海关、国税、外汇、商务等部门各项国家政策落地，功能持续优化升级。如在外汇管理方面，通过扩大结汇主体的范围，实现了境外采购商、外商、小微企业的结汇功能。截至 2018 年 12 月底，平台已备案商户 6. 47 万余家、组货记录 220 万余条、外贸公司 2200 余家，累计为超过 1410 亿美元的出口商品实现增值税免税，自助结汇超过 73. 59 亿美元。

### （三）中国（杭州）跨境电子商务综合试验区线上综合服务平台、跨境电子商务“一站式”平台

中国（杭州）跨境电子商务综合试验区线上综合服务平台作为综合试验区“六体系两平台”建设的数据交换枢纽和综合管理服务平台，不仅是综合试验区（以下简称综试区）建设的核心与基石，更是承担综试区这一“大众创业、万众创新”国家战略落地的关键与突破口。浙江电子口

岸有限公司作为综试区公共信息服务平台的建设运维主体，主要建设 3 个中心（统一认证中心、数据交换中心、大数据中心），提供 2 类服务（政务服务、综合服务），建设 1 个门户（公共信息服务平台），构建支撑综试区建设的“六体系两平台”信息化服务保障体系，按照“信息互换、监管互认、执法互助”的要求，旨在打通跨境贸易电子商务“关、汇、税、商、物、融”之间的信息壁垒，建成覆盖货物贸易和服务贸易的线上综合服务平台，对接“单一窗口”，促进跨境电子商务自由化、便利化、规范化发展，培育跨境电子商务增长新动能，推进跨境电子商务高质量发展。

2018 年，浙江电子口岸在服务保障综试区线上综合服务平台基础上，重点打造了综试区监管便利化项目。该项目通过协同化的“政府管理体系”，建立面向政府监管、统计监测、电商信用、风险预警、智能物流、公共查询等功能于一体的线上综合服务平台。截至 2018 年年底，平台已接入天猫国际、银泰网、考拉海购等电商平台 840 余家（平台备案电商企业超过 5000 家、B2B 企业超过 3200 家）；银联、支付宝、财付通、连连支付等支付平台近 60 家；中国邮政速递、顺丰速运、菜鸟网络等物流企业 90 余家；汉达、心怡等仓储服务企业 130 余家；融易通、浙江物产电商等外贸综合服务企业近 100 家。

## 四、 大事记

3 月 9 日

浙江自贸试验区保税燃油加注“一口受理”平台的“多船多供”业务顺利上线。

3 月 22 日

浙江“单一窗口”三期项目建设方案和单一来源采购专家论证会召开。

4 月 12 日

浙江自贸试验区保税燃油加注“一口受理”平台面向所有企业进行实单运行推广。

4 月 25 日

浙江省海洋港口发展委员会组织召开浙江“单一窗口”项目采购和五年规划方案讨论会。

5 月 23 日

浙江电子口岸派员赴上海调研“单一窗口”建设情况。

6 月 15 日

中国（杭州）跨境电子商务综合试验区监管便利化项目顺利通过验收。

6 月 16 日~18 日

浙江电子口岸全力保障跨境通关服务平台在“6・18”购物节期间稳定高效运行，申报单量突破 154 万票。

6月21日

国家口岸办联合相关部委在舟山召开标准版运输工具（船舶）申报系统全国推广应用现场会。

6月25日

浙江省副省长高兴夫莅临浙江电子口岸有限公司视察指导浙江“单一窗口”建设工作。浙江省政府副秘书长徐纪平、省海港委副主任夏炳荣等陪同视察。

7月9日

浙江省政府组织召开浙江“单一窗口”建设情况汇报会。浙江省常务副省长冯飞主持会议并强调要坚持问题导向、目标导向，加快推进数字“单一窗口”建设工作，助力“最多跑一次”改革。

7月27日

标准版新版报关单在浙江全面启动试用。浙江电子口岸派员指导台州鑫浩国际货运代理有限公司通过标准版关检融合整合申报界面，成功申报1票一般贸易报关单，标志着杭州关区“单一窗口”关检融合整合申报首单申报成功。

8月9日

海南省商务厅一行到浙江电子口岸调研。双方就中国（杭州）跨境电子商务综合试验区“六体系”建设的成熟经验和做法进行交流。

广东省佛山市人民政府一行到浙江电子口岸调研。双方就“单一窗口”、义乌市场采购贸易联网信息平台等业务展开深入交流。

8月10日

数字“单一窗口”项目顺利通过浙江省委办公厅、省政府办公厅组织的专家评审，并被纳入浙江省政府数字化转型首批重大项目清单。

8月22日

浙江电子口岸完成标准版后台运行框架升级相关保障工作。

10月17日

国家口岸办赴浙江电子口岸调研“单一窗口”跨境电子商务标准版试点情况，总结试点经验。

10月19日

浙江省海洋港口发展委员会组织召开浙江“单一窗口”原产地证会议。

11月1日

浙江省人民政府组织召开深化“最多跑一次”改革、推进政府数字化转型第三次专题会议。浙江电子口岸就浙江“单一窗口”及数字“单一窗口”项目建设进展情况做了汇报。

11月11日

浙江电子口岸圆满完成“双11”跨境贸易电子商务通关服务平台的服务保障工作。当天，跨境贸易电子商务通关服务平台处理进口单量达到了606万票，最高峰值超59万票/小时，数据交换量超1亿条。

11月14日

浙江省口岸办组织召开浙江“单一窗口”数据共享协调会议。会议明确了向浙江“单一窗口”共享的数据内容、共享方式和时间节点。

11月15日

浙江省口岸办组织召开标准版运输工具申报（空运）业务培训会。

12月17日

数字“单一窗口”通关时效评估系统与标准版完成系统联调。

## 五、 政策文件

### 浙江省人民政府办公厅关于提升跨境贸易便利化水平的实施意见

浙政办发〔2018〕100号

各市、县（市、区）人民政府，省政府直属各单位：

为贯彻落实党中央、国务院关于优化营商环境的决策部署，提升我省跨境贸易便利化水平，经省政府同意，现提出如下实施意见。

#### 一、工作目标

全省整体通关时间2018年年底前压缩二分之一以上，2019年年底前再压缩三分之一以上。进出口通关时效和合规成本2018年年底前达到全国中等水平，2019年年底前达到全国先进水平。到2020年年底，力争贸易便利化程度率先达到世界先进水平。

#### 二、优化通关流程

（一）规范船舶抵港确报。在全省海运码头通过国际贸易“单一窗口”实现船舶靠泊时间自动校验。（责任单位：省海港委、杭州海关、宁波海关、省海港集团、浙江电子口岸、宁波电子口岸）

（二）提高一体化通关模式申报率。鼓励企业采用一体化通关模式申报，提高通关效率。（责任单位：杭州海关、宁波海关）

（三）提升港口码头作业效率。对进口货物实行边卸船边理货，2018年9月底前宁波舟山港实现每半小时发送一次理货报告，年底前推广到全省海运码头。（责任单位：省海港委、杭州海关、宁波海关、省海港集团）

（四）压缩进口大宗散货通关时间。推动铁矿石等大宗散货合同备案与报关手续同步进行；推进检验检疫实验室贴近一线服务，符合条件的实行即取即送、即送即检。（责任单位：杭州海关、宁波海关、省海港集团）

（五）减少查验作业准备时间。2018 年 9 月底前，海关启动实施接受申报后即将需查验信息告知企业的制度，便于企业做好货物查验准备。（责任单位：杭州海关、宁波海关）

（六）提高查验作业效率。2018 年年底前全面推广海关查验管理系统（二期）和大型集装箱检查设备（H986）联网集中审像系统，优化查验异常后续处置流程，加快推进机检智能审图研究工作。（责任单位：杭州海关、宁波海关）

（七）加快实现关检融合统一申报。在实现关检融合整合申报基础上，2018 年年底前实现出口报检、检验检疫、签证等工作流程转化为出口申报前监管服务。（责任单位：省海港委、杭州海关、宁波海关）

（八）提升企业支付税款时效。加大担保制度推广力度，在税款总担保前提下，提高应税货物通关效率。推广汇总征税和担保放行，对符合条件适用汇总征税的报关单先放行后征税。（责任单位：省海港委、省商务厅、杭州海关、宁波海关）

（九）压缩转关货物通关时间。提高水运支线运行效率，进口水运中转货物转关时间压缩三分之一。加快推进宁波舟山港集装箱国际中转业务与海关新舱单系统对接。加大“安全智能锁”应用力度，探索开展转关自动核销，实现出口转关核销手续 24 小时实时办理。（责任单位：省海港委、杭州海关、宁波海关、省海港集团、浙江电子口岸、宁波电子口岸）

（十）实行报关单“日报日清”机制。海关对具备放行条件的报关单，当日处理完毕；对当日上午布控查验的进出口货物，具备条件的当日完成查验。（责任单位：杭州海关、宁波海关）

（十一）延长货物通关服务时间。海关根据通关业务需要适当延长通关服务时间，对海运进口货物实行非工作时间预约查验，特定环节实施非工作日正常办理。24 小时办理提箱手续，确保出口货物按期集港装船。（责任单位：杭州海关、宁波海关）

（十二）推进边检通关一体化。2018 年 9 月底前，在宁波舟山港办理“上下外国船舶许可”“船舶搭靠外轮许可”，实现“一站签发，全域通用”。（责任单位：省边防总队）

（十三）推动跨部门一次性联合检查。优化国际航行船舶联合登临检查机制，推进国际邮轮等特殊船舶实行常态化联合登临检查，2018 年 9 月底前完成船舶联合登临检查系统在国际贸易“单一窗口”上线应用，探索实施联合登临“2 + X”检查模式。（责任单位：省海港委、省边防总队、杭州海关、宁波海关、浙江海事局、浙江电子口岸、宁波电子口岸）

（十四）实行杭州航空口岸 24 小时无障碍通关。加快推进边检自助通关查验设施建设，实现中国公民出入境通关候检不超过 30 分钟。优化海关旅检查验和航空器监管业务流程，对鲜活货物采取每天 24 小时预约通关；实行“空中申报、落地验放”等便利措施。（责任单位：省海港委、

省边防总队、杭州海关、省机场集团）

## 三、简化单证办理方式和手续

（一）实行海运提货单电子化流转。2018 年年底前宁波舟山港实现海运提货单电子化流转 100% 覆盖，报关不再提交纸质提货单。（责任单位：省海港集团、杭州海关、宁波海关、浙江电子口岸、宁波电子口岸）

（二）推进口岸物流信息电子化。2019 年年底前完成港口建设费远程申报及电子支付系统的部署上线。（责任单位：浙江海事局）

（三）实行集装箱设备交接单及港口提箱作业信息电子化流转。2018 年 9 月底前在宁波舟山港实现出口重箱设备交接单和装箱单电子化；2018 年年底前实现进口“提重还空”设备交接单、出口重箱设备交接单和装箱单电子化 100% 覆盖。（责任单位：省海港集团、浙江电子口岸、宁波电子口岸）

（四）简化自动进口许可证办理手续。全程网上办理货物自动进口许可证，正常情况 1 个工作日内完成审批。2018 年年底前实现自动进口许可证通关作业无纸化。（责任单位：省商务厅、浙江电子口岸、宁波电子口岸）

（五）简化随附单证上传。完善随附单证无纸化格式标准，引导企业减少非必选项的随附单证上传，简化申报后异常情况处置流程。（责任单位：杭州海关、宁波海关、省商务厅、浙江电子口岸、宁波电子口岸）

（六）简化进口免予强制性产品认证制度（CCC 认证）证明工作流程。2018 年 9 月底前实现 CCC 认证免办手续无纸化和全程在线。（责任单位：杭州海关、宁波海关）

（七）简化出口原产地证办理流程。压缩签证审核时长，限时 4 小时内办结。全面推广原产地签证无纸化和签证一体化，2018 年年底前实现全省通报通签。（责任单位：杭州海关、宁波海关、浙江电子口岸、宁波电子口岸）

## 四、加快国际贸易“单一窗口”建设

（一）加强数字“单一窗口”建设。2018 年 9 月底前编制完成国内领先的“单一窗口”建设方案，推进口岸领域“最多跑一次”改革，加快“单一窗口”三期项目建设，2018 年年底国际贸易“单一窗口”标准版主要功能覆盖率达到 70% 以上。（责任单位：省海港委、省发展改革委、省边防总队、杭州海关、宁波海关、浙江海事局、浙江电子口岸、宁波电子口岸）

（二）建立口岸通关时效评估制度。建立通关时效评估体系，实现口岸相关单位及企业之间的数据共享。2018 年年底前对沿海口岸的通关时效进行评估和公示，2019 年年底前推广到全省口岸。（责任单位：省海港委、省边防总队、杭州海关、宁波海关、浙江海事局、省机场集团、省海

港集团、浙江电子口岸、宁波电子口岸)

（三）应用电子委托代理，取代纸质报关委托协议书。开发应用进出口企业无纸化委托功能，2018年年底前实现通关环节不再递交纸质委托协议书。(责任单位：省海港委、杭州海关、宁波海关、浙江电子口岸、宁波电子口岸)

（四）加快船舶出入境“一单四报”推广工作。实现船舶进出境申报全流程应用，2018年9月底前把舟山试点经验向全省推广，船舶通关时间压缩80%以上。(责任单位：省海港委、省边防总队、杭州海关、宁波海关、浙江海事局、浙江电子口岸、宁波电子口岸)

（五）简化推进舟山保税燃油加注相关手续。进一步推进保税燃油“一口受理”平台建设，简化加油船舶进出中国（浙江）自由贸易试验区通关手续。(责任单位：杭州海关、宁波海关、省边防总队、浙江海事局、省海港集团、浙江电子口岸、宁波电子口岸)

## 五、降低口岸综合物流成本

（一）规范和降低口岸查验服务性收费。规范进出口环节行政事业性收费，坚决取缔违规设立的行政事业性收费。严肃查处借助行政权力、监管要求或者垄断地位，指定服务、强制服务并收费，以及只收费不服务等行为。(责任单位：省海港委、省物价局、省边防总队、杭州海关、宁波海关、浙江海事局)

（二）加快口岸中介服务规范化建设。鼓励口岸中介服务机构推行“限时作业”承诺制度，鼓励相关行业协会对其进行排名公示。2018年9月底前组织开展价格专项检查行动，清理整顿口岸中介环节违法收费行为。(责任单位：省海港委、省物价局)

（三）建立口岸收费公示制度。在各口岸现场、国际贸易“单一窗口”公布口岸收费目录清单，保障进出口企业的知情权。(责任单位：省海港委、省物价局、省边防总队、杭州海关、宁波海关、浙江海事局、省机场集团、省海港集团、浙江电子口岸、宁波电子口岸)

（四）继续开展免除查验没有问题外贸企业吊装移位仓储费用试点工作。及时下达试点经费，加强试点监督管理。争取中央财政对实施检验检疫产生的吊装移位仓储费予以免除。(责任单位：省海港委、省财政厅、杭州海关、宁波海关)

## 六、完善口岸配套服务

（一）启动数字口岸建设。充分利用移动互联网、物联网、人工智能、大数据等信息技术，在口岸现场逐步改造建设智能作业平台、智能查验平台，配备单兵作业设备，实现安全监管、精准监管、顺势监管、智慧监管。(责任单位：省海港委、省边防总队、杭州海关、宁波海关、浙江海事局、省机场集团、省海港集团)

（二）积极培育诚信企业。加大政策宣讲、现场咨询、培训交流等力度，促进企业规范经营。

建立企业信用激励惩戒机制。（责任单位：省海港委、省边防总队、杭州海关、宁波海关、浙江海事局）

（三）建立口岸通关意见投诉回应机制。2018 年年底前建立口岸通关意见投诉回应机制，在国际贸易“单一窗口”平台设置热线电话、移动端应用（APP）、在线客服等渠道，及时解决企业通关过程中遇到的问题。（责任单位：省海港委、杭州海关、宁波海关、浙江电子口岸、宁波电子口岸）

## 七、加强工作保障

省口岸工作领导小组要加强组织领导，明确工作责任，强化检查指导，建立对各地和口岸相关单位的通报和考核激励机制，有效落实目标任务。各设区市政府要加强统筹协调，为口岸相关单位开展工作创造良好条件。各级口岸管理、发展改革、物价、财政、商务、海关、边防、海事等单位要按照职责分工，进一步细化政策措施，推动流程再造，合力提升跨境贸易便利化水平。

浙江省人民政府办公厅

2018 年 9 月 30 日

# 安徽省

## 一、 综述

安徽省严格落实党中央、国务院部署，积极推动国家口岸办关于“单一窗口”建设和应用的各项任务。按照《国务院关于印发优化口岸营商环境 促进跨境贸易便利化工作方案的通知》（国发〔2018〕37号）要求，通过中国（安徽）国际贸易单一窗口（以下简称安徽“单一窗口”）建设，推进落实优化口岸营商环境、促进跨境贸易便利化工作，为市场主体提供更多便利，形成更有活力、更富效率、更加开放、更具便利的口岸营商环境。

## 二、 运行情况

### （一）运行数据

截至2018年年底，安徽“单一窗口”累计申报36.70万票，其中货物申报32.43万票、运输工具申报1208票（其中水运975票、空运233票）、舱单申报1676票（其中水运165票、空运1511票）、企业资质办理9040票、原产地证书申领1.40万票、许可证件申领938票（其中农药许可证件932票、机电许可证件6票）、税费支付1.45万票、加工贸易办理1257票。货物申报覆盖率达100%。完成国家要求的2018年年底主要业务申报覆盖率80%的任务。

### （二）运行维护

安徽“单一窗口”建立了运维机制，组建了运维团队，包括机房基础设施、软硬件维护、系统安全保障等，后续优化工作也在进行中。机房基础环境主要包括机房环境巡检工作，每日检查机房内电源稳定度、环境温度和湿度；硬件方面对所有服务器及备件进行综合管理，定期检查、检修、替换服务器系统等；软件方面包括系统软件日常更新发布、需求变更升级等；安全保障包括系统应急体系建立、应急演练、漏洞管理及病毒防治管理等工作，建立例行检查和文档维护机制。

客户服务工作方面，成立客服团队，按照客服主管、在线客服、电话客服等职位配置。在前期的客服运维工作中未解决的问题会第一时间反馈到标准版技术团队。“单一窗口”维护 QQ 群、微信群对每日用户反馈的问题进行及时解答处理，对于无法立即解决的问题部分做记录、确认、上报，需要赴现场解决的问题赴现场进行处理。同时在问题收集归类工作方面，为了更好、更快地解决使用过程中遇见的问题，针对反复出现的问题，制定了“单一窗口”常见问题解决办法，同时制定了“单一窗口”客户服务沟通协调机制，保证整个客服沟通、运维工作更完整连贯。

安徽“单一窗口”按照要求建设了 95198 客服热线功能，完成了从国家口岸办授权使用到与地方电信服务商签订合同、线路施工、呼叫中心设备安装施工、内部线路改造、安装调试使用、正式开通使用等各项工作任务，极大方便了企业沟通咨询。

**（三）宣传推广**

在培训及宣传工作方面制定了相应的培训宣传计划（主要是按照不同城市、不同企业定期进行培训宣传），成立培训工作小组，优化培训形式及内容，制作培训教材等。

安徽省口岸办会同相关市口岸办、合肥海关（原安徽出入境检验检疫局）、边防、海事等口岸查验单位，先后在池州、滁州、淮北、马鞍山、宣城等地举办标准版试点推广培训会议，组织 300 多家外贸企业和报关公司共 500 多人参加免费培训。根据《全国通关一体化关检业务全面融合框架方案》和《国家口岸管理办公室关于做好“单一窗口”关检融合统一申报培训宣传工作的通知》（国岸函〔2018〕101 号）有关要求，为确保 2018 年 8 月 1 日关检融合统一申报系统顺利切换，安徽省口岸办与合肥海关于 2018 年 7 月 24 日在合肥联合举办了安徽“单一窗口”关检融合统一申报培训会，来自安徽省口岸办、合肥海关（数据分中心）、安徽省口岸协会、安徽“单一窗口”运维单位、安徽省各市口岸办、安徽省代理报关公司、自理进出口企业约 200 人参加了培训，培训对关检融合统一申报相关业务改革内容，统一报关单申报涉及填制规范、参数代码、随附单证等方面最新申报要求，统一申报系统操作，导入对接型企业系统升级改造和联调测试，税费支付，空运舱单申报功能等内容进行了细致讲解，并对企业遇到的常见问题进行了解答。

## 三、大事记

5 月 11 日

安徽省政府办公厅印发《海关特殊监管区域扩能升级行动实施方案》（皖政办〔2018〕18 号），要求积极推进安徽“单一窗口”功能应用。

5 月 30 日

安徽省口岸办主任徐滋跃赴湖南、吉林两省开展“单一窗口”建设调研工作。

7 月 24 日

安徽省口岸办会同合肥海关等单位在合肥联合举办了安徽“单一窗口”关检融合统一申报培训会。

8 月 1 日

安徽“单一窗口”成功完成关检融合统一申报切换运行工作。

10 月 1 日

安徽“单一窗口”成功完成新版税费电子支付切换运行工作。

10 月 30 日

通过安徽“单一窗口”向社会公开安徽省 7 个开放口岸城市进出口收费目录清单。

12 月 31 日

安徽“单一窗口”货物申报覆盖率达 100%。

# 福建省

## 一、综述

为深入贯彻落实习近平总书记关于全面深化改革开放、优化发展环境的重要指示精神和国务院的有关部署，福建省委、省政府研究确定建设中国（福建）国际贸易单一窗口（以下简称福建“单一窗口”）。结合推进自贸试验区发展，福建省委、省政府主要领导高度重视福建“单一窗口”建设工作，多次专题研究、协调推进。福建省商务厅（口岸办）牵头负责规划、设计，设立福建省电子口岸管理中心负责具体推进，建设、运维经费列入财政预算。由福建省电子口岸管理中心（省口岸数据中心）通过网络专线直接对接口岸查验单位和运营体，负责实时汇总全省通关查验、港口物流等口岸运行数据。

截至2018年12月31日，福建“单一窗口”建设完成35个系统应用，邮件申报系统、进出口资信担保服务系统、贸促会出认证业务电子申报系统、快件申报系统等23个系统上线运行，并通过项目初验，实现与上海、天津、广东、江西等省（市）跨关区“信息互换、执法互助、监管互认”三互协作，探索依托“单一窗口”推动“丝路海运”与“一带一路”国家和地区之间的信息对接与互换。通过福建“单一窗口”与港口码头、物流等系统的对接，实现口岸和物流的数据汇聚共享，实现“抵港前提前申报，靠泊后船边直提，放行后智能提货”的关港贸一体化运作。

## 二、运行情况

### （一）运行数据

截至2018年12月31日，福建“单一窗口”注册用户8000家，比2017年增加3000家，货物申报56.93万票、舱单申报56.2万票（水运46.92万票、空运9.28万票）、运输工具申报6.63万票（水运5.92万票、空运0.71万票）、跨境电商业务申报863万票、邮件业务申报3288.9万票、快件业务申报11.3万票、原产地证申领0.21万票、贸促会原产地证申领10票、许可证件申领0.1万票、企业资质办理0.9万票、税费支付2.5万票、加工贸易办理2.89万票。

### （二）运行维护

#### 1. 制定联合运维管理办法及数据管理办法

为规范福建“单一窗口”的联合运维管理，明确职责，确保各项系统长期、稳定、高效运行，根据国家有关法律法规及国家口岸办下发的《国家口岸管理办公室关于国际贸易“单一窗口”建设的框架意见》，结合福建省实际，制定关于福建“单一窗口”的联合运维管理办法。经福建省政府同意，专门印发了福建省电子口岸公共平台数据管理的相关办法，对数据采集、使用、管理和平台维护等工作进行了规范，并成立了福建省电子口岸管理中心（省口岸数据中心）负责福建“单一窗口”的运维保障和数据管理等工作。

#### 2. “数字福建” 政务云平台安全机制

福建“单一窗口”依托“数字福建”政务云平台建设，实现信息资源集中管理，提升福建“单一窗口”一站式服务能力。“数字福建”政务云平台实施包括安全主体责任落实、账号口令管理、日常安全检测、安全问题预警在内的一系列安全技术及管理手段，满足信息安全等级保护三级要求，保障系统安全、平稳运行。

#### 3. 客户服务机制

福建“单一窗口”专门设立了“96114”客户服务热线，并与“单一窗口”全国统一服务热线“95198”互联互通，对接联通、移动、电信三大运营商，统一接入全省范围内“单一窗口”用户呼叫请求，7×24 小时响应企业需求。建立海关、海事、边检联合运维团队，通过 QQ、微信等搜集企业反映的各类问题，统一派发给口岸相关管理单位和口岸运营单位协调解决，并及时反馈给企业。

### （三）宣传推广

2018 年，福建“单一窗口”宣传推广工作以“加强内容建设、进行系统化培训、创新推广服务”为出发点和目标，通过专业化、规范化的运营实施，着力强化福建“单一窗口”的覆盖面和影响力。

#### 1. 开展企业走访、 调研座谈工作

按照问题导向、需求导向要求，福建省主要领导多次召开福建“单一窗口”调研座谈会，听取汇报工作，提出指导建议，并要求相关部门全力配合福建“单一窗口”建设。福建省副省长郑

新聪亲临一线作业现场，听取企业对福建“单一窗口”应用功能的意见、建议。此外，福建省商务厅会同福建省金融办、福建省外汇管理局、中国信用保险公司福建分公司等机构召开专题座谈会，对企业反映的问题及时协调有关部门解决，完善福建“单一窗口”功能建设。

### 2. 官方新媒体平台矩阵宣传

通过网站、微博、微信公众号等官方信息平台，打造对外宣传“一盘棋”，及时发布福建“单一窗口”最新动态。2018 年，网站发布信息 80 条；微博发布信息 81 条，粉丝数量 425 人；微信公众号发布 32 期共 128 篇文章，粉丝数量 1551 人，粉丝数量较 2017 年增长 433%。此外，不断创新宣传形式，如通过策划制作鲜明易懂的图文专题、原创精品栏目等，加强内容可读性，提升推广效果。

### 3. 开展系统化培训

针对相关口岸查验单位及涉及国际贸易链条的相关机构、企业，采用演示解说与实际操作相结合的手段组织培训。2018 年共开展近 50 场培训，培训的业务范围辐射全省大部分区域，累计超过 1000 家企业、4000 人次参加，对企业所提问题进行了现场解答，取得了较好的效果。

### 4. 加强媒体宣传报道

2018 年，配合新华社、央视网、人民网、《福建日报》、东南卫视等多家中央及地方媒体，开展福建“单一窗口”最新成果动态报道，刊发专题报道等。《福建日报》于 2018 年 1 月 18 日刊文《从“争分”到“夺秒”一体化跑出通关“加速度”》；新华网于 2018 年 7 月 13 日刊文《政策性出口信用保险落地“单一窗口”，三明小微企业全国率先受惠》；人民网—福建频道于 2018 年 4 月 22 日发布以《福建“单一窗口”让数据跑路代替企业跑腿》为题的视频专访。

## 三、特色应用

### （一）贸促会出认证

2017 年福建省在全国率先实现依托“单一窗口”实施对外贸易经营者备案登记与原产地证企业备案登记“两证合一”服务，该项举措于 2018 年 5 月获国务院批准向全国复制推广。在此基础上，福建省商务厅联合福建省贸促会，坚持企业需求为导向，进一步深化合作，于 2018 年 10 月上线福建“单一窗口”贸促会出认证系统，全国率先为进出口企业在“单一窗口”上提供贸促会一站式外贸全流程综合服务，惠及全省近 5 万家企业。

1. 主要做法

（1）出认证业务“一站式”服务。企业在福建“单一窗口”上填写贸促会业务申报数据，业务范围覆盖原产地证、企业注册备案、下厂核查、国际商事证明书、代办使馆认证等贸促会主要出认证业务，实现“一个界面、一点接入、一次递单、统一反馈”的全流程办理。

（2）全流程电子信息化管理。进一步深化“互联网+政务服务”，将贸促会出认证服务由纸质申请转变为通过福建“单一窗口”电子化申报，贸促会受理或审核中发现问题的处置由以往企业多次往返窗口确认转变为通过福建“单一窗口”电子化办理，福建“单一窗口”和贸促会系统实时双向传输数据，实现申报、发送、受理的业务全流程电子化管理，推动贸促会业务从传统的纸质审核模式转变为现代信息化管理模式，提升了办事效率。

（3）对接口岸管理单位审批系统。通过福建“单一窗口”将企业申请信息数据传送给商务部业务系统、贸促会业务系统，通过信息数据互联互通，“让信息多跑路，让群众少跑腿”，优化企业办事流程由“串联”改为“并联”，有效解决多头申报、重复申报问题。

（4）信息数据归集交换共享。通过福建“单一窗口”汇聚企业办理贸促会出认证业务信息，提升福建省口岸数据采集、交换和辅助决策能力，进一步推动国际贸易各环节实现数据共享，提供实时数据分析支撑，有力促进福建省构建统一的跨境贸易进出口数据资源体系。

2. 创新点

企业注册备案业务方面，改变了过去不同业务管理部门分别办理、各自发证的传统模式，真正实现了“一口受理、一次审核、一次发证”；原产地证书、国际商事证明书、使馆认证代办等业务办理方面，改革贸促会出认证业务办理模式，由纸质申请转变为通过福建“单一窗口”电子化申报，贸促会出认证办理中发现问题的处置由企业多次往返窗口确认转变为通过福建“单一窗口”电子化办理，是继“两证合一”改革后，贸促会在服务进出口企业领域的又一项创新举措。

3. 实践成效

（1）减少办事环节，缩短办理时间。以往企业办理贸促会出认证业务，如办理原产地证书需分别到商务部门、海关部门和贸促会办理，审批部门分别受理、审核，历时 2~3 天；办理国际商事证明书、代办使馆认证等要提交各种纸质材料，往返业务现场办理，历时 3~7 天。贸促会出认证系统上线后，企业通过登录福建“单一窗口”办理贸促出证、认证相关业务，原产地证书、国际商事证明书立等可取，代办使馆认证 1 天受理完成，减少了办事环节，减少了企业制度性交易成本。

（2）深化“一趟不用跑”改革，促进贸促会出认证办理企业数量激增。“两证合一”举措实施以来，提升了企业原产地证的知晓率和办证积极性，全省新增 5 万多家原产地证备案企业信息。2018 年福建省共出具各类证书 199297 份。其中，签发一般原产地证书 151781 份，签发区域性优惠原产地证书 21350 份；出具国际商事证明书 17971 份；代办领事认证 7800 份。福建“单一窗口”贸促会出认证系统上线后，惠及全省 5 万家外贸企业。

（3）推进“三互”协作，帮助更多企业享受改革红利。实施福建“单一窗口”办理贸促会出认证业务模式，如海关部门和贸促部门通过系统实时接收商务部门对外贸易经营者备案登记信息和审核结果，直接给予采信并授予企业原产地证企业备案资质，应用贸促相关业务数据为精准帮扶企业提供数据支撑，是福建省深入落实“放管服”改革，推进国家“信息互换、监管互认、执法互助”大通关建设改革的一项创新性举措，实现了将“三互”从口岸监管部门拓展至商务、贸促等对外贸易管理和服务部门，对推动跨部门工作协同、促进对外贸易链条改革配套、支持企业用好各项政策红利均产生积极作用。

### （二）跨境电商综合服务平台

根据福建省委、省政府部署要求，福建省商务厅牵头于 2018 年 8 月 22 日正式上线运行福建“单一窗口”跨境电商综合服务平台，标志着福建“单一窗口”的功能从一般贸易业态拓展至跨境电子商务新兴业态。

#### 1. 主要做法

依托福建“单一窗口”，建设跨境电商综合服务平台。具有通关服务、数据交换、身份证认证三大系统，提供商品备案、统计分析、账册管理等 30 多项企业便捷申报服务和通关监管优化应用，涵盖一般进出口、保税进出口等全部跨境电商业务，实现“一处建设全省使用”“一处升级全省覆盖”和数据安全统一管理。

#### 2. 创新点

解决“一地一平台”重复建设造成的浪费问题，福建“单一窗口”跨境电商综合服务平台实现全省跨境电商通关业务“四化”。一是集约化，平台实现全省统一管理数据安全，统一客服、运维，全面保障安全防护；二是智能化，平台与福建“单一窗口”、金融、快递物流、电商平台等系统全面衔接，实现数据整合、服务共享；三是便利化，平台增加商品备案导入导出、清单查询、退单统计分析等 13 项优化功能，最大限度为企业提供贸易便利化服务；四是个性化，平台推出身份核验、退单统计分析、企业角色传输控制等辅助监管手段。

#### 3. 实施成效

福建省开展跨境贸易业务的企业可在福建“单一窗口”“一站式”办理全部跨境电商业务，

简化了跨境电商通关申报手续，提升了通关效率，降低了通关成本，为全省外贸发展、产业转型、消费升级提供了有力支撑。2018 年全省跨境电商销售商品数 68504 件，业务量 863 万票，货值 11.63 亿元人民币。

### （三）仲裁服务

为进一步做优企业服务，帮助企业解决在投资贸易过程中产生的各类经贸争议及财产性权益纠纷，营造更优质的口岸服务环境，福建省商务厅牵头，会同中国国际经济贸易仲裁委员会福建分会、海峡两岸仲裁中心，依托福建“单一窗口”推出仲裁服务功能，于 2018 年 10 月 31 日正式上线。

#### 1. 主要做法

福建“单一窗口”仲裁服务功能以贸易双方企业自愿同意将争议提交仲裁解决为前提，依托我国国家级仲裁机构，整合具有国际先进水平的仲裁法律资源，为广大外贸企业提供专业权威和快捷高效的仲裁服务。

#### 2. 创新点

仲裁裁决可以在世界 159 个国家和地区得到承认与执行。企业可以通过独立公正、自主灵活的仲裁服务，依法保护自身合法权益，既能节省时间成本，又能有效防范、化解风险。

## 四、大事记

1 月 18 日

福建省口岸通关工作现场会在福建“单一窗口”监控指挥中心召开。

1 月 18 日

福建省副省长李德金在福建“单一窗口”监控指挥中心调研福建“单一窗口”工作。

1 月 18 日

福建省商务厅与驻闽口岸查验单位在福建“单一窗口”监控指挥中心签署《福建口岸合作备忘录》。

2 月 8 日

福建省商务厅在福建“单一窗口”监控指挥中心举行与相关金融机构“单一窗口”合作备忘录签约仪式。

3 月 5 日

福建省副省长隋军到福州海关和原福建出入境检验检疫局调研，并要求关、检全力配合福建

"单一窗口"建设。

3 月 26 日

福建省商务厅在三明召开福建"单一窗口"及小微企业统保扶持政策宣讲会。

3 月 27 日

福建省商务厅、福州海关在福州保税区海关召开标准版应用调研会。

4 月 11 日

湖南电子口岸服务中心与长沙市口岸办在福建调研"单一窗口"工作。

4 月 16 日

海南省省长沈晓明、海南省人大常委会副主任许俊一行在福建调研"单一窗口"工作。

4 月 21 日

海南省信息产业投资集团总经理严涵一行在福建调研"单一窗口"工作。

4 月 22 日~24 日

首届数字中国建设峰会在福州召开，福建"单一窗口"作为"数字福建"信息化典型案例参展。

5 月 4 日

福建海事局在福建"单一窗口"监控指挥中心调研"单一窗口"工作。

5 月 10 日

浙江省海洋港口发展委员会副主任夏炳荣一行在福建调研"单一窗口"工作。

5 月 12 日

福建"单一窗口"上线运行邮件申报功能。

5 月 21 日~23 日

福建省商务厅、中国检验认证集团福建有限公司在福州、莆田先后召开"单一窗口"培训推广及海关 AEO 认证宣讲会。

5 月 28 日

福建省副省长郑新聪深入企业调研福建"单一窗口"工作。

5 月 31 日

福建省商务厅、福州海关召开标准版推介会。

5 月 31 日

福建省商务厅与福建省外汇管理局和部分金融机构召开"单一窗口+金融服务"座谈会。

6 月 1 日

全国首批免通关单货物通过福建"单一窗口"在福州放行成功。

6月4日

福建省商务厅调研组一行赴福建省金融工作办公室就推动“单一窗口+金融服务”相关工作进行调研。

6月5日

福建“单一窗口”上线运行标准版非机电产品自动进口许可证系统。

6月27日

福建省商务厅会同莆田海关在莆田组织召开标准版全面推广培训会议。

7月10日

福建省商务厅组织召开全面推广应用标准版税费支付项目座谈会。

7月16日

福建省商务厅组织召开关检融合统一申报内部培训会。

7月17日

福建省商务厅、马尾海关组织码头企业在马尾关区召开标准版舱单申报系统推广会。

7月15日~19日

福建省商务厅召开关检融合统一申报政策宣讲及业务培训会。

7月26日

福清翔捷报关咨询有限公司通过福建“单一窗口”加工贸易模块中的海关特殊监管区域系统完成了首票保税核注清单（出口）。

7月27日

福建“单一窗口”上线运行关检融合整合申报功能。

8月1日

福建省商务厅会同福州海关、中国银行福建分行组织召开标准版税费支付业务培训会。

8月1日

福建三丰鞋业有限公司通过福建“单一窗口”向海关申报并首次成功办理金关二期电子账册料件新增与变更业务。

8月2日

福建省商务厅组织召开标准版税费支付业务第三场培训会。

8月3日

福建省商务厅、福州海关组织关检融合统一申报第三场宣讲培训会。

8月16日

福建省商务厅在福州部门召开福建“单一窗口”信用保险业务宣讲会。

8 月 22 日

福建“单一窗口”上线运行跨境电商综合服务平台。

8 月 24 日

福建省商务厅副厅长黄娜恩与来访的中国出口信用保险公司副总经理黄志强、中国出口信用保险公司福建分公司总经理夏晓冬一行就深化合作事宜进行会商。

8 月 30 日

福建省商务厅会同福州边检部门召开福建“单一窗口”运输工具申报培训会。

9 月 10 日

海南省副省长沈丹阳、海南省政府副秘书长李永利一行在福建“单一窗口”监控指挥中心调研“单一窗口”工作。

9 月 11 日

福建省商务厅在南安组织召开福建“单一窗口”信保惠企政策座谈会。

9 月 19 日

中国银行福建省分行通过福建“单一窗口”在武夷山、宁德、莆田、泉州、漳州等地市成功开展了首笔标准版税费支付业务，累计金额超 2500 万元人民币。

9 月 26 日

福建省商务厅在南平召开福建“单一窗口”及小微企业统保扶持政策宣讲会。

9 月 27 日

福建省商务厅会同福州海关、中国人民银行福建省分行组织召开标准版税费支付项目全面推广应用会。

9 月 27 日

福建“单一窗口”开展网络安全攻防演练。

10 月 11 日

福建省商务厅在福州组织召开福建“单一窗口”及小微企业统保扶持政策宣讲会。

10 月 22 日

福建“单一窗口”上线运行贸促会出认证业务申报系统。

10 月 31 日

福建“单一窗口”上线运行仲裁服务功能。

11 月 16 日

福建省商务厅报送的《依托“单一窗口”实施对外贸易经营者备案登记与原产地证备案登记“两证合一”》获全省机关体制机制创新优秀案例二等奖。

11 月 23 日

福建“单一窗口”上线运行贸促会出认证系统。

12 月 18 日

福建省商务厅副厅长黄娜恩出席智慧港 App 上线及港企合作签约仪式。

## 五、 政策文件

### 福建省人民政府办公厅关于印发福建省口岸通关进一步提效降费促进跨境贸易便利化实施方案的通知

闽政办〔2018〕88 号

各设区市人民政府、平潭综合实验区管委会，省直有关单位：

为贯彻落实《国务院关于印发优化口岸营商环境促进跨境贸易便利化工作方案的通知》（国发〔2018〕37 号）、《国务院办公厅关于聚焦企业关切进一步推动优化营商环境政策落实的通知》（国办发〔2018〕104 号）以及《财政部　海关总署　国家发展改革委　交通运输部　商务部　国家市场监管总局关于印发〈清理口岸收费工作方案〉的通知》（财税〔2018〕122 号），推动全省口岸通关进一步提效降费，实施跨境贸易便利化措施，努力打造更高水平、更有活力、更富效率、更加开放、更具便利的口岸营商环境，经省政府同意，现将《福建省口岸通关进一步提效降费促进跨境贸易便利化实施方案》予以印发，请认真组织实施。

福建省人民政府办公厅

2018 年 11 月 30 日

### 福建省口岸通关进一步提效降费促进跨境贸易便利化实施方案

#### 一、目标要求

全面实行口岸收费目录清单制度，清单之外一律不得收费。到 2018 年年底，整体通关时间比 2017 年压缩三分之一；集装箱进出口环节合规成本比 2017 年降低 100 美元以上；需在进出口环节验核的监管证件数量比 2017 年减少三分之一以上，除安全保密需要等特殊情况外，全部实现联网核查。到 2020 年年底，相比 2017 年集装箱进出口环节合规成本降低一半。到 2021 年年底，整体通关时间比 2017 年压缩一半。

## 二、任务分解

### （一）提效工作

1. 港口企业方面

（1）提升作业能力。港口企业加大对场地、设备、人力、信息化系统的投入，加快建设夜间作业配套设施，实现港口 24 小时作业；实时安排人员开展拆拼箱作业，拆拼箱货物第一时间办理海关手续；缩短待查货物在查验前的吊装、移位、掏箱等准备时间。

完成时限：立即实施

责任单位：省交通运输集团、厦门港务集团、泉州港务公司，省交通运输厅、国资委，福州海关、厦门海关，相关设区市人民政府、平潭综合实验区管委会

（2）集装箱设备交接单无纸化。集装箱信息在码头、堆场、船舶代理、集卡等环节之间无纸化流转交接，相关企业使用统一的平台办理集装箱设备交接、提箱作业计划申报、费用结算等手续。

完成时限：2019 年 5 月前

责任单位：省交通运输集团、厦门港务集团、泉州港务公司，省交通运输厅、国资委

（3）海运提单电子化。

完成时限：2019 年 5 月前

责任单位：省交通运输集团、厦门港务集团、泉州港务公司，福州海关、厦门海关，省交通运输厅、口岸办、国资委

（4）口岸作业无纸化。

完成时限：2019 年年底前

责任单位：省交通运输集团、厦门港务集团、泉州港务公司，福州海关、厦门海关，福建海事局，省交通运输厅、口岸办、国资委

（5）福州罗源湾、江阴港区实现夜航。

完成时限：2018 年年底前

责任单位：福州市人民政府，省交通运输集团，省交通运输厅、国资委，福建海事局

（6）福州空港口岸推行 7×24 小时通关。

完成时限：2018 年年底前

责任单位：福州市人民政府，元翔（福州）空港公司、翔业（厦门）空港集团、省投资集团、厦门航空公司，省口岸办，福州海关、省边防总队

（7）口岸查验必要保障。为查验单位顺利开展人工查验、机检查验、自助通关配套必要的设

施设备，配备必要的人力和车辆。

完成时限：立即实施

责任单位：相关设区市人民政府、平潭综合实验区管委会，省交通运输集团、厦门港务集团、泉州港务公司，翔业（厦门）空港集团、元翔（福州）空港公司，省国资委、交通运输厅、口岸办

2. 中介公司和外贸企业方面

（1）改进作业方式。申报企业、货运代理企业推行提前申报，实现口岸物流与监管并联作业。企业在海关总署规定的传输时限内传输舱单电子数据、理货报告电子数据，进境货物抵港即时理货。

完成时限：立即实施

责任单位：各中介公司、外贸企业，福州海关、厦门海关，省商务厅（口岸办）

（2）完善业务管理。中介公司优化企业内部作业，加强相互之间以及与贸易企业、港口企业之间衔接，及时准确掌握舱单信息，提前安排单证交接、办理税费支付手续等业务。

完成时限：立即实施

责任单位：各中介公司、外贸企业，省商务厅（口岸办）

（3）提高申报效率。报关企业采取进口“提前申报”；高级认证企业使用出口“提前申报”，一般企业在出口货物抵港后即申报。

完成时限：立即实施

责任单位：各中介公司、外贸企业，省商务厅（口岸办）

（4）加快转关运输。港口企业根据船公司的要求，合理安排干支线航线船舶靠泊作业，原则上 24 小时内完成货物出港区运输作业，最长不超过 48 小时。船舶代理、货运代理公司积极协调进境地港口加快货物流转，争取 24 小时内完成转运；密切跟踪指运到本地口岸的外关区口岸进境货物动向，收到转关货物启运信息后第一时间将相关信息告知指运地海关，配合收货企业做好后续海关手续。

完成时限：立即实施

责任单位：省交通运输集团、厦门港务集团、泉州港务公司，各中介公司、外贸企业，福州海关、厦门海关，省商务厅（口岸办）、交通运输厅、国资委

（5）及时缴纳关税。外贸企业提前做好资金安排，办理海关事务担保等税费支付，为海关及时放行货物履行必要手续。

完成时限：立即实施

责任单位：各外贸企业、中介公司，福州海关、厦门海关，省商务厅（口岸办）

3. 口岸查验管理部门方面

（1）推广应用“提前申报”。为符合“提前申报”条件的企业提前办理单证审核和货物运输作业，实施海关通关作业前置。有条件的口岸所在地政府出台鼓励“提前申报”相关措施。

完成时限：2018 年年底前

责任单位：福州海关、厦门海关，省口岸办，相关设区市人民政府、平潭综合实验区管委会

（2）监管证件联网核查。将需在进出口环节验核的 86 种监管证件减至 48 种，除 4 种因安全保密等原因不能联网外，其余 44 种全部实现联网核查。

完成时限：立即实施

责任单位：福州海关、厦门海关

（3）简化报关单随附单证。除海关有其他要求外，出口报关单无须上传随附单证。进口报关单的提单、装箱单等单证在申报环节不再传输，不再要求企业必须凭正本提单、运单办理通关手续。积极推广报关委托书电子签约。

完成时限：立即实施

责任单位：福州海关、厦门海关

（4）创新税收征管。推行“税费电子支付”“自报自缴”“汇总征税”，拓展“同业联合担保”“关税保证保险”“银关融”等。

完成时限：立即实施

责任单位：福州海关、厦门海关

（5）实施“先放后改”。对不涉证且不涉税，仅涉及查验后改单放行的报关单，允许在海关放行后修改报关单数据。

完成时限：立即实施

责任单位：福州海关、厦门海关

（6）推广“双随机、一公开”。落实常规稽查和保税货物监管等全部执法领域“双随机、一公开”。根据海关总署统一安排，在保税核查领域试行随机派员模式。

完成时限：立即实施

责任单位：福州海关、厦门海关

（7）优化检验检疫作业。推行进口矿产品等大宗资源性商品“先验放后检测”。在风险可控的前提下，优化鲜活产品检验检疫流程，加快查验放行。推广第三方采信制度。

完成时限：立即实施

责任单位：福州海关、厦门海关

（8）推行智能化查验。加快推广“先期机检”“智能识别”“集中审像”等应用。

完成时限：2018 年年底前

责任单位：福州海关、厦门海关

（9）报关企业容错纠错。建立对企业报关差错登记分析、激励和约束管理制度。实施差别化管理，对企业积极开展提前报关等配合海关提效工作，非主观故意导致报关差错或漏缴税款、能及时纠错改正的，探索实施不影响企业信用的后续处置办法。

完成时限：立即实施

责任单位：福州海关、厦门海关

（10）提高查验准备效率。通过“单一窗口”等向进出口企业、口岸作业场站推送查验通知，增强通关时效的可预期性。进境运输工具到港前，口岸查验单位对申报的电子数据实施在线审核并及时向车站、码头及船舶代理反馈。

完成时限：2019 年 6 月前

责任单位：福州海关、厦门海关，省口岸办、交通运输厅

（11）落实通关一体化改革。推进海关、边检、海事一次性联合检查。海关直接使用市场监管、商务等部门数据办理进出口货物收发货人注册登记。海关与检验检疫业务全面融合，实现统一申报单证、统一作业系统、统一风险研判、统一指令下达、统一现场执法。

完成时限：2018 年年底前

责任单位：福州海关、厦门海关、省边防总队、厦门边检总站、福建海事局，省口岸办

（12）港口海上交通流管控。加强对渔船、采砂船的管理，加强运输船舶进出港管理，确保通航安全的同时，提高船舶在港周转效率和通航效率。

完成时限：立即实施

责任单位：福建海事局，省交通运输厅、海洋渔业局，相关设区市人民政府、平潭综合实验区管委会

（13）公开通关流程及物流作业时限。全省各口岸制定并公开通关流程及口岸经营服务企业场内转运、吊箱移位、掏箱和货方提箱等作业时限标准，便利企业合理安排生产、制定运输计划。

完成时限：2019 年 2 月前

责任单位：福州海关、厦门海关、省边防总队、厦门边检总站、福建海事局，省口岸办、交通运输厅，相关设区市人民政府、平潭综合实验区管委会

（14）完善“单一窗口”功能。将服务功能从一般贸易向跨境电商、金融、邮件、快件以及海关特殊监管区域及场所等扩展，将运输工具通关服务功能从船舶向航空器和铁路、公路延伸。应用区块链技术，实现主要国际贸易环节、主要运输工具，主要进出口商品“全覆盖”，实现一点接入、一次提交、一次查验、一键跟踪和一站办理。

完成时限：2019 年年底前

责任单位：省口岸办、数字办、财政厅、交通运输厅，人行福州中心支行、人行厦门中心支

行、省外汇局、厦门市外汇局、省税务局、厦门市税务局、福州海关、厦门海关、省边防总队、厦门边检总站、福建海事局、出口信保福建分公司，省交通运输集团、厦门港务集团、泉州港务公司

（15）建设“智慧物流平台”。依托“单一窗口”，汇聚码头、船公司、船舶代理、客户、堆场、物流公司等港口物流参与方相关信息，实现通关与物流业务协同、数据共享；推动码头智能作业流程再造和单证无纸化传递。

完成时限：2019 年年底前

责任单位：省口岸办、交通运输厅，福州海关、厦门海关、省边防总队、厦门边检总站、福建海事局，省交通运输集团、厦门港务集团、泉州港务公司

（16）口岸通关时效评估。在“单一窗口”上建设口岸通关时效评估系统，加强统计分析，按月通报全省各口岸整体通关时间情况及压缩进度。

完成时限：2018 年年底前

责任单位：省口岸办、交通运输厅，福州海关、厦门海关、省边防总队、厦门边检总站、福建海事局，省交通运输集团、厦门港务集团、泉州港务公司，相关设区市人民政府、平潭综合实验区管委会

**（二）降费工作**

1. 船舶代理和船公司方面

（1）船公司特别是国企船公司减少码头操作费、海运附加费、改单费等。

完成时限：立即实施

责任单位：各船公司，省市场监管局、国资委、交通运输厅，相关设区市人民政府、平潭综合实验区管委会

（2）船舶代理公司杜绝乱收费，尽量降收费。

完成时限：立即实施

责任单位：各船舶代理公司，省市场监管局、国资委、交通运输厅，相关设区市人民政府、平潭综合实验区管委会

2. 港口企业和货运代理报关、堆场/放箱、理货等中介公司方面

（1）降低和减免收费。港口国有企业主动介入，带头让利，提供优质服务，带动其他企业跟进；2018 年年底前，换单费、港口作业包干费、回空费、报关代理费、查验代理费、熏蒸费比降 15%，实现降费 100 美元以上。对 2018 年年底前未完成降费幅度的企业，由口岸所在地政府在媒体上通报。

省国资委根据口岸降费任务实施情况，将所出资企业在 2018 年~2020 年期间因承担口岸降费

任务所减少的收入扣除相关奖补后，作为影响业绩净利润的客观调整因素在业绩考核中予以剔除。

完成时限：2018 年年底前

责任单位：省交通运输集团、厦门港务集团、泉州港务公司，各港口企业、中介公司，省国资委、交通运输厅、口岸办，福建海事局，相关设区市人民政府、平潭综合实验区管委会

（2）加强行业管理和行业自律。

完成时限：立即实施

责任单位：各设区市人民政府、平潭综合实验区管委会，省市场监管局、交通运输厅、口岸办，各港口企业、中介公司

（3）严格收费管理。对实行政府定价的，严格执行规定标准；对实行市场调节价的，不得强制服务或违规加收其他费用。

完成时限：立即实施

责任单位：省交通运输集团、厦门港务集团、泉州港务公司，各港口企业、中介公司，省市场监管局、交通运输厅、口岸办，各设区市人民政府、平潭综合实验区管委会

3. 物价管理和口岸查验部门方面

（1）清理规范口岸收费项目。对涉及进出口环节的收费进行清理规范，能取消的一律取消；暂不能取消的，属于政府定价、指导价的，降低收费标准；属于市场调节价的，通过竞争把收费标准降下来。对进出口企业普遍缴纳的收费项目进行归并。

完成时限：立即实施

责任单位：省市场监管局、口岸办、财政厅、交通运输厅、发展改革委

（2）收费目录清单公开公示。全省各口岸在省内主要媒体、口岸现场、“单一窗口”等公布收费目录清单，实现通关流程、收费清单、意见投诉“三公开”。清单以外费用一律不得收取。

完成时限：立即实施

责任单位：各设区市人民政府、平潭综合实验区管委会，省口岸办、财政厅、交通运输厅、市场监管局、发展改革委

（3）开展联合检查。对本地区港口、货运代理、船舶代理、货物堆场等直接涉及海港口岸服务收费的经营主体及行业协会等开展联合执法专项检查，清理不合规收费。对没有收费依据、巧立名目的收费项目坚决取消，对利用市场优势地位进行高收费的降到合理水平。

完成时限：立即实施

责任单位：各设区市人民政府、平潭综合实验区管委会，省市场监管局、口岸办、财政厅、交通运输厅、发展改革委

## 三、组织实施

### （一）加强组织领导

相关设区市人民政府、平潭综合实验区管委会要强化统筹协调，加强口岸办队伍建设，主要领导要亲自抓、分管领导要抓具体。省各有关部门、中央驻闽有关单位要强化协作配合，坚持问题导向，从企业需求出发，采取有力举措疏通堵点、攻克难点，确保完成目标任务。省财政厅、口岸办牵头，成立全省清理口岸收费工作小组，价格、交通运输、市场监管、国资等部门共同参与，具体抓好组织实施。建立九市一区口岸办负责人向省口岸办述职制度。

完成时限：立即实施

责任单位：各设区市人民政府、平潭综合实验区管委会，省财政厅、口岸办、交通运输厅、发展改革委、市场监管局，福州海关、厦门海关、省边防总队、厦门边检总站、福建海事局

### （二）妥处企业投诉

畅通企业意见投诉反馈渠道，各口岸查验管理部门公布通关服务热线，价格部门公布收费投诉热线。口岸通关及收费违规的行为，一经核实，严肃查处。

完成时限：立即实施

责任单位：各设区市人民政府、平潭综合实验区管委会，福州海关、厦门海关、省边防总队、厦门边检总站、福建海事局，省口岸办、财政厅、交通运输厅、市场监管局、发展改革委

### （三）做好宣传引导

各地各部门要加强与主流媒体沟通，准确解读口岸提效降费政策措施，主动宣传提效降费工作成效，及时解答和回应社会关注的热点问题，营造良好舆论氛围。

完成时限：立即实施

责任单位：各设区市人民政府、平潭综合实验区管委会，省口岸办、财政厅、交通运输厅、市场监管局、发改委，福州海关、厦门海关、省边防总队、厦门边检总站、福建海事局，省政府新闻办

## 其他参考文件

1.《福建省人民政府关于推广福建自贸试验区第六批可复制创新成果的通知》（闽政〔2018〕21号）。

2.《福建省口岸办、福州海关关于印发进一步压缩通关时间提高口岸营商环境措施的通知》（闽口岸〔2018〕46号）。

# 江西省

## 一、综述

2018年，江西省委、省政府高度重视“单一窗口”推广应用工作，江西省政府牵头组织口岸各相关管理部门成立了全省口岸工作联席会议制度，统筹协调推进“单一窗口”推广应用和地方功能建设，加强对全省各口岸“单一窗口”建设的指导和技术支持，有效协调解决了“单一窗口”推广应用和建设中的困难和问题。根据国家口岸办的统一部署，2018年内推广应用了关检融合一次申报、空运舱单申报、企业资质申领、原产地证申领、税费支付、加工贸易办理等功能。

按照部署和要求，积极开展标准版推广应用，加快推进地方特色功能的应用。2018年印发了关于“单一窗口”运行管理实施的相关规定，及时帮助企业解决运用中存在的问题，实现了“单一窗口”的全覆盖。截至2018年年底，已建成应用项目20个，分别是关港联网系统、到货申报系统、数据交换系统、检港联网系统、定南大通关信息平台、高安大通关信息平台、口岸生产指挥管理系统、鹰潭电子口岸建设、江西省物流信息平台、海关辅助系统、九江“单一窗口”、赣州港“单一窗口”、关检合作“三个一”系统、免除海关查验环节没有问题外贸企业吊装移位仓储费用系统、九江海事协同监管系统、九江边检协同监管系统、整体通关时间绩效评估、中国（江西）国际贸易单一窗口（以下简称江西“单一窗口”）电子口岸统一版货代系统。

## 二、运行情况

### （一）运行数据

2018年，江西“单一窗口”货物申报8.83万票、空运舱单申报3248票、空运运输工具申报2450票、原产地证申领9749票、许可证件申领91票、企业资质办理2231票、税费支付17.87亿元人民币。

### （二）运行维护

一是会同南昌海关等相关部门加强对各设区市“单一窗口”建设工作的督查和指导，对其申报覆盖率做到每日一发布，每月一通报。

二是开通了全省“单一窗口”95198 热线并建立了各地市微信联络群，实时解答企业在使用中遇到的问题，进出口企业通过“单一窗口”申报，节省申报时间达 60%以上。对较复杂问题进行远程桌面指导，对于解答不了的问题记录并上报国家口岸办，同时电话回访。

### （三）宣传推广

2018 年江西省全年举办“单一窗口”培训 12 次，其中前往各地市举办培训会 11 次，召集各地市口岸业务科长及运维人员集中培训 1 次，共培训口岸物流和外贸企业 1000 余家、1500 人次。

## 三、特色应用

2018 年江西省加快拓展“单一窗口”地方功能。加强与银行、保险、航空等相关行业的对接，在“单一窗口”地方金融板块开辟了信用保险专区，及时向外贸企业发布风险信息，提供风险咨询等；自主开发了整体通关时间分析评估系统和水运运力发布系统，加快提升口岸通关作业信息化、智能化，实现物流与通关的无缝对接，分阶段、分流程、分重点地排查制约全省整体通关时间较长的因素。进一步提升了通关时效。

**江西电子口岸物流信息平台**

1. 项目背景

认真贯彻落实《江西省人民政府办公厅关于进一步加快电子口岸发展的实施意见》（赣府厅发〔2013〕1 号）文件精神，进一步加快开放型经济发展的步伐，推动口岸大通关建设，提高口岸通关效率，降低企业物流成本，提升口岸竞争力。

2. 功能介绍

以海关管理系统、中国电子口岸、电子口岸数据交换系统、到货申报系统等为核心，实现海关、海事等口岸管理部门与监管场所、报关行、理货公司、运输公司等企业数据的交换、共享和业务的网上办理。

3. 创新点

江西电子口岸物流信息平台的开发将实现传统口岸工作方式的两个转变：一是信息的传递由

纸面的、人工的申报方式向电子的、网络传输的方式转变，各项业务的办理全部实现网络化、数字化、无纸化，7×24 小时网上受理，突破时间和空间限制，提高效率，方便客户，提高口岸作业区的竞争力；二是海关等口岸联检部门由“各自为战”向“协同作战”转变，解决“部门效率高，但整体效率不高”的问题，提高各部门的整体工作效率，继而优化口岸发展环境，有利于口岸整体做强做大。

### 4. 业务量及应用成效

自上线运行以来，江西电子口岸物流信息平台共处理数据 1009.52 万条。其中，处理查验放行数据 140.85 万条、运抵数据 130.44 万条、进出卡口数据 154.82 万条、核销数据 24.37 万条、回执数据 559.04 万条。

## 四、大事记

4 月 11 日

“单一窗口”95198 热线在江西全面开通。

7 月 3 日

江西“单一窗口”与中国出口信用保险公司实现对接。

7 月 6 日

标准版税费支付功能上线使用。

7 月 10 日

江西省电子口岸中心与九江、定南市口岸办签订地方“单一窗口”运维项目合同。

8 月 27 日

江西“单一窗口”整体通关时间绩效评估系统上线运行。

9 月 14 日

江西省各地市口岸业务科长及运维人员进行“单一窗口”95198 业务培训。

12 月 7 日

江西“单一窗口”航空器申报率达到 100%。

## 五、 政策文件

# 江西省人民政府办公厅关于印发江西省优化口岸营商环境促进跨境贸易便利化工作实施方案的通知

赣府厅字〔2018〕109 号

各市、县（区）人民政府，省政府各部门：

《江西省优化口岸营商环境　促进跨境贸易便利化工作实施方案》已经省政府同意，现印发给你们，请认真贯彻落实。

2018 年 11 月 26 日

## 江西省优化口岸营商环境促进跨境贸易便利化工作实施方案

为贯彻落实《国务院关于印发优化口岸营商环境　促进跨境贸易便利化工作方案的通知》（国发〔2018〕37 号）有关要求，进一步深化“放管服”改革，营造我省良好的口岸营商环境，提升跨境贸易便利化水平，促进外贸健康稳定发展，结合我省实际，制定本实施方案。

### 一、指导思想

坚持以习近平新时代中国特色社会主义思想为指导，全面贯彻国务院第 25 次、26 次常务会议和国务院口岸部际联席会议第四次会议精神，坚持稳中求进工作总基调，坚持新发展理念，深入推进“放管服”改革，对标国际先进水平，创新监管方式，优化通关流程，提高通关效率，降低通关成本，营造稳定、公平、透明、可预期的口岸营商环境。

### 二、工作目标

到 2018 年年底，进出口环节验核的监管证件数量比 2017 年减少三分之一以上，除安全保密需要等特殊情况外，全部实现联网核查；整体通关时间压缩三分之一；单个集装箱进出口环节合规成本比 2017 年减少 100 美元以上；通过“单一窗口”申报的业务量占整个申报业务量的比重达 80%。

到 2020 年年底，单个集装箱进出口环节合规成本比 2017 年降低一半；通过“单一窗口”申报的业务量占整个申报业务量的比重达 100%。

到 2021 年年底，整体通关时间比 2017 年压缩一半；除安全保密需要等特殊情况外，“单一窗口”功能覆盖国际贸易管理全链条。

## 三、主要措施

### （一）简政放权，减少进出口环节审批监管事项

1. 精简进出口环节监管证件。取消一批进出口环节监管证件，能退出口岸验核的全部退出。需在进出口环节验核的监管证件，除安全保密需要等特殊情况外，通过多种形式全部实现联网、在通关环节比对核查。（责任单位：南昌海关、省商务厅，配合单位：省有关单位）

2. 优化监管证件办理程序。除安全保密需要等特殊情况外，2020 年年底前，监管证件全部实现网上申报、网上办理。（责任单位：南昌海关、省商务厅，配合单位：省有关单位）

### （二）提高通关效率，大力压缩整体通关时间

3. 深化全国通关一体化改革。推进海关、边检、海事一次性联合检查。海关直接使用市场监管、商务等部门数据办理进出口货物收发货人注册登记。加强关铁信息共享，推进铁路运输货物无纸化通关。2018 年年底前，海关与检验检疫业务全面融合，实现“五统一”：统一申报单证、统一作业系统、统一风险研判、统一指令下达、统一现场执法。（责任单位：南昌海关、省商务厅，配合单位：省市场监管局、省公安边防总队、省交通运输厅、民航江西监管局、九江海事局、中国铁路南昌局集团有限公司）

4. 全面推广“双随机、一公开”监管。从进出口货物一般监管拓展到常规稽查、保税核查和保税货物监管等全部执法领域。推进全链条监管“选、查、处”分离，提升“双随机”监管效能。（责任单位：南昌海关，配合单位：省有关单位）

5. 推广应用“提前申报”模式。提高进口货物“提前申报”比率，鼓励企业采用“提前申报”，提前办理单证审核和货物运输作业，非布控查验货物抵达口岸后即可放行提离。（责任单位：南昌海关，配合单位：民航江西监管局、中国铁路南昌局集团有限公司、有关设区市人民政府）

6. 创新海关税收征管模式。全面创新多元化税收担保方式，推进关税保证保险改革，探索实施企业集团财务公司、融资担保公司担保改革试点。充分发挥财关库银横向联网作用，全面推进税单无纸化改革，有效提高海关征税效率。（南昌海关、江西银保监局、省财政厅、人行南昌中心支行按职责分工负责）

7. 优化检验检疫作业。减少双边协议出口商品装运前的检验数量。推行进口矿产品等大宗资源性商品“先验放后检测”检验监管方式。创新检验检疫方法，应用现场快速检测技术，进一步缩短检验检疫周期。（责任单位：南昌海关）

8. 推广第三方采信制度。引入市场竞争机制，发挥社会检验检测机构作用，在进出口环节推

广第三方检验检测结果采信制度。（责任单位：南昌海关，配合单位：省有关单位）

9. 提高查验准备工作效率。通过“单一窗口”等信息平台向进出口企业、口岸作业场站推送查验通知，增强通关时效的可预期性。进境运输工具到港前，口岸查验单位对申报的电子数据实施在线审核并及时向车站、码头及船舶代理反馈。（省交通运输厅、南昌海关、省商务厅、省公安边防总队、中国铁路南昌局集团有限公司按职责分工负责）

10. 加快发展多式联运。积极推广多式联运服务规则。加快建设多式联运公共信息平台，加强交通运输、海关、市场监管等部门间信息开放共享，为企业提供资质资格、认证认可、检验检疫、通关查验、信用评价等一站式综合信息服务。推动外贸集装箱货物在途、舱单、运单、装卸等铁水联运物流信息交换共享，提供全程追踪、实时查询等服务。2019 年年底前，长江干线主要港口实现铁水联运信息交换和共享。2020 年年底前，基本建成多式联运公共信息平台。（省交通运输厅、省发展改革委、省商务厅、南昌海关、省市场监管局、中国铁路南昌局集团有限公司按职责分工负责）

11. 加快鲜活商品通关速度。在风险可控的前提下优化鲜活产品检验检疫流程，加快开通农副产品快速通关“绿色通道”，提升我省农副产品通关速度，支持我省绿色农业发展。（南昌海关、省商务厅、省交通运输厅、省公安边防总队及有关设区市人民政府按职责分工负责）

12. 大力压缩企业申报前时间。加大港口基础设施投入，进一步提升全省集装箱集并运输能力。加大对码头等作业场所建设和监管力度，实现内外贸货物分类堆存管理；引导、督促报关企业及时开展进出口业务申报，进一步压缩企业申报前时间。（责任单位：各设区市人民政府，配合单位：省有关单位）

**（三）减负增效，切实降低进出口环节合规成本**

13. 严格执行口岸收费目录清单制度。对外公示口岸收费目录清单，清单之外不得收费。加强行业管理和行业自律，引导口岸经营服务企业诚信经营、合理定价。（责任单位：各设区市人民政府）

14. 公开通关流程及物流作业时限。制定并公开通关流程及口岸经营服务企业场内转运、吊箱移位、掏箱和货方提箱等作业时限标准，便利企业合理安排生产、制定运输计划。公布口岸查验单位通关服务热线，畅通意见投诉反馈渠道。（责任单位：有关设区市人民政府，配合单位：省交通运输厅、南昌海关、九江海事局、省公安边防总队）

15. 降低进出口环节合规成本。严格执行行政事业性收费清单管理制度，未经国务院批准，一律不得新设涉及进出口环节的收费项目。清理规范口岸经营服务性收费，对实行政府定价的，严格执行规定标准；对实行市场调节价的，督促收费企业执行有关规定，不得违规加收其他费用。鼓励竞争，破除垄断，推动降低报关、货代、船代、物流、仓储、港口服务等环节经营服务性收费。加强检查，依法查处各类违法违规收费行为。（责任单位：省财政厅，配合单位：省交通运输厅、省发展改革委、省工业和信息化厅、省商务厅、省市场监管局、南昌海关、各设区市人民政府）

**（四）加强科技应用，提升口岸管理信息化、智能化水平**

16. 大力开展国际贸易“单一窗口”建设。将“单一窗口”功能覆盖至海关特殊监管区域和跨境电子商务综合试验区等相关区域，对接全国版跨境电商线上综合服务平台。加强“单一窗口”与银行、保险、民航、铁路、港口等相关行业机构合作对接，共同建设跨境贸易大数据平台。推广国际航行船舶“一单多报”，实现进出境通关全流程无纸化。2021 年年底前，除安全保密需要等特殊情况外，“单一窗口”功能覆盖国际贸易管理全链条，打造“一站式”贸易服务平台。（责任单位：省商务厅、南昌海关，配合单位：省有关单位、各设区市人民政府）

17. 推进口岸物流信息电子化。推动在口岸查验单位与运输企业中应用不同运输方式集装箱、整车货物运输电子数据交换报文国家标准，实现口岸作业场站货物装卸、仓储理货、报关、物流运输、费用结算等环节无纸化和电子化。推动海运提单换提货单电子化，企业在报关环节不再提交纸质提单或提货单。2019 年 6 月底前，实现内外贸集装箱堆场的电子化海关监管。2019 年年底前，在主要远洋航线实现海关与企业间的海运提单、提货单、装箱单等信息电子化流转。（责任单位：南昌海关、省商务厅、省交通运输厅、民航江西监管局、中国铁路南昌局集团有限公司，配合单位：各设区市人民政府）

18. 提升口岸查验智能化水平。加大集装箱空箱检测仪、高清车底探测系统、安全智能锁等设备的应用力度，提高单兵作业设备配备率。扩大“先期机检”“智能识别”作业试点，提高机检后直接放行比例。2021 年年底前，全部实现大型集装箱检查设备联网集中审像。（南昌海关、省公安边防总队按职责分工负责）

**（五）加强机制建设，进一步优化全省口岸营商环境**

19. 发挥全省口岸工作联席会议制度作用。省口岸工作联席会议要不定期召开会议，协调解决遇到的困难和问题，及时推进口岸各项工作落实。各成员单位要按照职责分工，主动研究口岸工作中的重大问题，积极开展工作。（省商务厅、省各有关单位）

20. 建立全省口岸收费监督管理协作机制。建立省财政厅、南昌海关、省发展改革委、省交通运输厅、省商务厅、省市场监管局为成员单位的全省清理口岸收费工作小组，及时协调解决推进中遇到的问题，指导各设区市开展清理口岸收费工作。（省财政厅）

21. 建立全省口岸通关时效通报机制。加强对整体通关时间的统计分析，每月对各地整体通关时间进行排名通报，推动各地进一步提升整体通关时效。（省商务厅、南昌海关按职责分工负责）

## 四、工作要求

### （一）统一思想，提高认识

优化口岸营商环境、提升跨境贸易便利化工作涉及部门多、任务重。各地各部门要统一思想，提高认识，强化责任意识、服务意识、协作意识，共同推动各项工作措施落实到位。

### （二）建章立制，明确责任

省有关单位和各设区市政府要结合实际，建立工作协调机制，研究制定配套措施，明确各项任务的实施步骤和完成时限，统筹推进落实，协调解决推进过程中的重大问题，落实职责分工，对推进不力的部门和责任人进行问责。

### （三）加强监督，跟踪问效

商务、财政、发改、交通运输、市场监管、海关、海事、边防等相关单位要密切配合，加强跟踪问效，采取座谈交流、函询调查、明察暗访等方式不定期对各地工作措施落实情况进行调度，并将有关情况进行全省通报。各设区市要会同有关单位设立咨询和监督电话，接受企业咨询、求助和投诉，并及时反馈处理结果和信息。

# 山东省

## 一、综述

2018 年，山东省按照党中央、国务院部署要求，不断加大“单一窗口”建设推广力度，拓展完善中国（山东）国际贸易单一窗口（以下简称山东“单一窗口”）功能，加强与相关机构合作对接，着力提升全省口岸信息化水平。

2018 年，山东“单一窗口”新上线企业资质、加工贸易、税费办理、跨境电商、舱单申报（空运）、货物申报（关检融合）、许可证件、运输工具（航空器）、原产地证（贸促会）、物品通关及口岸物流协同平台 11 个应用系统模块，全省“单一窗口”标准版应用系统达到 17 个，涵盖信息申报、企业资质、许可证办理、税费支付四大类跨境贸易功能。4 月 23 日，山东“单一窗口”累计业务量突破 1000 万票。

为进一步优化口岸营商环境，依托山东电子口岸，建设开发山东口岸物流协同平台，并于 2018 年 10 月 12 日在青岛港口岸试运行，率先在全国实现了进口集装箱货物提货单和设备交接单电子化流转。截至 2018 年 12 月，山东省进口整体通关时间为 47.01 小时，同比压缩 53.39%；出口整体通关时间为 6.94 小时，同比压缩 68.15%。

## 二、运行情况

### （一）运行数据

截至 2018 年年底，山东“单一窗口”注册用户 1.44 万家，2018 年新增注册用户 1.04 万家；服务外贸企业 9.23 万家，2018 年新增 6.85 万家。

2018 年，山东“单一窗口”货物申报 383.58 万票、舱单申报 2268.27 万票（其中水运 2186.14 万票、空运 82.13 万票）、运输工具申报 31.71 万票（其中水运 28.69 万票、空运 3.02 万票）、跨境电商申报 599.36 万票、原产地证申领 3.68 万票、许可证件申领 1.76 万票、企业资质办理 6.47 万票、税费支付 12.58 万票、加工贸易办理 2.96 万票、展览品申报 5 票、贸促会原产地证申领3票、口岸物流协同平台业务申报120票。

## （二）运行维护

### 1. 定期优化升级

2018年，山东“单一窗口”系统共升级98次，平均每周2~3次，升级前通过网站、微信等平台提前1天发布公告，并将优化升级安排在夜间进行。对突发紧急情况，实现当天完成优化升级。

### 2. 实时跟踪巡检

安排专人定时巡检，遇到技术故障在2小时内予以解决，做到全面监控、实时跟踪，安全运维、稳定运行，确保系统全天候不间断运行。

### 3. 建设呼叫中心

2018年7月，山东电子口岸建成开通95198呼叫中心，为企业提供24小时热线咨询和故障解决服务，周末及节假日安排专人值班，保证用户随时提问、随时答疑。自建成运行以来至2018年12月31日，山东省95198呼叫中心通话数量达2.3万个，通话率94.72%，人工服务水平94.61%，其中2018年通话数量是2017年的1.4倍。

### 4. 畅通反馈渠道

为便于更好地服务企业，按照系统分类建立了系统服务QQ群19个，共加入企业人员1.6万余名。2018年，共解决企业反馈问题14万余条，是2017年全年的3倍多。

## （三）宣传推广

按照国家口岸办“2018年年底前主要业务应用率达80%”的要求，加大“单一窗口”推广力度，开展了一系列培训、推广活动，推动山东省“单一窗口”业务覆盖率不断提高。

### 1. 培训情况

2018年，共组织全省各市分片轮训122场次，比2017年增加49场次，参训企业6544家，参训人员8174人次。

### 2. 专题推广情况

（1）2018年1月~2月，为在全省推广“单一窗口”货物申报系统，策划举办了市场推广活动，活动期间每周在山东电子口岸官方网站、微信公众号发布活动进展。

（2）2018 年 8 月 1 日起，正式启用关检融合新报关单，将原有的报关单、报检单合并为一张报关单。为确保关检融合统一申报项目顺利实施，2018 年 7 月 13 日，召开了关检融合整合申报项目培训会，会议设立 1 个主会场、62 个视频分会场，由青岛海关、济南海关、山东电子口岸及青岛数据分中心成立专家团，针对报关单版式及填制规范、“单一窗口”用户注册及企业资质备案等进行讲解，会议共培训企业 2620 家、人员 3310 人；2018 年 7 月 19 日 ~31 日，山东电子口岸联合青岛海关、济南海关在全省各地市组织开展了 19 场关检融合统一申报培训会，共培训企业 2193 家、人员 2810 人。

（3）2018 年 10 月 12 日，山东口岸物流协同平台试运行，当日邀请了青岛电视台进行专题采访，并在山东电视台、青岛电视台、齐鲁网等新闻媒体进行了专题报道，在山东电子口岸官方网站及微信公众号发布了相关信息。

（4）2018 年，山东电子口岸微信公众号共推送信息 226 次、分享文章 608 篇，净增关注人数 4793 人，总关注人数达到 9117 人；官方网站共发布文章 1211 篇，累计点击量 45 万余次。

#### 3. 座谈调研情况

（1）2018 年 4 月 24 日，山东省副省长任爱荣、省政府副秘书长魏华祥等到山东电子口岸座谈调研。

（2）2018 年 9 月 11 日，组织青岛、烟台、威海、日照、潍坊市口岸办及港口相关人员到山东电子口岸座谈调研。

（3）2018 年 8 月，赴黑龙江、江西、海南、北京、山西、西藏、广西、云南、重庆等省市口岸办调研“单一窗口”工作。

（4）2018 年，依托青岛、威海口岸物流协同平台，召开调研会 9 场，调研船代、船公司、场站、货代等企业 16 家。

## 三、 特色应用

2018 年 10 月 12 日，上线试运行山东口岸物流协同平台，该平台能显著提高通关时效、降低通关成本，是山东口岸实现口岸通关物流“最多跑一次”的关键，是全国首家同时实现海运提货单、设备交接单电子化流转的平台。

### （一）平台简介

传统模式下海运进口清关环节较为复杂，换单及押箱分属多地且需专人“跑单”，传递模式滞后于港口吞吐量的增长及信息化需要，严重影响清关效率。为进一步优化口岸营商环境，提升跨境贸易便利化水平，根据国家口岸办要求，依托山东电子口岸建设山东口岸物流协同平台，拥有线上换单、押箱、派车、提箱、还箱、费用结算等功能，是综合性一站式公共物流服务平台。

## （二）平台功能

### 1. 换单环节

换单环节主要包括：线上查询换单地点及费用、线上支付换单费用、签发电子提货单。

### 2. 押箱环节

押箱环节主要包括：线上发送押箱申请、线上支付押箱费用、签发电子设备交接单。

### 3. 派车环节

派车环节主要包括：线上委托车队、线上指派车辆、手机 App 接单、预约提箱。

### 4. 提箱环节

提箱环节主要包括：线上推送电子提货单、线上推送电子设备交接单。

### 5. 还箱环节

还箱环节主要包括：手机 App 确认还箱、线上确认收箱。

### 6. 退押环节

退押环节主要包括：线上提交退押申请、线上查询退押状态。

## （三）平台优势

### 1. 接口规范

提供标准接口规范，已实现与全国性的船代公司系统对接。

### 2. 权威认证

与中国电子口岸共享用户认证体系，确保企业真实性。

### 3. 数据安全

报文传输过程中加签验签，对电子提货单进行非对称加密，重要环节插卡操作，保障数据安全。

4. 查询便捷

可提供货物申报及运输工具抵离境等数据支撑，无须登录其他平台查询，实现一站式查询。

5. 数据复用

共享舱单数据，避免重复录入。

**(四) 成果成效**

1. 提升通关时效

开通运行山东口岸物流协同平台，可减少纸质单证流转环节，业务办理时间节省 1.5 个工作日，整体通关时效提升 80%。

2. 降低通关成本

可降低通关物流成本约 80%，压缩了通关准备时间，节省了企业成本。

3. 电子化流转

实现提货单和设备交接单电子化流转。

4. 一站式办理

实现通关物流一站式办理，让“数据多跑路、企业少跑腿”。

## 四、大事记

1 月 17 日

北京市口岸办到山东调研“单一窗口”工作。

3 月 1 日

山东“单一窗口”新版官方网站上线。

4 月 23 日

“单一窗口”标准版在山东累计申报量突破 1000 万票。

4 月 24 日

山东省副省长任爱荣到山东电子口岸调研“单一窗口”工作。

4月25日

河南电子口岸公司到山东调研“单一窗口”工作。

7月12日

山东“单一窗口”开通运行“95198”呼叫中心。

7月13日

山东省口岸办、青岛海关、济南海关在青岛联合组织召开山东省关检融合整合申报项目培训会。

7月19日~31日

山东省口岸办、青岛海关、济南海关、山东电子口岸在全省各地市组织召开关检融合整合申报项目培训会。

7月23日

山东“单一窗口”系统建设项目验收工作顺利完成。

8月1日

山东“单一窗口”上线关检融合新版报关单。

10月12日

山东“单一窗口”口岸物流协同平台上线试运行。

## 五、政策文件

### 关于印发《关于提升跨境贸易便利化水平的措施》的通知

鲁口办字〔2018〕25号

各市口岸办公室（口岸港航局）、商务局、物价局、港航局，各隶属海关（办事处）、边防检查站、海事局（处）：

经研究并报省政府同意，省口岸办公室、省商务厅、青岛海关、济南海关、省公安边防总队、山东海事局、省物价局、交通运输厅港航局，联合制定了《关于提升跨境贸易便利化水平的措施》，现印发给你们。望各单位、部门结合职能和工作实际，认真抓好贯彻落实。

山东省口岸办公室　山东省商务厅

青岛海关　济南海关　山东省公安边防总队

山东海事局　山东省物价局　山东省交通运输厅港航局

2018年5月10日

## 关于提升跨境贸易便利化水平的措施

为落实党中央、国务院决策部署，进一步优化口岸营商环境，提升跨境贸易便利化水平，助推我省全面扩大对外开放和实施新旧动能转换重大工程，山东省口岸办公室会同有关部门，根据国家口岸管理办公室有关要求，结合我省实际，着眼于压缩通关准备、货物提离时间三分之一、降低合规成本10%的工作目标，按照重点突破、逐步推进的原则，制定以下措施：

### 一、加快海运集装箱货物进出口物流关键单证无纸化步伐

协调船公司、进出口企业和港口企业加快海运集装箱货物进口提货单、集装箱设备交接单和港口提箱作业信息电子化，实现无纸操作，减少单证流转环节和时间。报关（报检）环节不再要求进出口企业向海关部门提交纸质海运提单或提货单。（责任单位：省口岸办、省交通运输厅港航局、青岛市口岸办、青岛市港航管理局、青岛港集团。完成时限：6月底前）

### 二、建设口岸物流信息公共服务平台

在海运集装箱货物申报、查验、放行等通关环节推动口岸查验单位和港航企业之间应用集装箱运输电子数据交换报文标准，依托山东电子口岸建设口岸物流信息公共服务平台，与“单一窗口”标准版实现互联互通。按照“一个口岸一个应用系统”的原则，明确各口岸业务边界，对接港口物流电商平台、集疏运平台等口岸物流系统，实现物流信息在本口岸“小循环”。（责任单位：省口岸办、省交通运输厅港航局、青岛市口岸办、青岛市港航管理局、青岛港集团。完成时限：5月底前完成开发，6月15日前完成测试，6月底前正式上线运行）

### 三、提升口岸相关企业电子化作业水平

推动进出口企业、港口企业、船公司、船代、场站、货代、车队等在统一平台上办理集装箱设备交接、押箱业务和提箱作业计划申报等手续，实现提货单、装箱清单（载货清单）等信息电子化流转，相关作业由“串联”改为“并联”，相关费用实现网上结算。（责任单位：省口岸办、省交通运输厅港航局、青岛市口岸办、青岛市港航管理局、青岛港集团。完成时限：6月底前）

### 四、设立集中换单和押箱场所

在青岛港口岸现场设立集中办理纸质海运提单换取提货单和办理押箱手续场所。在口岸物流信息公共服务平台运行后，押箱手续转为网上办理。（责任单位：青岛市口岸办。完成时限：10月底前）

## 五、实现进出境船舶申报“一单五报”和无纸化放行

“单一窗口”标准版进出境船舶申报系统对接青岛港船舶抵港作业申报系统，实现“一单五报”。各查验单位和港口企业取消纸质单证，推广电子存档，实现无纸化放行。暂时无法取消纸质单证的，按后续补交方式满足单证管理要求，补交时限和方式由相关查验单位另行规定。规定必须当场验核证件的，仍按原有方式现场提交相关证件。“单一窗口”运输工具申报系统开放船舶到港“确报”信息查询服务，以方便企业安排作业时间。（责任单位：省口岸办、青岛海关、济南海关、省公安边防总队、山东海事局、青岛港集团。完成时限：年底前）

## 六、大力推进货物“单一窗口”申报

进一步加强“单一窗口”宣传培训，重点推进通过“单一窗口”实现货物“一次申报”。在目前舱单、运输工具标准版申报100%基础上，提高标准版货物申报覆盖率。（责任单位：省口岸办、青岛海关、济南海关。完成时限：贯穿全年）

## 七、依托“单一窗口”协调推进简化流程措施

通过标准版实现报检委托无纸化，简化自动进口许可证申请办理和进口免于 CCC 认证证明工作流程，扩大跨部门联网核查监管证件范围。在符合自由贸易协定有关规定基础上，推广原产地证书电子签章，企业申请书只需签字无须盖章。（责任单位：省口岸办。完成时限：年底前）

## 八、深入推进跨部门一次性联合查验

落实交通运输部等四部门《关于建立国际航行船舶联合登临检查工作机制的通知》（交海发〔2016〕234 号）和海关总署等四部门《口岸查验单位一次性联合检查实施方案》（署改发〔2018〕40 号），深化口岸查验单位协作共管，建立健全跨部门一次性联合检查工作机制，在合理时间内对同一对象（进出境货物、运输工具）遵循“能联则联”的原则实施一次性检查。依托“单一窗口”平台，口岸查验单位按需采集和共享数据，实现查验指令对碰并向相关方反馈联合检查对碰成功信息，各相关方按经协商建立的联系配合机制协调实施一次性联合检查。联合检查信息通过“单一窗口”平台与查验场所、港口作业系统实现信息共享，做到一次作业、一次完成检查。（责任单位：省口岸办、青岛海关、济南海关、省公安边防总队、山东海事局、青岛港集团。完成时限：贯穿全年，5 月底前完成进出境货物查验指令对碰）

## 九、进一步优化监管通关流程

推进智慧监管改革，探索“互联网+查验”、转关作业无纸化、电子移动证项目建设，节省企

业往返业务现场时间和人力成本。推动机检设备嵌入自动化码头装卸作业流程，实现“顺势监管”。推行舱单电子放行，进一步提高放行信息传递速度。（责任单位：青岛海关、济南海关。完成时限：年底前）

## 十、提升口岸查验区作业效率

推进查验场地整合，统筹使用监管设施设备。完善青岛港集团集装箱查验前约箱流程，推进网上办理手续和系统推送信息，缩短约箱等待时间；增加查验区域车辆配备，扩大查验区域面积，提升查验区域集装箱搬倒效率；提高港区配套吊装运输设备调度“靶向度”，实现待查验集装箱快速运抵查验区、查验完毕第一时间调离。（责任单位：青岛港集团，青岛海关、济南海关。完成时限：5 月底前完成查验场地整合，年底前青岛港完成查验区各项优化措施）

## 十一、实行 24 小时电子卡口放行作业

实现青岛港口岸三期、四期、五期集装箱码头和大港码头集装箱卡口 24 小时提货放行作业。省内其他口岸有条件的集装箱码头力争全部实现 24 小时放行作业。（责任单位：青岛港集团和其他港口集团，青岛海关、济南海关。完成时限：5 月底前）

## 十二、创新税费缴纳方式

加大“自报自缴”推进力度，引导企业积极适应改革，扩大企业覆盖面，探索事后合规补计税款的操作模式。以优化通关流程为目标，研究对换单时确认的部分杂费实施后置调整的办法，加大担保制度推广力度，在税款总担保前提下，提高应税货物通关效率。（责任单位：青岛海关、济南海关。完成时限：贯穿全年）

## 十三、建立口岸通关物流时效公开公示制度

上线运行口岸通关时效评估系统，建立口岸物流监管协作机制，采集口岸物流时效并统一通过“单一窗口”向社会公布。（责任单位：省口岸办。完成时限：5 月底前完成系统部署）

## 十四、建立口岸收费公示制度

建立口岸收费监督管理协作机制，制定本地区口岸收费目录清单并统一通过“单一窗口”向社会公布，清单以外费用一律不得收取。（责任单位：各市口岸办、物价局、商务局、港航局。完成时限：9 月底前）

## 十五、建立通关物流救济保障机制

在青岛港口岸建立通关物流救济保障机制，将口岸查验部门和港口、船公司、船代、外理、

查验场所、场站、车队等各服务环节纳入应急保障体系，建立日常联系制度，明确紧急异常通关情况处置原则，细化处置预案，各负其责，无缝衔接，力争顺畅通关，货畅其流。（责任单位：青岛市口岸办、青岛港集团。完成时限：6月底前）

### 十六、开通“95198”服务热线

加大协调力度，建立客服工作联系配合机制，开通山东区域“95198”热线，为企业提供热线服务及投诉渠道，建立健全口岸通关意见投诉反馈机制。（责任单位：省口岸办、青岛海关、济南海关、各港口企业。完成时限：5月底前）

### 十七、继续落实免除查验没有问题外贸企业吊装移位仓储费用试点工作

针对海关查验系统迭代情况，加快完善查验统计平台，协调国家主管部门及时拨付配套服务费用，减轻企业负担。（责任单位：省口岸办。完成时限：贯穿全年）

## 山东省人民政府关于进一步优化口岸营商环境的通知

鲁政发〔2018〕27号

各市人民政府，各县（市、区）人民政府，省政府各部门、各直属机构：

为深入学习贯彻习近平新时代中国特色社会主义思想和党的十九大精神，认真落实《国务院关于印发优化口岸营商环境促进跨境贸易便利化工作方案的通知》（国发〔2018〕37号）精神，进一步强化措施，加快推进我省口岸治理体系和治理能力现代化，努力打造“审批事项少、通关成本低、办事效率高、服务质量优、企业群众获得感强”的一流口岸营商环境，现就有关事项通知如下：

### 一、减少进出口环节审批监管事项

（一）精简进出口环节监管证件。根据海关总署部署，配合做好取消进出口环节相关监管证件工作，能退出口岸验核的全部退出。需在进出口环节验核的监管证件，除国家规定不能联网的外，全部在通关环节联网比对核查。（责任单位：青岛海关、济南海关，相关部门按职责分工负责）

（二）优化监管证件办理程序。需在进出口环节验核的监管证件，所涉及地方办理的事项，要优化办理程序，通过相关网站、政务服务大厅等公开办理流程，承诺办理时限。2020年年底前，除特殊情况外，监管证件全部实现网上申报办理。（责任单位：相关部门按职责分工负责）

### 二、优化口岸通关流程和作业方式

（三）全面推进货物监管“查检合一”。推动通关环节“串联”改“并联”，实施关检场地、

人员、设备、卡口、业务、物流“六个整合”，在全省所有旅检、邮件、快件及跨境电商监管作业场所全面实现“查检合一”。优化青岛海运口岸“关检合一”之后的查验场地配置、功能定位、关港信息交互和查验流程，推动“一次查验”全面落地。（责任单位：青岛海关、济南海关）

（四）深化通关一体化改革。深化进出境船舶联合登临检查。海关直接使用相关部门数据办理进出口货物收发货人注册登记。根据全国通关一体化改革进程，推动关铁信息共享，推进铁路运输货物无纸化通关；在常规稽查、保税核查和保税货物监管等执法领域推行“双随机、一公开”作业模式。（责任单位：青岛海关、济南海关、省公安边防总队、山东海事局，相关部门按职责分工负责）

（五）推广应用“提前申报”模式。鼓励企业“提前申报”进口货物，提前办理单证审核和货物运输作业，提高货物抵达口岸后直接放行提离比重。各市政府要组织商务、口岸、海关等部门加强政策宣讲，大力推动企业“提前申报”。（责任单位：青岛海关、济南海关，各口岸所在市政府）

（六）优化海关税收征管模式。全面推进多元化担保创新，探索推进关税保证保险，实施集团财务公司、融资担保公司担保，“银关保”“同业联合担保”等企业增信担保改革。全面推广财关库银横向联网，实现税单无纸化入库，引导企业全面使用新一代海关税费电子支付系统。（青岛海关、济南海关、省财政厅、人民银行济南分行、省税务局、省地方金融监管局、省口岸办）

（七）简化检验检疫作业。推行进口矿产品等大宗资源性商品“先验放后检测”检验监管方式。对进出口食品、化妆品实施“即报即放”“即查即放”“边检边放”等多种放行模式。对进境水果“即验即放”，现场查验未发现检疫性有害生物或疑似有检疫性有害生物的立即放行。对企业申报的法检商品，通过系统自动发送港区预处理指令，提升一次放行效率。对海关查验取样货物推行“直通车”制度，优先检测，加急处置，实现检测提速。在进出口环节推广第三方检验检测结果采信制度。（责任单位：青岛海关、济南海关）

（八）推动船舶载运危险货物进出港口申报和装卸过驳作业报告“串联”改“并联”。积极推进海事、港航并联处理船舶载运危险货物进出港口申报和港口经营人装卸过驳作业报告，推进信息互联互通，缩短等待时间，提高船舶作业效率。（责任单位：省交通运输厅、山东海事局）

## 三、提高口岸物流服务效能

（九）提升拼箱、分拨货物作业效率。优化青岛海运口岸进口集拼货物拆箱流程，分拨、分流货物作业场所（理货部门）实时逐箱发送理货报告，舱单传输人及时发送分拨申请。缩短舱单数据传输时间，分拨、分流货物目的地监管作业场所在货物运抵后实时、逐箱（集装箱货物）向海关传输运抵报告。（责任单位：青岛海关，青岛市政府）

（十）优化查验前准备作业流程。通过“单一窗口”、港口 EDI 中心等信息平台向进出口企业、口岸作业场站推送查验通知，增强企业对通关时效的预期。在青岛海运口岸实行“411”查验模式，即海关细化查验指令后实时向港务部门发送查验调箱信息，港务部门收到调箱信息4个小时内将查验集装箱移入查验区对应查验位，海关在落箱到位1个小时内开始查验，港务部门在查验完毕1个小时内将集装箱移出查验区。各口岸根据实际，明确查验集装箱调箱时限，确保查验服务部门在约定时限内完成相关调箱作业。（责任单位：各口岸所在市政府，青岛海关、济南海关）

（十一）加快进出口集装箱集疏港速度。优化青岛海运口岸出口集装箱集港流程，取消集装箱码头限时集港模式，出口货物无须经场站，可直接入港，为加快港区内集装箱流转，腾挪码头堆场更多空间，提高码头前沿集装箱堆场使用效率，由青岛港集团调整进出口集装箱免费堆存期。在已实现进口集装箱卡口24小时放行作业基础上，2018年年底前实现所有集装箱卡口无人化、电子化操作，进一步提升卡口通过效率，进口提箱速度控制在30分钟以内。其他口岸根据实际，研究制定并落实提升集疏港效率的措施。各口岸根据进口指定口岸功能，探索开通鲜活农副产品快速通关“绿色通道”。（责任单位：各口岸所在市政府，青岛海关、济南海关）

（十二）海关实行当日申报报关单“日清”机制。现场海关对具备放行条件的报关单，当日处理完毕，对于当日派单查验的进出口货物，当日实施查验操作。（责任单位：青岛海关、济南海关）

（十三）推动解决超长报关单问题。青岛海关、济南海关积极开展通关时效数据监控分析，海关与地方政府按商品、物流类别等开展相关调研和统计分析，研究优化超长报关单所涉及进出口商品的通关和物流作业方式。（责任单位：青岛海关、济南海关，各口岸所在市政府）

（十四）推进实施口岸“一站式”服务模式。强化港口信息化设施配置，推进生产作业流程再造，加快服务模板标准化；整合港口线下服务窗口，完善配套设施，改善服务环境，实现收费、办单等业务“一站式”集中办理。（责任单位：各口岸所在市政府）

## 四、提升口岸管理信息化智能化水平

（十五）拓展中国（山东）国际贸易“单一窗口”功能。拓展“单一窗口”功能，加强与银行、保险、民航、铁路、港口等相关行业机构合作对接。2019年年底前“单一窗口”主要业务（货物、舱单、运输工具申报）应用率达到100%，实现铁水联运信息交换和共享，2020年年底前全面接入标准版多式联运公共信息平台，2021年年底前“单一窗口”功能覆盖国际贸易管理全链条，打造“一站式”贸易服务平台。（省口岸办、青岛海关、济南海关，相关部门配合）

（十六）进一步提升海关“智慧监管”水平。实现舱单变更无纸化，上线“未出运证明”电子审批系统，2018年年底前全面实现海关纸质移动证电子化。2019年6月底前，实现内外贸集装箱堆场的电子化海关监管。提升口岸查验智能化水平，提高机检后直接放行比例。（责任单位：青

岛海关、济南海关）

（十七）加快口岸物流信息电子化进程。推动在口岸查验单位与运输企业中应用统一的报文标准，实现不同运输方式集装箱、整车货物运输电子交换，逐步实现口岸作业各环节无纸化和电子化。依托山东电子口岸，建设口岸物流协同平台，11 月底前在青岛海运口岸实现进口集装箱设备交接单和货物提货单全面无纸化，逐步在全省各海运口岸推广，并探索海运提单电子化流转。（责任单位：省口岸办，青岛港集团，青岛海关、济南海关，相关部门按职责分工负责）

（十八）全面推行船舶进出境业务无纸化。在全省所有水运（海港）口岸实行国际航行船舶进出境通关无纸化基础上，实现国际航行船舶进出口岸业务“一单多报”，船舶进出境通关“最多跑一次”。推动引航港调业务全面无纸化。（责任单位：省口岸办、省交通运输厅，青岛海关、济南海关、省公安边防总队、山东海事局）

## 五、促进口岸管理服务更加规范透明

（十九）建立口岸收费监管协作机制。省政府和口岸所在市政府分别建立由发展改革、市场监管、财政、交通运输、商务、口岸管理等部门及查验单位共同参加的口岸收费监督管理协作机制，统筹协调和组织推进本地区口岸收费清理和监督管理工作。（责任单位：省市场监管局、省财政厅、省发展改革委、省交通运输厅、省商务厅、省口岸办，青岛海关、济南海关，各口岸所在市政府）

（二十）进一步规范口岸涉企收费行为。口岸所在市政府对本地区口岸收费开展自查自纠，对不符合收费管理规定的收费项目依法予以取消，对超出标准的收费坚决予以纠正，对不合理的收费标准要坚决降低。推动口岸经营服务企业规范营商行为，排查合同条款，全面消除不公平竞争行为。在口岸物流、港航服务等相关环节全面引入竞争，破除垄断。拓宽投诉渠道，加强收费检查，依法查处各类价格违法违规行为。（责任单位：各口岸所在市政府，省市场监管局、省财政厅、省发展改革委、省交通运输厅、省商务厅、省口岸办）

（二十一）实行口岸收费目录清单制度。严格执行行政事业性收费清单管理制度，推动口岸经营服务企业明码标价，做到收费公示全覆盖。在口岸现场和口岸管理部门网站公布所有口岸收费目录清单，清单外一律不得收费。（责任单位：各口岸所在市政府，省市场监管局、省财政厅、省发展改革委、省交通运输厅、省商务厅、省口岸办）

（二十二）降低进出口环节合规成本。鼓励各港口企业借鉴青岛港“全程物流阳光价格”制度。推动降低进出口环节收费，2018 年年底前集装箱进出口环节合规成本比 2017 年减少 100 美元以上，2020 年年底前降低一半。（责任单位：各口岸所在市政府，省市场监管局、省财政厅、省发展改革委、省交通运输厅、省商务厅、省口岸办，青岛海关、济南海关、山东海事局）

（二十三）推动建立行业诚信公约。加强行业管理和行业自律，引导口岸经营服务企业诚信经营、合理定价。指导港口、货代等相关行业组织制定企业经营行为规范，建立企业诚信公约，强化规范自律，不断改进和提高服务质量。推进口岸服务企业信用体系建设，加强口岸领域企业信用信息归集和共享，建立联合激励惩戒机制。（责任单位：各口岸所在市政府，省口岸办、省发展改革委、省交通运输厅、省商务厅、省市场监管局）

（二十四）公开通关流程及物流作业时限。各口岸根据实际，于2018年年底前制定并公开通关流程和口岸经营服务企业场内转运、吊箱移位、掏箱、提箱等作业时限标准，以及相应信息送达方式。向社会公开口岸查验单位和“单一窗口”通关服务热线，接受企业意见投诉。（责任单位：各口岸所在市政府，青岛海关、济南海关）

（二十五）建立口岸营商环境常态化评价机制。开展整体通关时间统计分析，引入口岸整体通关时效和合规成本第三方评估。对接全国营商环境评价体系，探索建立整体通关时间和成本常态化评价机制。2021年年底前，相比2017年，整体通关时间压缩一半，其中2018年压缩三分之一。（责任单位：省口岸办、省发展改革委，青岛海关、济南海关）

各级、各有关部门要充分认识优化口岸营商环境、促进跨境贸易便利化对于我省打造对外开放新高地的重要意义，积极发挥各级政府口岸工作综合协调机制的作用，统筹协调相关重大问题。各市政府要切实履行口岸属地管理责任，按照定性定量要求，尽快研究制定落实措施，排出时间表、路线图，加大政策宣传力度。各有关部门要加强协作配合，合理安排工作进度，确保各项任务有措施、能落实、可量化，对重点口岸、重点环节，要“一竿子插到底”。优化口岸营商环境工作情况纳入省政府督查范围，建立健全督导考核机制，对推进不力的地区和部门进行问责。

山东省人民政府
2018年11月16日

## 山东省人民政府办公厅关于印发贯彻落实国务院深化放管服改革要求进一步优化营商环境重点任务分工方案的通知

鲁政办发〔2018〕32号

各市人民政府，各县（市、区）人民政府，省政府各部门、各直属机构：

《贯彻落实国务院深化放管服改革要求进一步优化营商环境重点任务分工方案》已经省政府同意，现印发给你们，请认真贯彻执行。

山东省人民政府办公厅
2018年12月7日

## 贯彻落实国务院深化放管服改革要求进一步优化营商环境重点任务分工方案

为贯彻落实《国务院办公厅关于印发全国深化“放管服”改革转变政府职能电视电话会议重点任务分工方案的通知》（国办发〔2018〕79 号）和《国务院办公厅关于聚焦企业关切进一步推动优化营商环境政策落实的通知》（国办发〔2018〕104 号）有关要求，进一步深化我省“一次办好”改革，在更大范围、更深层次，以更有力举措推进政府职能转变，优化营商环境，制定以下重点任务分工方案。

### 一、任务分工

#### （一）进一步简政放权

1. 进一步压减行政许可等事项，对现有审批和许可事项逐一深入论证，除关系国家安全和重大公共利益等的项目外，能取消的坚决取消，能下放的尽快下放，市场机制能有效调节的经济活动不再保留审批和许可。对一些以备案、登记、行政确认、征求意见等为名的变相审批和许可事项，尽快加以整改。（省政府审改办牵头，各级、各部门负责）

主要措施：

（1）承接落实国务院取消下放行政许可等事项要求，2019 年 3 月底前对现有省级行政许可事项进行一次全面清理论证，再推动取消部分行政许可事项。2019 年 6 月底前，修订公布省级新的行政许可事项清单，清单外许可事项一律视作违规审批。（省政府审改办牵头，各部门负责）

（2）2019 年组织清理各类变相审批和许可，对以备案、登记、注册、目录、年检、监制、认定、认证、专项计划等形式变相设置审批的违规行为进行整治。（省政府审改办牵头，各级、各部门负责）

（3）组织有关部门试点开展省级现有行政许可的成本和效果评估，充分听取企业、公众、专家学者的意见，并根据评估结果及时调整完善相关许可。（省政府审改办牵头，省政府有关部门、单位负责）

2. 进一步减少社会资本市场准入限制。（省发展改革委牵头，各级、各部门负责）

主要措施：

（1）贯彻实施新版市场准入负面清单，推动“非禁即入”普遍落实。（省发展改革委、省商务厅牵头负责）

（2）尽快在民航、铁路、公路、油气、电信等领域，落实一批高质量的项目吸引社会资本参与。（省发展改革委牵头，各级、各部门负责）

（3）继续规范有序推进政府和社会资本合作（PPP）项目建设，在核查清理后的PPP项目库基础上，加大对符合规定的PPP项目推进力度，督促各级依法依规落实已承诺的合作条件，加快项目进度。（省发展改革委、省财政厅牵头，各级、各部门负责）

（4）组织开展招投标领域专项整治，消除在招投标过程中对不同所有制企业设置的各类不合理限制和壁垒，严格落实《必须招标的工程项目规定》，赋予社会投资的房屋建筑工程建设单位发包自主权。（省发展改革委牵头，各级、各部门负责）

3. 深化商事制度改革。（省市场监管局牵头，各级、各部门负责）

主要措施：

（1）在全省范围内对第一批106项涉企行政审批事项开展“证照分离”改革，逐一制定出台直接取消审批、审批改为备案、实行告知承诺或优化准入服务的具体办法和加强事中事后监管的措施，并按时向社会公开。要按照涉企许可证全覆盖的要求，抓紧梳理形成省级设定的涉及市场准入的行政审批事项清单。（省市场监管局、省政府审改办牵头，各级、各部门负责）

（2）全面梳理企业注销各环节办理事项，研究提出疏解“堵点”、优化流程的改革措施，落实国家统一的企业注销操作指南，破解企业注销难题。简化优化注销业务流程，对没有拖欠社会保险费用且不存在职工参保关系的企业，探索同步进行社会保险登记注销。（省市场监管局、省税务局、省人力资源社会保障厅负责）

（3）开展企业简易注销登记改革试点，按照“便捷高效、公开透明、控制风险”的原则，进一步放宽简易注销登记适用范围，增加非上市股份有限公司、有限责任公司分支机构等企业类型。进一步压缩简易注销公告时间、强化事后监管、加强部门间的协同。（省市场监管局负责）

（4）适时开展市场主体强制退出工作试点，对于提供虚假住所等失联企业和冒用他人身份证虚假注册、利用简易注销程序逃废债务等违法失信企业，研究制定通过完善企业撤销登记程序等探索特殊市场主体的强制出清制度。（省市场监管局负责）

（5）加强市场监管部门和税务部门简易注销业务协同，在企业简易注销公告前，设置企业清税提示，对有未办结涉税事项的企业，税务部门应在公告期届满次日提出异议。（省市场监管局、省税务局负责）

4. 推动缓解中小微企业融资难融资贵问题。（人民银行济南分行、山东银保监局筹备组、青岛银保监局筹备组、省税务局、省地方金融监管局、省财政厅按职责分工负责）

主要措施：

（1）疏通货币信贷政策传导机制，综合运用多种工具，细化监管措施，强化政策协调，提高政策精准度，稳定市场预期。抓好支小再贷款、中小企业高收益债券、小微企业金融债券、知识产权质押融资等相关政策落实。（人民银行济南分行牵头负责）

（2）制定出台鼓励银行业金融机构对民营企业加大信贷支持力度，不盲目停贷、压贷、抽贷、断贷的政策措施，防止对民营企业随意减少授信、抽贷断贷“一刀切”等做法；引导和督促金融机构建立绩效考核与小微信贷投放挂钩的激励机制，落实并完善小微企业授信尽职免责制度。（山东银保监局筹备组、青岛银保监局筹备组、省地方金融监管局负责）

（3）加大创业担保贷款贴息资金支持。通过设立创业启动基金等方式，支持高校毕业生等群体创业创新。（省财政厅、省人力资源社会保障厅、人民银行济南分行牵头，各级、各部门负责）

（4）积极推进“银税互动”，鼓励商业银行依托纳税信用信息创新信贷产品，推动税务、银行信息互联互通，缓解小微企业融资难题。（山东银保监局筹备组、青岛银保监局筹备组、省地方金融监管局、省税务局负责）

（5）督促有关金融机构坚决取消和查处各类违规手续费，除银团贷款外，不得向小微企业收取贷款承诺费、资金管理费，严格限制向小微企业收取财务顾问费、咨询费等费用，减少融资过程中的附加费用，降低融资成本。（山东银保监局筹备组、青岛银保监局筹备组负责）

5. 认真落实工业产品生产许可证制度改革要求，推动实施国家统一的产品认证制度。（省市场监管局负责）

主要措施：

（1）严格依照国家设定的条件、程序和要求实施许可。根据国务院要求，食品相关产品实行告知承诺审批，对除危险化学品外的其他省级发证产品，优化准入服务方式，实行后置现场审查，简化审批程序，取消证前发证检验，对做出承诺符合条件的即行发证。压缩审批时限，平均审批时间由 22 个工作日压缩为 9 个工作日。（省市场监管局负责）

（2）按照国家统一安排，对强制性产品认证实施法规式目录管理。（省市场监管局负责）

6. 进一步简化企业投资审批，优化项目报建审批流程。（省发展改革委、省住房城乡建设厅牵头，各级、各部门负责）

主要措施：

（1）优化投资项目审批流程，根据国家公布的投资审批事项统一名称和申请材料，落实投资审批事项清单化、标准化工作，规范审批实施方式。2019 年开展投资项目承诺制改革，实现政府定标准、企业作承诺、过程强监管、失信有惩戒，大幅压缩投资项目落地时间。（省发展改革委牵头负责）

（2）推进投资项目在线审批监管平台一体化，加快项目审批管理服务“一网通办”，2019 年实现各类投资审批在线并联办理。（省发展改革委、省大数据局负责）

（3）推进工程建设项目审批制度改革，落实《房屋建筑和市政基础设施工程施工图设计文件审查管理办法》《建设工程消防监督管理规定》《关于进一步做好建筑业工伤保险工作的意见》，精简取消部分审批前置条件，推动将消防设计审核、人防设计审查等纳入施工图联审，进一步压减工程建设项目审批时限；同时，再提出一批优化精简工程建设项目审批相关法律法规和政策文件的修改建议。开展全流程、全覆盖的工程建设项目审批制度改革，统一审批流程，通过精简审批事项和条件、下放审批权限、合并审批事项、调整审批时序、转变管理方式、推行告知承诺制等措施，完善审批体系，努力实现“一张蓝图”统筹项目实施、“一个系统”实施统一管理、“一个窗口”提供综合服务、“一张表单”整合申报材料、“一套机制”规范审批运行。（省住房城乡建设厅牵头，各级、各部门负责）

7. 清理地方保护和行政垄断行为。大力清理废除妨碍统一市场和公平竞争的各种规定和做法，保障不同所有制主体在资质许可、政府采购、科技项目、标准制定等方面的公平待遇，破除地方保护；对于具有垄断性的行业，根据不同行业特点放开竞争性业务，制定政策要进行公平竞争审查评估，出台优惠政策以普惠性政策为主。（省市场监管局、省发展改革委牵头，各级、各部门负责）

主要措施：

（1）2018 年底前清理废除现有政策措施中涉及地方保护、指定交易、市场壁垒等的内容。严肃查处行政垄断案件，并及时向社会公示曝光。（省市场监管局牵头负责）

（2）贯彻落实政府采购公平竞争原则和相关规定，营造公平竞争市场环境。在制定规范性文件时，落实公平竞争审查规定，杜绝出现地方保护主义倾向。在采购活动组织中，采购人、采购代理机构强化需求论证，严把采购文件制定关，不得以地域等条件设置本地壁垒或进行指定性、倾向性采购。在项目评审中，评审专家及采购人代表客观公正评审，不得现场发表倾向性言论、进行倾向性评审。保持供应商投诉渠道畅通，切实维护好供应商合法权益。不断加大信息公开力度，强化社会监督，维护公平竞争市场环境。（省财政厅牵头，各级、各部门负责）

8. 深化税制改革。继续推进结构性减税，落实深化增值税改革相关政策。（省财政厅、省税务局负责）

主要措施：

（1）认真落实已出台的扩大享受减半征收企业所得税优惠政策的小微企业范围等减税降费政策。（省税务局负责）

（2）取消备案流程。全面取消企业所得税优惠项目备案流程和备案资料的报送，相关资料留存备查。企业通过填报企业所得税纳税申报表即可享受相应的优惠政策。（省税务局负责）

（3）推行网上办税。为企业提供网上申报服务，实现纳税申报表、财务报表联网报送，最大限度压缩企业办理纳税时间。（省税务局负责）

（4）做好税收优惠政策应用辅导，针对扩大享受减半征收所得税优惠政策的小微企业范围和取消企业所得税优惠备案等减负措施，通过办税服务厅、12366 热线等渠道加强政策应用辅导。（省财政厅、省税务局负责）

9. 加强依法治税，减少征税自由裁量权、增加透明度。全面加强税收征管，坚决查处偷逃税违法案件，严厉打击虚开增值税发票和骗取出口退税违法犯罪行为，对大案要案要一抓到底、公开曝光。（省税务局、省公安厅、青岛海关、济南海关、人民银行济南分行负责）

主要措施：

（1）构建快速反应机制。结合打击虚开骗税两年专项行动，针对虚开企业“快速成立、快速开票、快速走逃或者注销”和存活时间一般较短的特点，严格企业注册审核把关，规范中介代办机构，推进实名办税，构建快速分析、快速立案、快速检查、快速反馈的反应机制。（省税务局、省公安厅、青岛海关、济南海关、人民银行济南分行、省市场监管局负责）

（2）坚持“正向打、反向促、侧向扶”的原则，加强舆论宣传引导。组织开展以案说法活动，公开一批典型案例，形成强大舆论环境，做到曝光一个、震慑一片、规范一批。（省税务局负责）

（3）减少征税自由裁量权。落实《税务行政处罚裁量权行使规则》，适时修订《山东省税务系统规范行政处罚裁量权实施办法》和《山东省税务系统行政处罚裁量基准》，指导市级税务机关抓好落实。（省税务局负责）

10. 规范降低涉企保证金和社保费率，减轻企业负担。（省工业和信息化厅、省人力资源社会保障厅、省财政厅、省税务局按职责分工负责）

主要措施：

（1）清理没有法律、行政法规依据或未经国务院批准的涉企保证金，严格执行已公布的涉企保证金目录清单，推广以银行保函替代现金缴纳保证金。（省工业和信息化厅、省财政厅牵头负责）

（2）加强对厂房租金的监督检查和指导工作，落实管控责任，切实做好管控工作，严厉打击囤积厂房、哄抬租金等违规行为，对问题严重的地方要严肃追究责任。（省市场监管局牵头，各级、各部门负责）

（3）落实国家进一步降低企业税负的具体方案。（省财政厅、省税务局负责）

（4）落实国家降低社保费率的具体实施办法，做好相关准备工作，与征收体制改革同步实施，确保总体上不增加企业负担。（省人力资源社会保障厅、省财政厅、省税务局、省医保局负责）

11. 研究出台更具实效、更管长远的清费减费举措。继续清理规范政府性基金和行政事业性收费，全面推行依清单收费。继续清理整顿事业单位、行业协会商会收费。完善乱收费举报投诉查处机制。（省财政厅、省发展改革委、省工业和信息化厅、省民政厅、省市场监管局等部门负责）

主要措施：

（1）进一步完善政府定价的经营服务性收费动态调整机制，完成国家部署的清理规范经营服

务性收费目标任务。（省发展改革委负责）

（2）落实挥发性有机物排污费、首次申领居民身份证工本费、证券期货行业机构监管费等停征、免征工作。（省财政厅、省发展改革委负责）

（3）按照国家统一安排，全面推开行业协会商会与行政机关脱钩工作。（省发展改革委、省民政厅负责）

（4）开展涉企收费专项检查，进一步加大对乱收费的查处和整治力度，2018 年对住房城乡建设、商业银行等重点部门和行业进行集中检查，公开曝光部分涉企违规收费典型案例。（省市场监管局负责）

12. 清理物流、认证、检验检测、公用事业等领域经营服务性收费。（省发展改革委、省市场监管局牵头，省交通运输厅、省公安厅等省政府有关部门负责）

主要措施：

（1）落实货车年审、年检和尾气排放检验“三检合一”等政策，2018 年年底前公布货车“三检合一”检验检测机构名单，全面实现“一次上线、一次检测、一次收费”（省发展改革委、省交通运输厅、省公安厅、省市场监管局、省生态环境厅负责）

（2）查处整治公章刻制领域行政垄断案件，严禁各级公安机关指定公章刻制企业，纠正和制止垄断经营、强制换章、不合理收费等现象。（省公安厅、省市场监管局牵头，各级、各部门负责）

（3）对教育、医疗、电信、金融、公证、供水供电等公共服务领域收费，各行业主管部门要加强监督检查，重点检查是否存在收费项目取消后继续收取或变相收取、越权违规设立收费项目、擅自扩大收费范围和提高收费标准等行为，发现问题要严肃整改问责。（省市场监管局牵头，各级、各部门负责）

13. 治理各种中介服务乱收费，整治政府部门下属单位、行业协会商会、中介机构等乱收费行为。对与行政机关暗中挂钩、靠山吃山的“红顶中介”，坚决斩断利益关联，破除服务垄断，严肃查处其中的腐败行为；对串通操纵服务价格甚至欺诈勒索的各类“灰中介”“黑中介”，要依法整治和打击。（省发展改革委、省市场监管局牵头，各级、各部门负责）

主要措施：

（1）依法整治“红顶中介”，取消违法违规收费、降低收费标准，坚决纠正行政审批取消后由中介机构和部门下属单位变相审批及违法违规收费、加重企业负担等现象。（省发展改革委、省市场监管局牵头，各级、各部门负责）

（2）2019 年 5 月底前，督促指导各有关部门对本部门下属单位涉企收费情况进行一次全面清理，整顿政府部门下属单位利用行政权力违规收费行为。（省发展改革委、省市场监管局牵头负责）

（3）2019 年 3 月底前，开展行业协会商会收费情况检查，纠正不合理收费和强制培训等行为，并建立健全行业协会商会乱收费投诉举报和查处机制。对涉企收费问题突出的行业协会商会，及时列入活动异常或严重失信名录，加大失信惩戒力度。强化社会监督，建立收费信息主动公开长效机制。（省民政厅、省市场监管局、省发展改革委、省国资委负责）

（4）对取消行政审批中介服务收费后，审批部门在审批过程中委托开展的技术性服务，通过政府购买服务方式实施，所需费用列入部门预算。对涉及公共安全、需要实行强制检验检测的特种设备等，由财政承担相关中介服务费用。对提供公共服务的电子政务平台等项目，免费向企业和社会开放，按规定需政府承担的维护费用由财政予以保障。（省财政厅牵头，各级、各部门负责）

14. 降低企业融资、物流、用能等成本，继续推进网络提速降费。（省发展改革委、省市场监管局、山东银保监局筹备组、青岛银保监局筹备组、人民银行济南分行、省交通运输厅、省通信管理局牵头，省政府有关部门按职责分工负责）

主要措施：

（1）全面落实好已出台的各项降费政策。贯彻落实国家推进区域电网和跨省跨区专项工程输电价格改革要求，规范和降低电网环节收费，全面清理规范电网企业在输配电价之外的收费项目等，2018 年完成一般工商业电价平均降低 10%的目标。（省发展改革委、省市场监管局、国网山东省电力公司负责）

（2）督促银行业金融机构持续清理规范收费项目。加强现场检查、行政处罚等监管力度，督促辖区内银行业金融机构严格贯彻落实《商业银行服务价格管理办法》等规定，严查以贷转存、存贷挂钩、以贷收费、浮利分费、借贷搭售、一浮到顶、转嫁成本等违法违规行为，持续清理规范收费项目，为企业减费让利。（山东银保监局筹备组、青岛银保监局筹备组负责）

（3）推动取消高速公路省界收费站，2018 年年底前完成鲁苏试点任务。按照国家统一部署，逐步取消其他省界收费站。（省交通运输厅负责）

### （二）进一步加强事中事后监管

15. 认真落实国家加强和规范事中事后监管的指导意见，坚持放管结合、并重，在持续深化简政放权的同时，进一步强化事中事后监管，建立健全适合我省高质量发展要求、全覆盖、保障安全的事中事后监管制度，夯实监管责任，健全监管体系，创新监管方式，完善配套政策，寓监管于服务之中，不断提高事中事后监管的针对性和有效性，规范市场秩序，进一步激发市场活力。（省政府办公厅、省市场监管局牵头，省政府有关部门负责）

16. 创新监管理念和方式，五年内健全以“双随机、一公开”监管为基本手段、以重点监管为补充、以信用监管为基础的新型监管机制。加快实现市场监管领域“双随机、一公开”监管全

覆盖。（省市场监管局、省发展改革委牵头，省政府有关部门负责）

主要措施：

（1）认真落实国家质量认证制度改革要求，规范认证行业发展，通过质量认证和监管、完善标准规范，促进企业提品质、创品牌，让群众放心消费。（省市场监管局负责）

（2）落实国家在市场监管领域全面推行部门联合“双随机、一公开”监管的指导意见。2018年年底前开展市场监管领域跨部门“双随机”联合检查试点工作；2019年年底前实现“双随机、一公开”监管全流程整合、市场监管领域主要部门“双随机、一公开”监管常态化；“十三五”末实现市场监管领域相关部门日常监管“双随机、一公开”全覆盖。（省市场监管局负责）

（3）推动“双随机、一公开”作业模式从进出口货物监管向全执法领域拓展，2018年年底前，除根据风险参数等指示确实需现场人工下达的布控指令外，实现100%随机选择布控。年内随机选取的常规稽查对象数占比不低于80%。（青岛海关、济南海关负责）

17. 对有投诉举报等情况的要进行重点或专项检查，对发生重大突发事件并在面上存在严重风险隐患的要进行过筛式排查。规范检查程序，事先严格报批。（省市场监管局牵头，省政府有关部门负责）

主要措施：

（1）对涉及举报投诉的检验检测机构，全部列为重点监管对象，纳入当年或下年度省级检验检测机构资质认定专项或部门联合监督检查名单，实施重点监督，督促机构提升工作质量。按照属地管理原则，组织对重大突发事件涉及的资质认定检验检测机构进行排查。（省市场监管局牵头负责）

（2）进一步完善生态环境信访投诉查处机制，加大查处力度，适时向社会公开，切实维护群众合法环境权益。（省生态环境厅负责）

18. 推进跨部门联合监管和“互联网+监管”，实现综合监管、“智慧监管”，做到“一次检查、全面体检”。（省市场监管局牵头，省政府有关部门负责）

主要措施：

（1）加快推进我省“互联网+监管”子系统建设，确保2019年9月底前与国家政务服务平台同步上线运行。通过分类梳理省直部门和市、县现有监管信息平台，联通汇聚重要监管平台数据，推动监管信息全程可追溯和“一网通享”，为强化事中事后监管提供技术平台支撑。（省政府办公厅、省大数据局牵头，各级、各部门负责）

（2）加强强制性产品认证无证查处工作，重点围绕儿童用品、电线电缆、消防产品、家用电器、灯具、消费类电子产品等领域，加大监管与查处力度。形成常态化日常监管机制，加大对认证机构和有关企业执法检查力度。（省市场监管局负责）

（3）有效应用国家企业信用信息公示系统（山东）数据资源，推进实施企业信用风险分类管

理，进一步提升企业信用风险预测预警和动态监测能力，试点开展企业信用风险指数分析等。（省市场监管局负责）

19. 推进信用监管，加快推进涉企信息归集共享，实行守信联合激励和失信联合惩戒机制，让市场主体“一处违法、处处受限”。（省发展改革委、省市场监管局牵头负责）

主要措施：

（1）加快信用体系建设，落实国家重点领域联合奖惩备忘录。（省发展改革委牵头负责）

（2）以深化公共信用信息平台应用为重点，全面构建信用联合奖惩大格局。加快构建以信用为核心的新型市场监管机制，依法依规运用信用激励和约束手段，促进市场主体依法诚信经营。（省发展改革委负责）

（3）推进涉企信息归集共享。优化国家企业信用信息公示系统（山东）协同监管平台功能，提高协同监管平台应用率。完善协同监管平台与省政务资源信息共享平台的对接功能，实现涉企信息的互联互通和实时共享。（省市场监管局、省大数据局牵头，各级、各部门负责）

（4）落实国家《关于对失信主体加强信用监管的通知》要求，建立防范和减少失信行为的长效机制。（省发展改革委、人民银行济南分行、省市场监管局牵头，各级、各部门负责）

20. 加强诚信政府建设。坚决纠正一些地方政府不守信用承诺、新官不理旧账等现象。开展行政机关和其他社会组织失信问题、政府与企业所作承诺未兑现事项专项治理，打造法治诚信政务环境。（省发展改革委、省司法厅牵头，各级、各部门负责）

主要措施：

（1）把政府诚信作为优化营商环境的重要内容，建立健全“政府承诺+社会监督+失信问责”机制，凡是对社会承诺的服务事项，都要履行约定义务，接受社会监督，没有执行到位的要有整改措施并限期整改，对整改不到位、严重失职失责的要追究责任。（省发展改革委牵头，各级、各部门负责）

（2）落实国家监测评价城市政务诚信工作要求，组织开展政府机构失信问题专项治理。（省发展改革委负责）

21. 坚持对新兴产业实施包容审慎监管。区分不同情况，量身定制包容审慎监管模式和标准规范，坚守安全质量底线。对符合发展方向但出现一些问题的，要及时引导或纠正，使之有合理发展空间；对潜在风险很大，特别是涉及安全和有可能造成严重不良社会后果的，要及早发现问题、果断采取措施；对以创新之名行侵权欺诈之实的，要予以严惩。（各级、各部门负责）

22. 坚决纠正“一刀切”式执法，规范自由裁量权。（省生态环境厅、省交通运输厅、省农业农村厅、省文化旅游厅、省市场监管局、省财政厅等有关部门按职责分工负责）

主要措施：

（1）及时纠正以环保检查为由“一刀切”式关停企业的做法，加强分类指导、精准施策。对

简单“一刀切”行为严肃追责。（省生态环境厅负责）

（2）依法精简行政处罚事项，分别制定规范执法自由裁量权的办法，进一步细化、量化行政处罚标准，防止执法随意、标准不一等现象。（省生态环境厅、省交通运输厅、省农业农村厅、省文化旅游厅、省市场监管局负责）

（3）将各级行政执法机关办案经费按规定纳入预算管理，禁止将罚没收入与行政执法机关利益挂钩，对违规行为进行整改和问责。（省财政厅牵头负责）

23. 加快知识产权保护体系建设。（省市场监管局牵头负责）

主要措施：

（1）落实国家对网购、进出口等重点领域加强知识产权执法的实施办法；对侵犯商业秘密、专利权、商标权、原产地地理标志等知识产权以及网络盗版侵权等违法行为开展集中整治。（省市场监管局牵头，省公安厅、省农业农村厅、青岛海关、济南海关等有关部门负责）

（2）落实国家“互联网+”知识产权保护工作方案，引导电商平台运用“互联网+”高效处理侵权假冒投诉，在进出口环节知识产权保护工作中推进线上信息共享、办案咨询、案件协查。（省市场监管局牵头负责）

（3）加强对中小微企业知识产权海外维权的援助。（省商务厅、省市场监管局负责）

24. 完成不利于产权保护的规章、规范性文件清理工作，2018 年年底前将清理情况汇总报省政府。（省发展改革委、省司法厅负责）

25. 继续加大涉产权冤错案件甄别纠正力度，2019 年 6 月底前再审理公布一批有代表性、有影响力的产权纠纷申诉案件。（省法院、省发展改革委负责）

**（三）进一步优化政务服务。**

26. 加快制定政务服务事项清单和推进政务服务标准化。（省委编办、省政府办公厅牵头负责）

主要措施：

（1）按照国家以省为单位公布各级政府“马上办、网上办、就近办、一次办”审批服务事项目录的要求，完善我省“一次办好”事项清单，并落实全国标准统一的行政权力事项目录清单。（省委编办、省政府办公厅牵头，各级、各部门负责）

（2）进一步提升政务服务质量，加快推进全省一体化在线政务服务平台建设，制定统一的审批服务事项编码、规范标准、办事指南和时限，消除模糊条款，优化审批服务流程，制作易看易懂、实用简便的办理流程图（表），2019 年统一事项办理标准。同时，建立政务服务满意度调查机制，并纳入绩效考核。（省政府办公厅、省委编办、省大数据局牵头，各级、各部门负责）

27. 从养老保险、医疗保险等若干领域做起，实现在不同地区间联网办理，再逐步扩大范围。

（省人力资源社会保障厅、省医保局负责）

主要措施：

（1）梳理标准，优化流程，依托信息化推进养老保险关系转移接续网上办理。（省人力资源社会保障厅负责）

（2）加快实现外出农民工、外来就业创业人员跨省异地就医直接结算全覆盖。（省医保局负责）

28. 持续开展减证便民行动，加大清理减并力度，对确需保留的证明，实行清单管理，除清单之外不得索要证明。2018 年年底前在公证服务方面全面推行‘一次办好’改革，加快公证机构与政府相关部门信息互联互通建设。（省司法厅牵头，各级、各部门负责）

29. 为大众创业、万众创新提供精准到位的服务。建设好“双创”示范基地，支持众创空间提升品质。推动大中小企业、科研机构、社会创客融通创新，缩短创新周期，提高创新成果转化效率。加强就业和技能服务，完善对新就业形态的支持措施。（省发展改革委、省教育厅、省科技厅、省工业和信息化厅、省人力资源社会保障厅负责）

主要措施：

（1）扎实推进“双创”示范基地建设，积极争取国家重大创新项目和创新领域国家工程研究中心、产业创新中心等落户山东，新增一批国家企业技术中心。鼓励符合条件的企业申报省级工程实验室（研究中心）、企业技术中心等创新平台，承担省级技术创新项目。（省发展改革委负责）

（2）推动众创空间向专业化方向发展，鼓励龙头骨干企业、高校、科研院所建设专业化众创空间。实施科技孵化提质增效专项行动。修订《山东省众创空间和科技企业孵化器备案服务暂行办法》，进一步优化备案程序。到 2022 年，形成一批有效满足大众创新创业需求、具有较强专业化服务能力的众创空间，全省众创空间数量达到 700 家。（省科技厅负责）

（3）进一步优化对创业创新型企业的服务，在商事登记、专利申请等方面给予更多便利，积极落实有关税收优惠政策。实施包容审慎监管，支持创业创新型企业健康发展。（省发展改革委、省市场监管局、省税务局负责）

（4）梳理公布职业技能培训权力事项、服务事项清单。（省人力资源社会保障厅负责）

30. 调动市场力量增加非基本公共服务供给，更好满足群众多层次多样化需求。积极推进“互联网+医疗”“互联网+教育”等新模式发展，让偏远地区和基层群众能够分享优质公共服务。（省发展改革委、省教育厅、省卫生健康委按职责分工负责）

主要措施：

（1）进一步规范互联网诊疗行为，加强互联网医院管理。（省卫生健康委负责）

（2）进一步完善省、市、县、乡、村五级远程医疗服务网络，2020 年年底前推动远程医疗服

务覆盖所有医联体和县级医院。(省卫生健康委负责)

(3)全面改善教育信息化基础条件。实施教育城域网升级工程，加快中小学网络基础设施建设，大力深化“网络学习空间人人通”普及应用，逐步扩大基础教育优质资源覆盖面。(省教育厅负责)

31. 大力推动跨地区、跨部门、跨层级信息数据开放共享，满足地方普遍性政务需求。进一步完善全省政务信息资源共享交换体系，提升省政务信息资源共享交换平台的服务能力和共享效能。2018 年年底前，完成国家、省、市三级政务信息资源共享交换平台互联互通。2020 年年底前，实现政务信息资源共享交换对基层政务服务应用支撑全覆盖。(省大数据局牵头，各级、各部门负责)

32. 筑牢平台建设和数据共享安全保密防线，确保政务网络和数据信息安全，保护好商业秘密和个人隐私。加强政务信息资源和大数据采集、共享、使用的安全保障工作。加强政务信息资源共享网络安全管理，建立健全保密审查机制，明确保密审查程序和责任。推进政务信息资源共享风险评估，完善个人隐私等敏感信息保护措施。(省委网信办、省大数据局、省公安厅、省国家保密局牵头，各级、各部门负责)

33. 大力推行电子营业执照。进一步完善全省电子营业执照系统，2019 年年底前完成全省市场主体电子营业执照生成和网上推送工作。推动电子营业执照在电子政务、电子商务、金融服务等领域的广泛应用。(省市场监管局负责)

34. 组织开展营商环境评价，增强政策制定实施的科学性和透明度，建立健全优化营商环境工作机制。2018 年年底前设立营商环境投诉举报和查处回应制度，及时纠正发现的问题，并公开曝光营商环境反面典型案例。(省发展改革委牵头，各级、各部门负责)

**(四)进一步推动外商投资和贸易便利化。**

35. 切实保障外商投资企业公平待遇。(省发展改革委、省商务厅牵头，各级、各部门负责)

主要措施：

(1)按照国家统一安排，落实全面清理取消在外商投资准入负面清单以外领域针对外资设置的准入限制，实现市场准入内外资标准一致，落实以在线备案为主的外商投资管理制度。组织做好对外资企业在政府采购、资金补助、资质许可等方面是否享有公平待遇进行专项督查。(省发展改革委、省商务厅牵头负责)

(2)2018 年年底前建立健全外资投诉处理机制，及时回应和解决外资企业反映的问题。(省商务厅负责)

(3)2019 年年底前完成与现行开放政策不符的法规、规章和规范性文件的废止或修订工作。

（省商务厅、省发展改革委、省司法厅牵头，各级、各部门负责）

36. 进一步促进外商投资。（省发展改革委、省商务厅牵头，各级、各部门负责）

主要措施：

（1）积极推进重大外资项目建设，将符合条件的外资项目纳入重大建设项目范围，或依申请按程序加快调整列入相关产业规划，给予用地、用海审批等支持，加快环评审批进度，推动项目尽快落地。（省发展改革委牵头，各级、各部门负责）

（2）贯彻落实《外商投资产业指导目录》，扩大鼓励外商投资范围。（省发展改革委、省商务厅负责）

（3）落实国家新出台征管办法等政策，严格执行外商再投资暂不征收预提所得税政策适用范围从鼓励类外资项目扩大至所有非禁止项目和领域的要求。（省财政厅、省税务局、省发展改革委、省商务厅牵头，各级、各部门负责）

37. 降低进出口环节合规成本，提升跨境贸易便利化水平，2021 年年底前进出口整体通关时间压缩一半。（省政府办公厅〔省口岸办〕、青岛海关、济南海关负责）

主要措施：

（1）推进海关、检验检疫业务全面融合，2018 年年底前实现统一申报单证、统一作业系统、统一风险研判、统一指令下达、统一现场执法。进一步优化通关流程和作业方式，推动精简进出口环节监管证件，能退出口岸验核的退出，2018 年底前整体通关时间比 2017 年压减 1/3，到 2021 年压减 1/2。（省政府办公厅〔省口岸办〕、青岛海关、济南海关负责）

（2）进一步完善国际贸易“单一窗口”，将“单一窗口”功能覆盖海关特殊监管区域和跨境电子商务综合试验区等相关区域。加大“单一窗口”推广应用力度，2018 年年底前主要申报业务应用率达 70%，力争 2019 年年底前达 100%，2020 年年底前实现国际贸易进出口业务全部通过“单一窗口”办理。（省政府办公厅〔省口岸办〕、青岛海关、济南海关负责）

（3）建立相关工作机制，落实国务院确定的降低集装箱进出口环节合规成本的要求，抓紧制定公布口岸收费目录清单，加强督促检查，确保落实到位。（省政府办公厅〔省口岸办〕、省财政厅、省市场监管局、青岛海关、济南海关、省交通运输厅、省发展改革委、省商务厅负责）

（4）落实进口许可管理货物目录，减去已无必要监管的产品。（省商务厅负责）

38. 完善出口退税政策，加快出口退税进度。（省税务局、青岛海关、济南海关、省财政厅负责）

主要措施：

（1）落实国家出口退税政策的操作文件，简并退税率，提高部分商品出口退税率，推动实体经济降成本、保持外贸稳定增长。（省税务局负责）

（2）加强部门间合作，进一步加快出口退税进度，对信用评级高、纳税记录好的企业简化手续、缩短退税时间；全面推行无纸化退税申报，提高退税审核效率，确保2018年年底前将办理退税平均时间由目前13个工作日缩短至10个工作日；尽快实现电子退库全联网全覆盖，实现申报、证明办理、核准、退库等业务网上办理。同时，要采取切实有效的措施防范和坚决打击骗取出口退税行为。（省税务局、青岛海关、济南海关负责）

## 二、工作要求

（一）进一步提高思想认识。各级、各部门要以习近平新时代中国特色社会主义思想为指导，全面贯彻党的十九大、十九届二中、三中全会精神，认真落实党中央、国务院决策部署，坚持稳中求进工作总基调，将优化营商环境、减轻企业负担、解决企业反映的突出问题作为稳就业、稳金融、稳外贸、稳外资、稳投资、稳预期的重要措施，想企业所想，急企业所急，消除制约企业发展的各种障碍，进一步增强企业发展信心和动力。主要同志要亲自负责，分管领导同志要具体抓到位，并层层明确落实责任，确保今年经济社会发展各项目标任务全面如期完成。

（二）进一步落实政府责任。各级、各部门要认真梳理分析营商环境存在的突出问题，找准政策落实中的“堵点”，切实承担优化营商环境的职责，并结合实际有针对性地制定出台落实有关政策的具体办法。要细化分阶段重点工作，在重点领域制定可量化、可考核、有时限的目标任务，以大局意识和工匠精神抓好落实。要在年底前建立健全企业家参与涉企政策制定机制，制定出台政府重大经济决策主动向企业家和行业协会商会问计求策的操作办法，完善与企业的常态化联系机制。同时，主动对标先进，相互学习借鉴，创造更多管用可行的“一招鲜”，进一步推动形成竞相优化营商环境的良好局面。

（三）强化舆论宣传和督促检查。各级、各部门要对已出台的优化营商环境政策措施及时跟进解读，准确传递权威信息和政策意图，并向企业精准推送各类优惠政策信息，提高政策可及性。对于市场主体关注的重点难点问题，要及时研究解决，回应社会关切，合理引导预期。要把深化放管服改革、优化营商环境情况作为督查重点，对成效明显的要加大表扬和政策激励力度，对不作为乱作为的要抓住典型严肃问责。各市政府、省相关部门要将贯彻落实情况于12月15日前书面报省政府。工作中取得的重大进展、存在的突出问题要及时报告。

## 其他参考文件

1.《山东省人民政府关于印发山东省新旧动能转换重大工程实施规划的通知》（鲁政发〔2018〕7号）。

2.《山东省口岸办公室、青岛海关、济南海关关于印发〈国际贸易“单一窗口”标准版关检融合申报应急保障方案〉的通知》(鲁口办字〔2018〕48号)。

3.《山东省口岸办公室、青岛海关、济南海关、山东省公安边防总队、山东海事局关于在全省水运(海港)口岸实行国际航行船舶进出境通关无纸化的通告》(2018年9月17日)。

# 河南省

## 一、 综述

2018年，按照党中央、国务院和河南省委、省政府安排部署，围绕“五区联动”“四路协同”发展，河南口岸相关单位坚持目标和问题导向，相互协作、共同努力，加快推进中国（河南）国际贸易单一窗口（以下简称河南“单一窗口”）建设，不断拓展平台功能、提升业务规模，平台呈现良好运行态势，阶段性成效显著。截至2018年年底，河南“单一窗口”依托标准版，累计上线功能50个，已具备一般贸易、加工贸易、服务贸易、跨境电商四大领域通关服务功能，服务全省相关企业，已成为河南通关政务服务的主平台。

### （一）平台功能日益完善，支撑服务能力显著提升

#### 1. 基础通关服务功能方面

上线货物申报、企业资质办理、许可证申领、税费支付等功能，各类外贸企业可登录河南“单一窗口”平台线上办理各类通关申报及关税缴纳等业务。同时，积极推动与河南电子政务服务平台双向融合，实现与标准版平台纵向对接联网，与河南电子政务平台横向对接融合，服务全省电子政务“一网通办”。

#### 2. 口岸特色功能方面

围绕服务河南自贸试验区“两体系一枢纽”建设，积极拓展开发跨境电商、多式联运等特色服务功能。在全国首创跨境电商“1210”进口保税模式和“9610”一般出口模式，平台日处理单据提升至500万单水平，高效服务跨境电商“买全球卖全球”发展，跨境电商零售业务量保持全国前列。

#### 3. 金融服务功能拓展方面

与中国出口信用保险公司河南分公司、中国银行河南分行、中国建设银行河南分行、中原银

行等 8 家金融机构签署合作协议，拓展出口信用保险、电子支付、网上收付汇及结售汇等功能。

### （二）覆盖范围快速拓展，区域合作成效凸显

#### 1. 进一步扩大全省覆盖范围

按照立足郑州、梯次推进、带动全省要求，河南“单一窗口”平台各项服务功能在先期覆盖省内郑州航空口岸、郑州铁路口岸、新郑综合保税区、河南保税物流中心等口岸核心区域基础上，已实现全省 18 个省辖市全面应用覆盖。目前平台已累计入驻企业 3000 余家，服务上下游企业 1 万余家。

#### 2. 进一步加强区域合作

依托“单一窗口”网络体系，积极拓展国内跨区域通关业务覆盖，为河南企业在沿海沿边口岸办理业务和外省企业在河南口岸办理业务提供服务。2018 年 9 月，河南省口岸办与天津市口岸办签署合作协议，明确进一步加强跨区域通关协作，推进“单一窗口”数据信息共享共用，支持重点企业开展进出口业务。

#### 3. 进一步推动线上线下联动服务

充分利用各市和自贸试验区各片区政务办事大厅平台优势，先后在河南自贸试验区洛阳片区、开封片区及有关省辖市专设河南“单一窗口”服务窗口，提供线上线下相结合的咨询、申报综合通关服务。

### （三）监管模式优化创新，国际贸易降本增效

#### 1. 简化通关环节方面

由“串联”改“并联”，实现企业通关数据共享共用，有效解决重复申报、多头申报痛点。新版货物申报功能将原先需要企业分别录入的报关、报检单及随附单证整合成一张报关单、一套随附单证，申报数据由 229 项精简至 105 项；企业资质办理功能可直接引用工商数据填写企业公共基础信息，申报数据从 151 项减少到 95 项。

#### 2. 优化业务流程方面

通过河南“单一窗口”平台统一业务标准和规范，实现功能优势叠加。创新“跨境电商+邮政转关”监管模式，为河南省各省辖市开展跨境电商出口业务开辟了新通道。

### 3. 提高通关效率方面

实现跨部门应用系统间互联互通、协同操作，通过线上的“一次申报”，推动线下的“一次查验、一次放行”，通关时间最快可从 3 天缩短至 2 个小时，有效提高了企业的办事效率，真正实现“信息多跑路、企业少跑腿”。

## 二、运行情况

### （一）运行数据

截至 2018 年年底，河南“单一窗口”注册用户 4850 家，比 2017 年增加 4335 家。2018 年，河南“单一窗口”货物申报 65.50 万票、空运舱单申报 12.45 万票、空运运输工具申报 657 票、原产地证书申领 2357 票、许可证件申领 44 票、企业资质办理 1.21 万票、税费支付 8676 票、加工贸易办理 1.13 万票。

2018 年，河南“单一窗口”跨境电商进出口申报 9720.92 万票、货值 121.38 亿元人民币，其中进口 7776.05 万票、货值 112.70 亿元人民币，出口 1944.87 万票、货值 8.68 亿元人民币。

### （二）运行维护

为进一步保障河南“单一窗口”安全、稳定、高效运行，按照国家有关要求，遵循“分级运维、联合保障、统一标准、安全有效”原则，会同郑州海关、河南电子口岸公司等单位，联合做好河南“单一窗口”的运行维护工作。

#### 1. 强化制度保障，完善两级一体化运维机制

河南省口岸办会同口岸相关单位研究制定了《中国（河南）国际贸易单一窗口运行管理办法（暂行）》，督促各级各部门做好河南“单一窗口”服务请求、数据安全、门户网站管理等方面工作，推动河南“单一窗口”平台相关应用系统完成安全等级备案。优化完善河南“单一窗口”两级一体化运维机制，为河南“单一窗口”的运行维护工作提供了重要制度保障。

#### 2. 以需求为导向，持续提升客户服务体验

一是日常运维流程化。规范优化问题处理流程，促进日常运维保障工作流程化，为系统的安全运行提供了长效保障。二是专项保障专业化。在深入一线调研企业业务需求，科学研判重点企业生产经营趋势的基础上，制定两会期间、“双 11”促销期间等应急保障方案，成立专项工作保障组，服务富士康、菜鸟、京东等龙头企业业务开展。三是客服体系多元化。开通 95198 服务热

线，7×24 小时免费向全省各类企业和个人用户提供河南“单一窗口”通关业务咨询，形成服务热线、官方网站、微信公众号、问卷调查、需求座谈会、线下服务窗口等多渠道联合服务的客服体系，及时响应用户需求，解决企业通关难点、痛点问题，实现线上申报和咨询的无缝衔接。四是坚持河南“单一窗口”免费申报制度。通过政府购买服务等方式免费为企业提供无差别、均等化政务通关服务，帮助企业降低通关成本，实实在在增加企业的获得感。

### （三）宣传推广

#### 1. 上下协调联动， 拓展应用覆盖范围

为保证河南“单一窗口”各项新增功能及时落地应用，在河南省口岸办的组织协调下，郑州海关、各地市口岸办、电子口岸公司及各业务现场上下联动、协同推进，加大对企业宣传培训力度，2018 年全年开展培训会 23 场，培训企业 1070 家、1550 人。同时，利用来访接待、线下培训、重大活动等场合，制作 PPT、画册、展板等宣传资料，将河南“单一窗口”形象展示有机嵌入特定场景。

#### 2. 拓宽宣传渠道， 提升河南“单一窗口” 影响力

通过“河南口岸”“河南电子口岸”等微信公众号，河南手机报口岸版、官方网站等自媒体，及时传播河南“单一窗口”有关信息，传播对象覆盖口岸政务部门、重点外贸企业等，持续释放品牌影响力。2018 年官方网站浏览量突破 50 万人次，同比增加 11. 5 倍，微信公众号关注人数同比增加 8. 4 倍，政务手机报覆盖口岸相关人员 425 人。《河南日报》、河南新闻刊登、播出河南“单一窗口”相关新闻 15 次，有关报道吸引中国政府网等多家知名媒体转载。

## 三、 特色应用

为进一步促进标准版的落地应用，实现中央标准应用和地方特色应用的融合发展，满足河南对外开放发展需求，实施了河南地方特色功能的拓展建设，主要包括以下功能。

### （一）申报中心板块

汇集目前进出口贸易活动中所涉及的申报业务，为企业提供统一的申报入口，方便企业通过一点接入，即可完成各种业务的申报操作和结果反馈。

### （二）跨境电商板块

主要为跨境电商 B2C 企业提供一体化在线通关服务，通过联通企业、业务现场、监管部门，

可实现企业资证的“一次备案、多部门共享、全流程使用”和通关流程的“一次申报、全程在线处理、统一办结”反馈，系统支持跨境电商直购进口、保税进口和一般出口等业务模式。

### （三）政务信息共享板块

按照政务信息“以共享为原则，不共享为例外”的要求建设，实现口岸政务部门系统全连接、数据全开放、应用全协同。当前河南“单一窗口”已实现与河南电子政务服务平台双向融合，用户在任一平台注册即可在两平台间无缝切换，“一站式”获取垂直领域的国际贸易服务和横向领域的省内政务服务。

### （四）大数据分析板块

包括大数据管理、大数据分析应用、效能监测 3 个子系统。在遵守安全规定，得到使用授权，做好安全防护的前提下，多维度展现和监测分析跨境贸易链条各主要环节的通关时效，为政府提供大数据全景展示和效能监测服务。

### （五）金融服务板块

依托河南“单一窗口”平台，以结付汇和税费支付功能为契点，对接全国金融服务机构，拓展供应链金融服务，着力解决企业生产经营环节的资金问题，提高融资效率，降低融资成本。

### （六）出口退税板块

系统与河南国税“互联网+税务”系统深度融合对接，在实现企业出口退税业务的全流程在线申报的同时，为平台企业进一步拓展其他涉税业务办理提供新途径。

## 四、大事记

1 月 16 日

河南“单一窗口”线下咨询平台在河南自贸试验区开封片区设立。

1 月 24 日

河南省省长陈润儿做《政府工作报告》，对河南“单一窗口”建设做重要要求。

2 月 9 日

新疆维吾尔自治区哈密市人民政府赴河南调研河南“单一窗口”建设情况。

3 月 20 日

河南“单一窗口”货物申报业务量突破 10 万单。

4月10日

河南“单一窗口”正式开通95198客户服务热线。

是日

河南省口岸工作联席会议办公室印发《中国（河南）国际贸易单一窗口运行管理办法（暂行）》。

4月11日

国家口岸办和中国电子口岸数据中心来豫调研“单一窗口”国际合作等工作。

4月25日

河南“单一窗口”正式实现与河南电子政务服务网的双向融合对接。

5月9日

河南“单一窗口”上线运行标准版空运舱单功能。

5月10日

河南省发展改革委与中国出口信用保险公司河南分公司签署《中国（河南）国际贸易单一窗口建设应用合作框架协议》。

5月14日

河南“单一窗口”新版门户网站正式上线。

5月15日

河南省口岸办主任郑金广组织召开会议，研究推动河南“单一窗口”平台体制机制创新工作。

5月24日

河南省副省长何金平组织召开全省口岸工作联席会议，研究部署口岸建设相关工作，审议通过《2018年中国（河南）国际贸易单一窗口建设方案》。

6月28日

河南省口岸办与中国建设银行河南分行等7家银行签署《中国（河南）国际贸易单一窗口建设应用合作框架协议》。

6月28日

河南“单一窗口”上线运行标准版税费支付功能。

7月18日~27日

河南省开展关检融合统一申报培训。

9月1日

河南“单一窗口”上线运行跨境电商出口统一版系统。

12月18日

河南“单一窗口”上线运行出口退税功能。

12 月 22 日

河南省人民政府发布《关于印发优化口岸营商环境 促进跨境贸易便利化工作实施方案的通知》（豫政〔2018〕39 号）。

12 月 31 日

河南“单一窗口”上线运行出口信用保险功能。

## 五、 政策文件

### 河南省人民政府关于印发优化口岸营商环境 促进跨境贸易便利化工作实施方案的通知

豫政〔2018〕39 号

各省辖市、省直管县（市）人民政府，省人民政府有关部门：

现将《优化口岸营商环境 促进跨境贸易便利化工作实施方案》印发给你们，请认真贯彻执行。

河南省人民政府

2018 年 12 月 22 日

### 优化口岸营商环境 促进跨境贸易便利化工作实施方案

为贯彻落实《国务院关于印发优化口岸营商环境 促进跨境贸易便利化工作方案的通知》（国发〔2018〕37 号）要求，深化“放管服”改革，优化口岸营商环境，实施更高水平跨境贸易便利化措施，加快我省内陆开放高地建设，制定本方案。

#### 一、总体要求

**（一）指导思想**

以习近平新时代中国特色社会主义思想为指导，全面贯彻党的十九大和十九届二中、三中全会精神，结合落实《河南省优化营商环境三年行动方案（2018~2020 年）》，以目标为导向，进一步深化通关改革，优化监管流程，压缩通关时间，推进提效降费，营造便捷高效、公平透明、可预期的口岸营商环境，为推进我省高水平开放和高质量发展提供有力支撑。

### （二）工作目标

到 2018 年年底，全省口岸进出口环节验核的监管证件数量比 2017 年减少三分之一以上，整体通关时间比 2017 年压缩三分之一。到 2021 年年底，整体通关时间比 2017 年压缩一半，在中西部地区处于领先地位，初步实现口岸治理体系和治理能力现代化，口岸营商环境更有活力、更富效率、更加开放、更为便利，基本建成内陆地区一流的口岸开放高地。

## 二、工作任务

### （一）深化口岸监管创新，优化通关流程和作业方式

1. 深入推进通关一体化。加快落实海关总署改革部署，加强海关与铁路部门信息共享，推进铁路运输货物通关无纸化。支持海关部门直接使用市场监管、商务等部门数据办理进出口货物收发货人注册登记。2018 年年底前，海关与出入境检验检疫业务全面融合，实现申报单证、作业系统、风险研判、指令下达、现场执法“五统一”。（责任单位：郑州海关牵头，省商务厅、市场监管局、公安边防总队、交通运输厅、民航办、中国铁路郑州局集团公司分工负责）

2. 推进跨部门联合查验。按照海关总署等四部门印发的《口岸查验单位一次性联合检查实施方案》要求，深化海关、边检等部门协作共管，通过签订合作备忘录或执法合作协议，建立现场查验联动机制，设置国际货运航班联合查验场地，明确联合查验流程，遵循“能联则联”的原则，在合理时间内对同一运输工具实施一次性查验。（责任单位：省政府口岸办牵头，郑州海关、省公安边防总队、机场集团分工负责）

3. 全面推广“双随机、一公开”监管。从进出口货物一般监管拓展到常规稽查、保税核查和保税货物监管等全部执法领域。推进全链条监管“选、查、处”分离，提升“双随机”监管效能。（责任单位：郑州海关）

4. 公开通关流程和物流作业时限。制定并公开通关流程和口岸经营服务企业场内转运、吊箱移位、掏箱、货方提箱等作业时限标准，便利企业合理安排生产、制定运输计划。公布口岸查验单位通关服务热线，畅通服务和投诉渠道。（责任单位：省政府口岸办牵头，郑州市政府、郑州海关、省机场集团、郑州国际陆港公司、郑州铁路集装箱中心站分工负责）

5. 提升口岸查验区作业效率。加快铁路口岸大监管区建设，提升中欧班列（郑州）进出口货物作业时效。推进查验场地整合，统筹使用海关监管设施设备，增加查验区吊装设备和车辆，提升集装箱搬倒效率，实现待查验集装箱快速运抵、查验完毕第一时间调离。（责任单位：郑州市政府、省机场集团、郑州国际陆港公司、郑州铁路集装箱中心站、郑州海关）

6. 推进关税保证保险改革。创新海关税收征管模式，积极探索多元化税收担保方式，开展企

业集团财务公司、融资担保公司担保改革试点，通过保险担保实现货物先放行后缴税。全面推进财关库银横向联网，加快推进税单无纸化改革。（责任单位：郑州海关牵头，省地方金融监督管理局、河南银保监局、省财政厅、人行郑州中心支行分工负责）

7. 优化检验检疫作业。加快对我省相关进口矿产品推广应用“先验放后检测”监管方式。持续完善相关隶属海关矿产品检测设施，应用现场快速检测技术，进一步缩短检测周期。引入市场竞争机制，发挥社会检验检测机构作用，在进出口环节推行第三方检验检测结果采信制度。（责任单位：郑州海关）

**（二）推动口岸降费增效，降低进出口环节合规成本**

8. 实行口岸收费目录清单制度。建立价格、市场监管、口岸管理、查验等单位共同参与的口岸收费监督管理协作机制，口岸收费目录清单和收费标准向社会公开，清单之外不得收费。郑州航空口岸、郑州铁路口岸、洛阳航空口岸运营单位所有收费项目要在各口岸现场、国际贸易“单一窗口”等进行公示，并督促货运代理企业一同进行公示。（责任单位：省机场集团、郑州国际陆港公司、郑州铁路集装箱中心站、中国民航飞行学院洛阳分院、省政府口岸办、郑州市政府）

9. 降低进出口环节合规成本。严格执行行政事业性收费清单管理制度，未经国务院批准，一律不得新设涉及进出口环节的收费项目。清理、规范口岸经营服务性收费，对实行政府定价的，严格执行规定标准；对实行市场调节价的，督促收费企业执行有关规定，依法查处强制服务、加价收费、提前收费、只收费不服务等不合理收费行为。鼓励竞争，破除垄断，推动降低报关、货运代理、物流、仓储等环节经营服务性收费。（责任单位：省政府口岸办、省财政厅、发展改革委、郑州海关、郑州市政府）

10. 加强口岸收费联合督促检查。加大执法检查力度，加强对口岸收费项目、收费标准以及收费行为的监管，定期开展专项检查。严禁巧立名目及捆绑式收费行为，一经发现，按照有关规定予以处罚。（责任单位：省市场监管局牵头，省财政厅、省政府口岸办分工负责）

**（三）压缩整体通关时间，提高口岸物流服务效率**

11. 推广应用“提前申报”模式。鼓励企业提前办理单证审核和货物运输作业手续，非布控查验货物抵达口岸后即可放行提离，提高进口货物“提前申报”比例。推动中欧班列（郑州）进出口货物实行“直通”模式。（责任单位：郑州海关）

12. 加强 7×24 小时通关保障能力建设。制定实施郑州航空口岸 7×24 小时快速通关方案，研究解决郑州海关、省公安边防总队落实过程中面临的实际问题，争取尽快实现 7×24 小时通关。（责任单位：省政府口岸办、郑州海关、省公安边防总队牵头，省财政厅、郑州航空港经济综合实验区管委会、省机场集团分工负责）

13. 提高查验准备工作效率。通过国际贸易“单一窗口”等信息平台向进出口企业、口岸作业场站推送查验通知，增强通关时效的可预期性。进境运输工具到港前，口岸查验单位对申报的电子数据进行在线审核并及时向场站及货运代理企业反馈。（责任单位：省政府口岸办、郑州海关牵头，省公安边防总队、郑州铁路集装箱中心站分工负责）

14. 加快发展多式联运。积极参与制定、实施国家多式联运服务规则。加快多式联运公共信息平台建设，推动国际贸易“单一窗口”与郑州新郑国际机场、国际陆港多式联运信息平台对接，为企业开展多式联运业务提供服务支撑，2019 年年底前实现联运信息交换和共享。（责任单位：省交通运输厅、省政府口岸办牵头，省发展改革委、郑州海关、中国铁路郑州局集团公司、省机场集团、郑州国际陆港公司分工负责）

15. 加快大宗和时效性商品通关速度。在风险可控的前提下，优化鲜活、冷链、大宗商品检验检疫流程，总结推广“提前申报、机坪验放”监管模式，进一步提高通关时效。加快开通农副产品快速通关“绿色”通道。（责任单位：郑州海关）

16. 建立口岸通关时效评估机制。参照国家口岸通关时效评估标准，加强我省整体通关时间统计分析和定期通报。开展口岸整体通关时效第三方评估，适时向社会公布评估结果。将各口岸整体通关时间和成本纳入营商环境评价体系，逐步建立常态化评价机制。（责任单位：省政府口岸办、郑州海关）

17. 减少进出口环节监管证件并简化办理流程。取消一批进出口环节监管证件，将进出口环节验核的监管证件减至 48 种，并通过多种形式全部实现联网、在通关环节比对核查；除安全保密需要等特殊情况外，2020 年年底前监管证件全部实现网上申报、网上办理。（责任单位：郑州海关、省商务厅、税务局等有关单位）

**（四）推进信息体系建设，提升口岸管理智能化水平**

18. 加强国际贸易“单一窗口”建设。拓展完善我省国际贸易“单一窗口”国家标准版功能和跨境电商、多式联运等特色服务功能，提升货物申报、舱单申报、税费支付、出口退税、加贸保税和转关申报等应用功能。通过政府购买服务等方式完善免费政务通关服务。加强国际贸易“单一窗口”与省电子政务服务平台以及邮政、银行、保险等相关行业信息系统的互联对接，积极推进与境外“单一窗口”平台的互联互通，使其成为我省进出口企业通关服务的主平台。2018 年年底前货物申报等主要业务应用率达到 90% 以上，2019 年年底前力争达到 100%，2020 年年底前实现与“一带一路”沿线主要国家“单一窗口”互联互通。（责任单位：省政府口岸办牵头，郑州海关、省公安边防总队、税务局、机场集团、郑州国际陆港公司分工负责）

19. 推进口岸物流信息电子化。在郑州航空口岸、郑州铁路口岸各查验单位、运输企业，推广应用不同运输方式集装箱、整车货物运输电子数据交换报文标准，实现口岸作业场站货物装卸、仓储理货、报关、物流运输、费用结算等环节无纸化和电子化。2019 年 6 月底前实现内外贸集装箱堆场的电子化海关监管。（责任单位：郑州海关牵头，中国铁路郑州局集团公司、省机场集团、郑州国际陆港公司、郑州铁路集装箱中心站、省政府口岸办、郑州市政府分工负责）

20. 提升口岸查验智能化水平。加大口岸信息化建设投入力度，推广应用集装箱空箱检测仪、高清车底探测系统、安全智能锁等设备，提高单兵作业设备配备率。争取国家将郑州航空口岸列为“先期机检”“智能识别”作业试点，并逐步推广至郑州铁路口岸，提高机检后直接放行比例，提升口岸通关效率和管理水平。（责任单位：郑州海关、省公安边防总队）

## 三、组织实施

### （一）加强组织领导

充分发挥省口岸工作部门联席会议作用，及时协调解决重大问题，推动各部门密切协作，形成工作合力。联席会议办公室要加强政策研究和工作协调，重大情况及时向省政府报告。

### （二）落实工作职责

各有关部门和单位要认真落实牵头责任和配合责任，加强协作配合，合理安排进度，确保各项任务有措施、能落实、可量化。各省辖市政府要强化对本地优化口岸营商环境工作的领导和统筹协调，加大政策宣传力度，健全工作机制，确保任务落实到位。各口岸运营企业要对照目标任务，主动作为，配合做好相关工作。

### （三）强化督促指导

要建立健全督导考核机制，按照工作任务和时间节点，及时进行现场督促检查。建立口岸通关效率排行榜制度，定期进行通报。

# 河南省口岸工作部门联席会议办公室关于印发《中国（河南）国际贸易“单一窗口”运行管理办法（暂行）》的通知

豫口办函〔2018〕21 号

省口岸工作部门联席会议各有关成员单位，各省辖市人民政府口岸办公室、河南电子口岸有限公司：

根据《海关总署关于印发〈国际贸易“单一窗口”运行管理办法（暂行）〉的通知》（署岸发〔2017〕259 号）要求，省政府口岸办公室会同郑州海关、河南出入境检验检疫局、河南电子口岸有限公司等单位，研究制定了《中国（河南）国际贸易“单一窗口”运行管理办法（暂行）》。经省政府同意，现印发执行。

河南省口岸工作部门联席会议办公室
2018 年 4 月 10 日

## 中国（河南）国际贸易“单一窗口”运行管理办法（暂行）

### 第一章 总 则

**第一条** 为规范中国（河南）国际贸易“单一窗口”运行管理、信息安全和应急保障等工作，确保系统安全、稳定、高效运行，根据国家《关于国际贸易“单一窗口”建设的框架意见》《国际贸易“单一窗口”运行管理办法（暂行）》《国际贸易“单一窗口”门户网站管理办法（暂行）》等文件要求，特制定本办法。

**第二条** 本办法适用于中国（河南）国际贸易“单一窗口”所有应用服务功能，包括依托中央和我省两级电子口岸平台建设的口岸政务服务功能、口岸物流服务功能、口岸数据服务功能、口岸特色应用功能等。

**第三条** “单一窗口”运行管理工作包括中央和地方两个层面，按照“分级运维、联合保障、统一标准、安全高效”的原则开展一体化运行服务保障工作。

### 第二章 职责分工

**第四条** 省层面由“单一窗口”建设工作组统筹负责全省“单一窗口”运行管理工作，研究决策重要事项，协调解决重大问题，落实“单一窗口”运行必要的保障资金。“单一窗口”建设工作组成员（以下简称成员单位）包括省口岸工作部门联席会议有关成员单位，根据需要逐步扩大到其他相关部门，省政府口岸办作为办事机构，负责联系、会商、协调等日常工作。省辖市层面由各省辖市口岸主管部门牵头建立本市“单一窗口”联络机制。

**第五条** 省政府口岸办负责对接国家口岸管理办公室，会同成员单位研究制定相关制度规范，建立我省联合运行管理机制，明确运行工作各参与方（以下简称各参与方）管理责任，协调、指导、监督、评估“单一窗口”运行管理工作。重大情况及时报告省政府。

**第六条** 成员单位负责按照国家对口部委有关要求，做好本单位与“单一窗口”对接系统的运行管理工作，及时处置涉及本单位的相关事项；参与制定“单一窗口”运行管理相关制度规范并配合实施；明确本单位业务数据在“单一窗口”中的安全管理要求，研究公布数据共享目录（数据共享白名单或黑名单），指导直属查验机构做好“单一窗口”应用推广和通关保障。

**第七条** 河南电子口岸有限公司（以下简称电子口岸公司）作为我省“单一窗口”技术承办

单位，按照国家相关技术要求和标准规范，在省政府口岸办业务指导下，承担我省层面“单一窗口”运行服务保障工作，受理、处置各省辖市提交的问题和建议，并为各省辖市对接使用“单一窗口”相关功能提供技术指导与支持；负责电子口岸数据机房及网络环境运维保障。

**第八条** 各省辖市口岸主管部门负责“单一窗口”运行管理相关制度规范在本地区的落地实施，会同本地区口岸查验机构、口岸生产单位、海关监管区运营单位等建立联合运行管理机制，并负责“单一窗口”相关系统应用推广。

**第九条** 综保区、保税物流中心等海关监管区域（场所），省机场集团、郑州国际陆港公司等运营单位负责按照国家相关要求完善辅助监管系统、专业化平台、场站物流系统等自身信息化系统及网络环境，通过“单一窗口”办理通关业务，实现通关数据交换互联，引导进出口企业使用“单一窗口”系统，收集用户反映的问题及意见建议，配合电子口岸公司及时解决。

## 第三章 服务请求管理

**第十条** “单一窗口”服务请求实行“属地受理、首问负责、上下联动、协同处置”，按照国家关于建立中央、地方两级一体化客户服务体系有关要求，制定服务请求规程，建立专用服务联络渠道，及时处置用户服务请求，不断改进服务质量，提升用户体验。

**第十一条** 电子口岸公司作为我省“单一窗口”运行服务实体，负责统一受理、解决并反馈我省用户服务请求，提供业务咨询、操作指导、常见问题解答等服务；配合中国电子口岸数据中心处理相关服务请求并提供技术支持；各成员单位技术保障部门负责处理涉及本单位对接系统的服务请求。

**第十二条** 用户使用“单一窗口”办理业务发生数据异常时，应由口岸管理相关部门按照业务规定及时干预处理。特殊情况下，需电子口岸公司或中国电子口岸数据中心协助技术处理的，口岸管理相关部门应出具相关证明。

**第十三条** 电子口岸公司联合成员单位技术保障部门按照中国电子口岸数据中心有关技术要求，共同建立并维护“单一窗口”客户服务知识库，指导口岸管理单位现场查验机构和各省辖市口岸主管部门等各参与方快速、准确和规范地解决用户服务请求。

**第十四条** 电子口岸公司作为我省“单一窗口”服务热线开通主体，负责按照国家统一要求开通95198服务热线号码，实现中央、我省两级之间服务请求流转处理，规范服务标准，树立统一形象，保障热线接通率。建立“单一窗口”服务投诉监督机制，加强服务监督管理。

**第十五条** 省政府口岸办负责组织制定、发布中国（河南）国际贸易“单一窗口”服务目录，并做好服务目录的动态维护工作。

## 第四章 运维管理

**第十六条** “单一窗口”运维管理包括故障管理、变更管理、问题管理、监控管理等。各参与方按照职责分工负责，保障“单一窗口”稳定运行。

**第十七条** 故障管理的目标是尽快恢复“单一窗口”运行，将对业务的不利影响降至最小，并有效防止与此有关的故障再度发生，各参与方应按照“即时通报、分工协作、快速恢复、及时反馈”的要求，根据发生时段、影响范围及影响程度进行故障分级处置。确认为本单位故障的，应及时处置解决，并将解决情况及时通报相关单位；确认为非本单位故障的，应及时通报数据中心及相关单位协同解决。

**第十八条** 变更管理的目标是防止或减少变更对“单一窗口”业务的消极影响，确保变更能以有效、快速、标准、可控的方法和步骤进行。各参与方系统变更涉及“单一窗口”同步修改的，变更发起方应提前将变更内容正式通知本级口岸主管部门和电子口岸公司，由省政府口岸办组织协调后同步进行修改；不涉及“单一窗口”同步修改但与“单一窗口”有关的，变更发起方应提前正式告知本级口岸主管部门和电子口岸公司。

**第十九条** 问题管理的目标是通过主动发现根源错误及风险隐患，提出修复方法，将其对“单一窗口”业务的不利影响最小化。各参与方应按照问题对“单一窗口”业务影响程度、问题解决紧急程度及问题引发的风险确定问题优先级，实行分级管理。如遇需其他单位协助解决的问题，应及时联系相关单位处理，并提供必要信息；相关问题处理单位也应及时响应并反馈问题处理进展和解决方案。对于已解决的问题，各参与方应及时总结形成知识。

**第二十条** 监控管理的目标是及时发现并有效处置异常情况或隐患，保障“单一窗口”正常运行。各参与方应制定监控预案并严格按照预案执行，以自动化监控为主，必要时安排人工巡检。在监控过程中发现异常情况或隐患，应依据故障管理相关要求进行处置。各参与方应做好“单一窗口”的监控、巡检、备份及容灾建设等工作。

**第二十一条** 省、市两级口岸主管部门牵头，组织各参与方共同制定本级“单一窗口”应急预案，明确应急联络人，在发生系统不可用等异常情况时，根据需要及时启动应急处置工作，并定期组织演练。

**第二十二条** 属标准版技术原因导致申报错误或通关阻滞的，由电子口岸公司及时通报监管单位，由监管单位按照各自业务应急处理机制办理，尽可能降低给企业造成的不利影响；由于系统或申报习惯等造成的申报错误率，在一定期限内不计入对企业的考核指标。

**第二十三条** 电子口岸公司与中国电子口岸数据中心、各成员单位之间建立双向便捷有效的数据传输对账机制，保证数据传输的完整性和一致性。

**第二十四条** 省政府口岸办负责对接国家一体化“单一窗口”运维管理平台，进行故障管理、变更管理及通知公告等工作，实现“单一窗口”业务全流程监控，配合做好中央和我省两级运维工作的统一管理。

## 第五章　数据安全管理

**第二十五条**　电子口岸公司作为我省“单一窗口”运行服务实体应遵守国家有关网络安全法律法规，采取必要的技术手段和严格的管理措施，对数据的采集、存储、共享、交换、使用、传输等过程进行安全管理和防护，建立安全防范体系，不断完善防攻击、防篡改、防病毒等防护措施，确保满足相关等级保护规范和要求。

**第二十六条**　数据的访问与使用、加工处理、交付与交换等必须符合数据主管部门的要求，实行身份认证、授权访问和数据审计等制度。禁止向未授权的机构或个人提供或泄露数据，防止未授权的机构或个人修改或篡改数据。

## 第六章　门户网站管理

**第二十七条**　省政府口岸办为中国（河南）国际贸易“单一窗口”门户网站的主办单位，全面负责门户网站建设及运行管理工作，落实国家口岸管理办公室有关要求，确保网站运行安全；电子口岸公司为门户网站的承办单位，负责门户网站的建设、运行和技术保障工作，确保门户网站安全稳定运行；各口岸成员单位协助做好门户网站的宣传指导工作。

**第二十八条**　门户网站信息发布实行审核制度，遵循“谁提供、谁负责，谁主管、谁负责”的原则，未经审核的信息内容不得在门户网站上发布；各单位报送信息应经过审核并确保信息内容真实、准确、客观，符合国家有关法律法规和政策要求；一般信息由电子口岸公司负责审核发布；重要信息由省政府口岸办复核后正式发布。

**第二十九条**　门户网站应加强信息安全。所发布信息必须经过保密审查，信息内容不得涉及国家机密、商业秘密、个人隐私及任何其他违法违规内容。

## 第七章　评估与持续改进

**第三十条**　省政府口岸办按照国家统一部署建立运行管理评估指标体系，定期组织对我省“单一窗口”的运行情况进行考核评估。评估指标主要包括系统可用性、故障处理及时率、热线接通率、客户满意度等。各参与方应根据考核评估结果，查找问题，实施改进。

## 第八章　附　则

**第三十一条**　各单位根据本办法及相关规程，结合自身实际情况，制定相应的实施细则。

**第三十二条**　本办法中下列用语含义如下：

服务请求是指用户向中央、地方两级运行服务实体发起的涉及“单一窗口”的咨询、查询、需求、问题提交、故障事告、投诉建议等用户请求。

服务目录是指“单一窗口”面向用户提供的约定服务列表，包括服务分类、服务事项、服务接入和服务时间等。

故障是指引起或可能引起“单一窗口”业务中断或服务质量下降的各类软硬件异常。

变更是指直接或间接影响“单一窗口”的变动及更新，包括基础设施、应用程序、参数数据和接口等方面。问题是指反复出现或原因不明的异常或隐患。

监控是指通过自动化技术、人工巡检等手段来监测“单一窗口”的运行状态和性能指标，并将监测信息进行记录，从而分析出“单一窗口”整体运行态势。

**第三十三条** 本办法由省政府口岸办负责解释，自印发之日起执行。

# 湖北省

## 一、综述

根据国家推动大通关建设改革总体部署和《湖北省政府办公厅关于印发湖北国际贸易“单一窗口”建设工作方案的通知》（鄂政办函〔2016〕1号）、《关于湖北省全面深化改革领导小组成员领衔2016年度重大改革项目和重大推广项目的通知》（鄂改组发〔2016〕6号）的要求，湖北省依托湖北电子口岸建设中国（湖北）国际贸易单一窗口（以下简称湖北“单一窗口”）。建设工作由湖北“单一窗口”建设工作领导小组统一协调部署，成员单位包括湖北省商务厅、武汉海关、原湖北出入境检验检疫局、湖北省边防总队、长江海事局、湖北省交通运输厅、湖北省国税局等15个部门，具体的承建和维护工作由湖北省电子口岸运行服务中心负责实施。2018年，相关工作取得了阶段性的积极成果，各项应用功能不断叠加，用户数量持续增加，受到了湖北省内进出口企业和口岸查验单位的欢迎和好评，提升了通关便利化水平，促进湖北开放型经济发展的规模和效益扩大。

## 二、运行情况

### （一）运行数据

通过湖北“单一窗口”将大通关流程由“串联”改为“并联”，有效解决企业多头申报、重复申报问题，可以大幅度提高贸易便利化水平。截至2018年年底，湖北“单一窗口”开工建设两年以来，已陆续上线57个应用子系统，注册企业累计超过7000家，通过“单一窗口”平台办理的各类通关业务累计超过80万票。其中，货物申报39.22万票、运输工具申报649票（其中水运643票、空运6票）、舱单申报11.31万票、企业资质办理8593票、原产地证申领1837票、税费支付2.67万票、加工贸易办理2.36万票。

### （二）运行维护

作为湖北“单一窗口”的运维实体，湖北省电子口岸运行服务中心在湖北省口岸办的领导下，努力协调武汉海关、原湖北出入境检验检疫局、湖北省边防总队、长江海事局、湖北省交通运输厅、湖北省国税局等多个部门，利用信息技术整合各单位的“信息孤岛”，结合湖北口岸发展现状，科学规划发展湖北“单一窗口”特色应用模块，持续推进口岸通关便利化。

在运行维护方面，根据国家口岸办关于“单一窗口”运维管理的相关要求，湖北省已开通了 95198 服务热线。将已交付的项目维护、95198 客服等工作通过服务外包的形式由委托方提供驻场服务。

### （三）宣传推广

由湖北省口岸办、武汉海关、原湖北出入境检验检疫局、武汉新港管委会各抽调相关负责人员成立工作专班共同负责湖北“单一窗口”推广工作。

湖北省口岸办联合武汉海关、原湖北出入境检验检疫局、各市州商务部门（口岸办）召开多次湖北“单一窗口”推广会、整合申报培训会，同步做好宣传工作，引导企业用户注册并使用“单一窗口”标准版，累计培训时长超过 100 小时；另外，还通过湖北自贸试验区政策说明会暨政企对话会在网上直播介绍湖北“单一窗口”的相关政策和应用功能，数千名网友观看了直播。

## 三、 特色应用

随着湖北自由贸易试验区、中欧班列、汉口北市场采购贸易、跨境贸易电子商务等外贸新业态的发展，为顺应当前国际贸易便利化趋势，更需要充分利用地理优势和现有资源，急需进一步加快湖北省口岸信息化建设，建立健全与之相适应的服务平台，助力于湖北省培育国际合作和竞争新优势，促进内需和外需平衡、进口和出口平衡、引进外资和对外投资平衡，形成全方位开放新格局。

### （一）出口退税申报功能纳入湖北“单一窗口”

与湖北省国税局通力协作，创新出口退税服务，共同推动将出口退税申报功能纳入湖北“单一窗口”，为出口企业提供通过互联网在线申报办理出口退税的新渠道，极大地降低了企业出口退税的申报成本。这一出口退税服务新模式在第三批自贸试验区中是首家。截至 2018 年年底，湖北省已有 3097 户企业通过湖北“单一窗口”出口退税平台实现出口退税申报共计 48 亿元人民币。

### （二）加工贸易边角料交易平台

与武汉海关合作，依托湖北“单一窗口”建立了加工贸易边角料交易平台，一方面可以减轻生产企业边角料销售过程中的询价、价格评估工作，减少行政干扰；另一方面通过公开交易，提升商品交易价格，增加企业收益，增加国家税收。未来将在加强加工贸易管理、承接产业转移、形成节约资源和环境保护的空间格局等方面发挥重要作用。

### （三）跨境电商综合服务平台

随着第三批跨境电子商务综合试验区的获批，充分借鉴其他跨境电商综试区经验并结合湖北实际，建设开发湖北“单一窗口”跨境电商综合服务平台，该平台已完成了与海关总署跨境系统的无缝对接，企业可以免费通过湖北“单一窗口”进行跨境数据申报，真正实现“一点式接入，全省公用”。电商企业可通过服务平台进行企业备案、商品备案、运输工具备案、核放单申报等，实时查询报关单据状态等；平台还完成了与海关云卡口的对接，车辆出入卡口自动抬杆，实现“区港联动”“区区联动”，加快企业通关时间。该平台有助于提高湖北省对跨境电子商务这一新型贸易方式的管理和服务水平，营造健康、和谐的跨境电商产业环境，促进湖北省跨境电商综试区的发展。截至2018年年底，通过平台累计完成跨境电商货物报关21879单，总货值为1973万元人民币。

## 四、大事记

1月12日

湖北省口岸办与中国建设银行湖北分行签署合作协议，共同推进湖北“单一窗口”金融服务功能。

2月28日

湖北省商务厅和中国出口信用保险公司共同启动湖北“单一窗口”出口信用保险平台。

3月15日

重庆市口岸办、重庆市国税局一行调研、考察湖北“单一窗口”建设情况。

3月22日

湖北省口岸办、武汉海关、武汉新港管委会、湖北省电子口岸运行服务中心联合举办标准版推广培训会议。

4月19日

湖北“单一窗口”业务量突破10万单。

4 月 25 日

湖北“单一窗口”覆盖率首次超过 90%。

4 月 27 日

河南电子口岸公司考察湖北“单一窗口”建设情况。

5 月 9 日

湖北“单一窗口”邮快件辅助管理平台正式上线运行。

5 月 21 日

湖北“单一窗口”出口退税平台培训会在荆州举办。

5 月 23 日

湖北“单一窗口”驻汉口北服务站正式挂牌。

5 月 30 日

湖北“单一窗口”对接“跨境 e+”。

6 月 11 日

湖北“单一窗口”正式开通 95198 客户服务热线。

6 月 21 日

湖北自贸试验区第十一期政策说明会暨政企对话会通过斗鱼直播专题介绍湖北“单一窗口”的相关政策和应用功能。

7 月 11 日

四川省政府代表团考察湖北“单一窗口”建设。

7 月 17 日

湖北省商务厅（湖北省口岸办）举办关检融合统一申报操作培训会。

11 月 23 日

湖北“单一窗口”跨境电商暨寄递物品综合服务平台正式上线。

12 月 18 日

湖北省电子口岸运行服务中心与十堰市口岸办联合举办了湖北“单一窗口”业务推广培训会。

# 湖南省

## 一、综述

为进一步落实国家口岸办，湖南省委、省政府关于中国（湖南）国际贸易单一窗口（以下简称湖南“单一窗口”）建设运营的相关要求，在湖南省商务厅党组的坚强领导下，湖南省口岸办在提升贸易通关便利化水平、优化口岸营商环境上下功夫，突出重点、强化举措，加快推进湖南“单一窗口”建设，2018年内实现标准版应用在湖南省所有口岸全覆盖、11大功能全覆盖、80%以上业务覆盖。压缩通关时间、提高通关效率，减轻企业整体通关成本，对优化湖南省口岸营商环境发挥了十分重要的作用。

## 二、运行情况

### （一）运行数据

截至2018年年底，湖南“单一窗口”累计申报货物总值1441.58亿元人民币（其中省内申报单位申报1434.77亿元人民币），累计服务收发货企业6508家（其中湖南省内收发货企业1884家、占比28.95%，外省收发货企业4624家、占比71.05%），2017年7月~2018年7月服务申报单位131家，2018年8月~12月服务申报单位101家。

#### 1. 全省报关申报相关情况

2018年，湖南省通过“单一窗口”报关12.71万票（其中出口7.96万票、进口4.75万票），检验检疫电子底账1.76万票（根据国家口岸办日报数据更新），合计申报14.47万票；其中长沙地区报关9.55万票（占全省的75.18%，其中出口5.87万票、进口3.68万票）。具体见表4。

**表 4　2018 年湖南省报关情况（按申报单位注册地统计）**

| 序号 | 地区 | 报关（票） | 报关占比（%） |
|---|---|---|---|
| 1 | 长沙 | 95538 | 75. 18 |
| 2 | 衡阳 | 10376 | 8. 16 |
| 3 | 岳阳 | 8382 | 6. 60 |
| 4 | 郴州 | 5997 | 4. 72 |
| 5 | 常德 | 2370 | 1. 86 |
| 6 | 株洲 | 2188 | 1. 72 |
| 7 | 永州 | 2137 | 1. 68 |
| 8 | 娄底 | 93 | 0. 07 |
| 9 | 张家界 | 1 | 0. 0 |
| 合计 | | 127082 | 100. 00 |

注：

1. 2018 年数据为 2018 年 1 月 1 日至 2018 年 12 月 31 日的数据。

2. 未含专业版申报数据。

3. 原表中检验检疫电子底账列已删除，因 2018 年 8 月 1 日关检融合后无法统计各市检验检疫电子底账数据。

## 2. 全省关检业务覆盖率有关情况

2018 年月平均货物申报模块的报关覆盖率为 82. 31%，达到“2018 年年底前，主要业务（货物、舱单、运输工具申报应用了达 80%）”的任务目标。

2018 年湖南省关检业务覆盖率（月）情况如表 5 所示。

**表 5　2018 年湖南省关检业务覆盖率情况**

| 月份 | 报关覆盖率（%） | 检验检疫电子底账覆盖率（%） |
|---|---|---|
| 1 月 | 60. 79 | 21. 38 |
| 2 月 | 36. 56 | 12. 84 |
| 3 月 | 48. 93 | 21. 46 |
| 4 月 | 71. 07 | 37. 15 |
| 5 月 | 83. 23 | 52. 56 |
| 6 月 | 72. 31 | 60. 77 |
| 7 月 | 75. 31 | 64. 81 |
| 8 月 | 116. 77 | 72. 67 |
| 9 月 | 119. 43 | 53. 85 |
| 10 月 | 97. 85 | 85. 30 |

续表

| 月份 | 报关覆盖率（%） | 检验检疫电子底账覆盖率（%） |
| --- | --- | --- |
| 11月 | 123.20 | 77.93 |
| 12月 | 108.31 | 60.63 |
| 平均值 | 84.48 | 51.78 |

注：

1. 全省月报关覆盖率=全省当月报关总申报票数/当月自然天数/全省2017年日平均报关票数×100%，全省月检验检疫电子底账覆盖率=全省当月检验检疫电子底账总申报票数/当月自然天数/全省2017年日平均检验检疫电子底账票数×100%。

2. 检验检疫电子底账数据来自国家口岸办日报。

### 3. 2018年1月~12月申报货值情况

一是按申报单位注册地统计。2018年1月~12月，全省申报货物总值约1333.85亿元人民币，其中出口597.50亿元人民币、占湖南“单一窗口”申报总量的44.80%，进口736.35亿元人民币、占湖南“单一窗口”申报总量的55.20%，贸易逆差138.85亿元人民币。其中长沙地区申报总货值851.08亿元人民币，其中出口385.28亿元人民币、占长沙地区申报“单一窗口”总量的45.27%、占湖南“单一窗口”出口申报总量的64.48%，进口465.80亿元人民币、占长沙地区申报“单一窗口”总量的54.73%、占湖南“单一窗口”进口申报总量的63.26%，贸易逆差80.52亿元人民币。

二是按收发货人单位注册地统计。2018年1月~12月，全省申报货物总值约1135.63亿元人民币，其中出口503.48亿元人民币、占全省“单一窗口”申报总量的44%，进口632.15亿元人民币、占湖南“单一窗口”申报总量的56%，贸易逆差128.67亿元人民币。其中长沙地区申报总货值462.87亿元人民币，其中出口212.44亿元人民币、占长沙地区申报“单一窗口”总量的45.90%、占湖南“单一窗口”出口申报总量的42.19%，进口250.43亿元人民币、占长沙地区申报“单一窗口”总量的54.10%、占湖南“单一窗口”进口申报总量的39.62%，贸易逆差37.99亿元人民币。

### 4. 上线至今申报累计情况（按申报单位统计）

（1）上线业务模块。目前标准版共有十二大模块可用，包括企业资质、许可证件、原产地证、运输工具、舱单申报、货物申报、加工贸易、税费办理、跨境电商、物品通关、展览品、公共查询。

标准版十二大业务板块目前可办理业务如表6所示。

### 表 6 标准版十二大业务板块目前可办理业务

| 上线模块 | 目前可办理业务（截至 2018 年 12 月 31 日） |
| --- | --- |
| 企业资质 | 对外贸易经营者、海关企业注册备案 |
| 许可证件 | 农药进出口登记管理放行通知单、野生动植物进出口证书、有毒化学品进出口环境管理放行通知、机电产品自动进口许可证、非机电产品自动进口许可证、进口广播电影电视节目带（片）提取单、援外项目任务通知单申请、音像制品（成品）进口批准单申请 |
| 原产地证 | 海关原产地证申请、贸促会原产地证申请 |
| 运输工具 | 船舶、航空器、公路、列车 |
| 舱单申报 | 海运、空运、公路、铁路 |
| 货物申报 | 货物申报、集中申报、报关代理委托、预约通关 |
| 加工贸易 | 加工贸易手册（金二）、加工贸易账册（金二）、海关特殊监管区域（金二）、保税担保管理（金二）、委托授权（金二）、保税物流管理（金二）、保税货物流转（金二）、出境加工 |
| 税费办理 | 税费支付 |
| 跨境电商 | 进口申报、出口申报、公共服务 |
| 物品通关 | 展览品 |
| 出口退税 | |
| 公共查询 | 查询统计 |
| 地方特色应用 | 水运物流服务、空港信息平台、危爆品监管、铁路物流服务、公路口岸平台、特殊监管区服务、三个一公共服务、综合查询、铁路口岸（海关）、湖南加贸平台、卡扣综合服务平台、黄花综合保税区、信用保险、湘企出海服务 |

注：12 月新上线保税货物流转（金二）、出境加工。

（2）全省总体情况。自 2017 年 7 月上线至 2018 年 12 月 28 日，全省累计申报 208882 票、合计突破 20 万票，其中报关申报 152427 票，突破 15 万票，各上线板块申报详情如表 7 所示。

### 表 7 各上线板块申报详情

| 货物申报 | | 运输工具 | | 舱单 | | | 企业资质 | 原产地 | 许可证申领 | | | 税费支付 | 加贸 | 贸促会原产地证 | 合计 |
| --- | --- | --- | --- | --- | --- | --- | --- | --- | --- | --- | --- | --- | --- | --- | --- |
| 报关 | 检验检疫电子底账 | 水运 | 空运 | 水运 | 空运 | 公路 | | | 农药 | 动植物 | 机电 | | | | |
| 152427 | 21155 | 3 | 168 | 8 | 3730 | 3503 | 8737 | 2999 | 2 | 105 | 9 | 15968 | 67 | 1 | 208882 |

注：截至 12 月 28 日，湖南单一窗口统计数据较国家口岸办统计数据累计少 9406 票，主要原因是企业通过中央端口申报的数据无法下发回湖南单一窗口，即湖南无法统计到此部分数据，但国家口岸办可以统计，这是湖南单一窗口统计数据少于国家口岸办统计数据的主要原因。

### （二）运行维护

#### 1. 电子口岸整体迁建工程

经过两年的建设周期，电子口岸整体迁建工程进展顺利，现已进入全面扫尾阶段。2018 年以来持续推进机房基础设施、机房服务器硬件、口岸规划展厅、虚拟化云平台，以及“单一窗口”门户网站、“单一窗口”统一开发平台、“单一窗口”数据交换平台等共计 10 余个子项目的后续建设工作，督促项目施工单位严格按照方案实施，完善项目功能。目前全部项目通过了验收，已进入财政结算阶段。该工程的完成，为湖南省口岸信息化建设搭建了统一的公共服务平台，为“单一窗口”的运行和后续口岸信息化提供了良好的软硬件环境。

#### 2. 指导各市电子口岸建设

一是加强“单一窗口”服务地方经济的能力。为进一步服务本地外贸企业，结合本地实际，将湘企出海、信用保险、加贸平台等各部门信息平台，整合纳入湖南“单一窗口”地方特色应用。配合做好口岸收费公示的相关事宜，在“单一窗口”网站上开辟了收费公示栏目，对各市口岸收费情况进行了集中公示，进一步规范涉企收费，为外贸企业营造良好的商业环境。

二是加强推进各市电子口岸建设。指导长沙市完成霞凝港水运平台、电子提箱系统、快件系统和霞凝铁路口岸系统等地方应用项目的开发；指导岳阳市开展电子口岸平台及应用软件开发；指导怀化铁路口岸做好怀化铁路口岸信息化系统建设，实现进出口贸易、物流等环节数据共享；指导郴州综合保税区开发好湖南保税业务综合服务平台。

#### 3. 抓好运行保障

组建了保障团队，实时开展网络层、应用层、数据层等监测，对“单一窗口”进行了信息安全等级测评，定期汇总形成巡检报告，确保电子口岸实体平台的运行稳定。开通“95198”服务热线电话，以及建立“单一窗口”微信群、QQ 群共 6 个，及时指导企业使用“单一窗口”，累计收集和处理系统使用问题 6950 个，其中线上 3637 个、线下 1932 个、电话咨询 1188 个，向国家口岸办工程组提交优化需求 215 个。实现 7×24 小时服务。

### （三）宣传推广

一是科学技术对接。加强与国家口岸办技术沟通和衔接，2018 年参与国家口岸办培训 2 次，新实现落地功能 3 项。二是加强应用推广。会同长沙海关等单位制定出推广方案，建立工作联络机制，确定各部门联系人和业务、技术支持联络人。采取现场培训、在线网络培训、重点企业上门指导等方式为外贸企业提供服务。2018 年累计组织赴市州及各重点园区开展培训 26 场，组织网络在线培训 8 次，累计培训企业 4000 余家，培训人员突破万人，详见表 8。

**表 8　2018 年长沙“单一窗口”应用标准版宣讲会参训人员统计表**

| 时间 | 地点 | 人数（人） | 日报关单量（票） | 日报关覆盖率（%） |
|---|---|---|---|---|
| 3 月 20 日 | 浏阳市 | 160 | 284 | 69. 25 |
| 3 月 21 日 | 岳麓区 | 130 | 269 | 65. 59 |
| 3 月 23 日 | 望城区 | 60 | 376 | 91. 68 |
| 3 月 26 日 | 宁乡市 | 100 | 329 | 80. 22 |
| 3 月 27 日 | 长沙县 | 320 | 339 | 82. 66 |
| 3 月 28 日 | 天心区 | 60 | 385 | 93. 87 |
| 3 月 29 日 | 开福区 | 200 | 318 | 77. 54 |
| 4 月 2 日 | 雨花区 | 140 | 387 | 94. 36 |
| 4 月 3 日 | 高新区 | 140 | 435 | 100. 00 |
| 4 月 3 日 | 金霞保税物流中心 | 30 | 435 | 100. 00 |
| 4 月 11 日 | 芙蓉区 | 80 | 436 | 100. 00 |
| 4 月 12 日 | 在线直播 | 3597 | 439 | 100. 00 |
| 4 月 18 日 | 黄花综合保税区 | 40 | 587 | 100. 00 |
| 4 月 19 日 | 岳阳市 | 50 | 547 | 100. 00 |
| 4 月 26 日 | 在线直播 | 4054 | 517 | 100. 00 |
| 5 月 26 日 | 金霞保税物流中心 | 50 | 528 | 100. 00 |
| 6 月 20 日 | 岳阳市 | 30 | 527 | 100. 00 |
| 7 月 11 日 | 金霞保税物流中心 | 93 | 480 | 100. 00 |
| 7 月 12 日 | 黄花综合保税区 | 62 | 514 | 100. 00 |
| 7 月 15 日 | 长沙市 | 280 | 591 | 100. 00 |
| 7 月 17 日 | 衡阳市 | 200 | 485 | 100. 00 |
| 7 月 20 日 | 邵阳市 | 280 | 669 | 100. 00 |
| 7 月 25 日 | 常德市 | 150 | 531 | 100. 00 |
| 7 月 25 日 | 雨花区 | 50 | | |
| 7 月 26 日 | 湘西州 | 80 | 444 | 96. 35 |
| 9 月 21 日 | 省商务厅 | 50 | 1085 | 100 |
| 合计（26 场次） | | 10486 | 11937 | 94 |

注：日报关单量和日报关覆盖率数据均来源于国家口岸办日报数据，报关覆盖率 = 当日报关业务量/2017 年日均报关业务量。若逢周末或节假日，则参周五或节前最后一个工作日的国家口岸办日报数据。其中合计栏的日平均报关覆盖率 = Σ 日报关单量/26 天/410. 13×100%，410. 13 为国家口岸办计算的 2017 年湖南省日平均报关申报量，26 天为 26 场次推广活动。

## 三、特色应用

在大力推广应用“单一窗口”的基础上，湖南省立足本地实际，深挖企业需求，重点围绕降成本、优服务等方面，不断拓展实施地方特色服务功能，帮助企业解决发展中的难题，助力开放型经济发展。

### （一）国际快件系统开发

2017年下半年，长沙市开发“国际邮快件申报辅助系统”项目，2018年6月正式上线。开发完成后统一在“口岸云”上部署，并在全省推广应用。国际邮快件申报辅助系统解决了快件业务的系统操作问题，规范了邮快件申报难题，解决了信息化的“最后一公里”。

### （二）建设EMQ集装箱管理系统

原来长沙的海运提箱流程非常复杂，是国际贸易环节的最大痛点。为了实现海运集装箱货物进出口业务电子化，减少单证流转环节和时间，早在2017年湖南省便指导长沙市开始建设EMQ集装箱管理系统，推进智慧口岸工作。目前，EMQ集装箱管理系统一期已实现海运集装箱货物进出口提箱作业申请单的电子化流转和自动对账功能、自动返填柜号功能、物流可视化功能、箱代柜型柜量的调整功能、码头角色功能，船代和车队的上线率达到95%。2018年，二期已启动移动端建设、在线支付与结算，以及集装箱设备交接单的无纸化流转等功能模块建设。预计可为企业节约成本约10%，提高通关效率约30%，为每家企业节约打单人工成本5万~10万元人民币/年，每台拖车每天预计可增收100~200元人民币。

### （三）建设外贸金融服务平台

金融服务是国际贸易企业尤其是中小企业最关心的问题，为了实现企业通过“单一窗口”直接办理口岸环节收费支付，减少金融业务线下办理流程和时间，湖南省大力推进外贸服务与金融服务平台建设。一期已完成与中国建设银行和招商银行的对接，实现在线预约开户、统一用户体系、三方签约、国际结算、关税保函与在线结售汇功能；二期正在进行与长沙银行、中国农业银行、中国工商银行、中国建设银行二期和招商银行二期对接，计划将“单一窗口”数据纳入融资模型进行模型创新和关税担保模型创新，而且通过“单一窗口”与普惠金融相结合，将普惠金融落到实处，真正惠及小微企业。可节约企业带纸质单据跑银行的人力成本、时间成本、油耗和停车费成本，约可为企业节约10万元人民币/年。

## 四、 大事记

3 月 6 日

湖南省本地通过“单一窗口”办理报关业务覆盖率超过 30%，标准版货物申报等 9 项功能全部上线运行。

4 月 18 日

湖南省通过标准版报关申报突破 4 万票。

11 月 25 日

湖南地区通过标准版报关申报突破 12 万票。

11 月 30 日

湖南“单一窗口”货物申报月平均报关覆盖率稳定达到 80%以上。

12 月 31 日

湖南“单一窗口”主要业务综合覆盖率突破 90%。

## 五、 政策文件

### 湖南省人民政府办公厅关于印发《湖南省优化口岸营商环境促进跨境贸易便利化工作实施方案》的通知

湘政办发〔2018〕72 号

各市州人民政府，省政府各厅委、各直属机构：

《湖南省优化口岸营商环境　促进跨境贸易便利化工作实施方案》已经省人民政府同意，现印发给你们，请认真贯彻执行。

湖南省人民政府办公厅

2018 年 11 月 16 日

### 湖南省优化口岸营商环境<br>促进跨境贸易便利化工作实施方案

为贯彻落实党中央、国务院决策部署，加快推进我省口岸提效降费工作，进一步优化口岸营商环境，提升跨境贸易便利化水平，根据《国务院关于印发优化口岸营商环境　促进跨境贸易便利化工作方案的通知》（国发〔2018〕37 号）精神，制定本实施方案。

## 一、总体要求

以习近平新时代中国特色社会主义思想为指导，深入贯彻党的十九大和十九届二中、三中全会精神，按照党中央、国务院关于推进更高水平贸易便利化的决策部署，遵循“简政放权、改革创新，对标国际、高效便利，目标导向、协同治理”的基本原则，深化“放管服”改革，对标国际先进水平，创新监管方式，优化通关流程，提高通关效率，降低通关成本，进一步优化我省口岸营商环境，提升跨境贸易便利化水平。

## 二、工作目标

努力推进我省口岸治理体系和治理能力现代化，到 2021 年年底，形成更有活力、更富效率、更加开放、更具便利的口岸营商环境。

### （一）压缩整体通关时间

2018 年较 2017 年压缩三分之一，2021 年较 2017 年压缩一半。

### （二）降低集装箱进出口环节合规成本

单个集装箱进出口环节合规成本 2018 年较 2017 年降低 100 美元以上，2020 年较 2017 年降低一半。

### （三）精简进出口环节监管证件

2018 年年底，进出口环节验核监管证件数量减少三分之一，除保密需要等特殊情况外，全部实现联网核查。

### （四）优化通关流程和作业方式

深化全国通关一体化改革，全面推广“双随机、一公开”作业模式、第三方采信制度、跨部门联合检查，2018 年年底前实现关检融合“五统一”。

### （五）提升口岸管理信息化、智能化水平

2018 年国际贸易“单一窗口”主要业务应用率达到 80%，2020 年年底以前达到 100%。

## 三、工作任务

### （一）压缩整体通关时间

1. 推广应用“提前申报”模式。鼓励引导企业采用“提前申报”模式，提前办理单证审核和货物运输作业，非布控查验货物抵达口岸后即可放行提离。（长沙海关牵头，省商务厅、各市州政府、省机场集团、广铁长沙货运中心、湖南城陵矶国际港务集团按职责分工负责；完成时限：持续推进）

2. 提高查验准备工作效率。通过“单一窗口”、港口电子数据交换（EDI）中心等信息平台向进出口企业、口岸作业场站推送查验通知。进境运输工具到港前，口岸查验单位对申报的电子数据实施在线审核并及时向车站、码头及船舶代理反馈。（省交通运输厅、长沙海关、省政府口岸办、各相关市州政府、省机场集团、广铁长沙货运中心、湖南城陵矶国际港务集团按职责分工负责；完成时限：持续推进）

3. 健全口岸服务作业限时办结制度。制定公布口岸经营服务单位各环节时限标准，以及口岸装卸、仓储、运输、移箱、掏箱等生产作业时限标准，缩短口岸作业时间，提升口岸运营效率。（各口岸及口岸作业区所在市州政府牵头，省机场集团、广铁长沙货运中心、湖南城陵矶国际港务集团等单位具体负责，省政府口岸办、长沙海关、省交通运输厅配合；完成时限：2018 年 12 月底前）

4. 加快时效性商品通关速度。在风险可控的前提下，优化鲜活产品检验检疫流程。创新检验检疫方法，应用现场快速检测技术，缩短检验检疫周期。开辟时效性商品快速通关“绿色通道”，提高口岸装卸、理货、集散速度。（长沙海关牵头，省机场集团、广铁长沙货运中心、湖南城陵矶国际港务集团按职责分工负责；完成时限：持续推进）

5. 推行“先验放后检测”监管方式。推行进口矿产品等大宗资源性商品“先验放后检测”检验监管方式，缩短货物口岸堆存时间。（长沙海关负责；完成时限：持续推进）

6. 优化海关税收征管模式。推进关税保证保险改革，通过保险担保实现货物“先放行后缴税”。推广财关库银横向联网，加快税单无纸化改革。扩大税款“电子支付”“自报自缴”比例，推广应用“汇总征税”模式。（长沙海关牵头，省财政厅、省税务局、人民银行长沙中心支行、湖南保监局按职责分工负责；完成时限：持续推进）

7. 提升国际物流国内段运输时效。完善江海航线支持政策，加强水运时效性管理，提升水水中转运输时效。加强运营管理，提高湘欧班列、卡车航班、港澳直通车、五定班轮等转关运输时效。（各相关市州政府牵头，省财政厅、省交通运输厅、省政府口岸办、省机场集团、广铁长沙货运中心、湖南城陵矶国际港务集团按职责分工负责；完成时限：持续推进）

8. 建立口岸通关时效第三方评估制度。定期通报各市州、各海关业务现场整体通关时间情况。将压缩整体通关时间和成本纳入各地营商环境评估体系。引入第三方机构对整体通关时效进行评估，适时向社会公布评估结果。（省政府口岸办负责，长沙海关、省发展改革委配合；完成时限：持续推进）

**（二）降低口岸进出口环节成本**

9. 全面清理不合理收费。建立口岸收费监督管理协作机制，对口岸通关环节收费项目进行全面梳理核定，依法查处各类违法违规收费问题，对没有收费依据、巧立名目的收费项目坚决取消。（省发展改革委牵头，省财政厅、省交通运输厅、省市场监管局、省政府口岸办、各市州政府、省机场集团、广铁长沙货运中心、湖南城陵矶国际港务集团等按职责分工负责；完成时限：持续推进）

10. 公开公示口岸收费。制定“一站式阳光价格”清单，在口岸、口岸作业区现场和国际贸易“单一窗口”公示，清单以外费用一律不得收取。（各口岸及口岸作业区所在市州政府牵头，省政府口岸办、各口岸及口岸作业区运营单位负责；完成时限：持续推进）

11. 降低进出口环节合规成本。鼓励竞争、限制垄断，建立口岸服务企业招投标制度，加快引入竞争企业。禁止利用行政权力排除限制竞争、滥用市场支配地位指定服务、强制服务并收费以及只收费不服务等行为。对实行政府定价的，严格执行规定标准。对实行市场调节价的，不得实行强制服务或违规加收其他费用，加强行业管理和行业自律，积极倡导诚信经营、合理定价。2018 年年底前，单个集装箱进出口环节合规成本比 2017 年降低 100 美元以上，到 2020 年年底降低一半。（省发展改革委牵头，省财政厅、省市场监管局、省交通运输厅、省政府口岸办、各相关市州政府、省机场集团、广铁长沙货运中心、湖南城陵矶国际港务集团等按职责分工负责；完成时限：2018 年 12 月底以前完成年度目标，并持续推进）

12. 扩大免除查验没有问题外贸企业吊装移位仓储费用试点政策范围。将政策适用范围推广至全省口岸、口岸作业区、海关监管区，以及检验检疫环节，加强政策兑现落实。（省财政厅牵头，省政府口岸办、长沙海关、各相关市州政府配合；完成时限：持续推进）

**（三）精简进出口环节监管证件**

13. 落实进出口环节监管证件精简改革。2018 年将进出口环节验核监管证件数量从 86 种减至 48 种，除保密需要等特殊情况外，需在口岸验核的证件全部实现联网、在通关环节比对核查；2020 年年底前，除保密需要等特殊情况外，监管证件全部实现网上申报、网上办理。（长沙海关牵头，各相关单位按职责分工负责）

**（四）优化通关流程和作业方式**

14. 深化全国通关一体化改革。落实全国通关一体化举措，鼓励和引导企业采用一体化模式通关。深入推进关检融合，2018 年 12 月底前，全面实现“五统一”：统一申报单证、统一作业系统、统一风险研判、统一指令下达、统一现场执法。(长沙海关负责)

15. 全面推广“双随机、一公开”作业模式。从进出口货物一般监管拓展到常规稽查、保税核查和保税货物监管等全部执法领域。推进全链条管理“选、查、处”分离，提升“双随机”作业效能。(长沙海关负责；完成时限：持续推进)

16. 推广第三方采信制度。引入市场竞争机制，发挥社会检验检测机构作用，在进出口环节推广第三方检验检测结果采信制度。(长沙海关牵头，相关部门按职责分工负责；完成时限：持续推进)

17. 推进口岸跨部门合作。推进海关、边检、海事一次性联合查验。海关直接使用市场监管、商务等部门数据办理进出口货物收发货人注册登记。加强关铁信息共享，推进铁路运输货物无纸化通关。(省政府口岸办牵头，长沙海关、省边防总队、省市场监管局、岳阳海事局、广铁长沙货运中心按职责分工负责；完成时限：持续推进)

**（五）提升口岸管理信息化、智能化水平**

18. 深化国际贸易“单一窗口”建设。将“单一窗口”功能覆盖至海关特殊监管区域和跨境电商综合试验区等相关领域，对接全国版跨境电商线上综合服务平台。加强“单一窗口”与银行、保险、民航、铁路、港口等相关行业合作对接，共同建设跨境贸易大数据平台。2018 年前，主要业务应用率达到 80%；2020 年年底前，达到 100%；2021 年年底前，除保密需要等特殊情况外，“单一窗口”功能覆盖国际贸易管理全链条，打造“一站式”政务服务平台。(省政府口岸办牵头，长沙海关、省边防总队、省财政厅、人民银行长沙中心支行、湖南保监局、省交通运输厅、各市州政府、省机场集团、广铁长沙货运中心、湖南城陵矶国际港务集团等按职责分工负责)

19. 推进口岸物流信息电子化。建立完善岳阳城陵矶港、长沙霞凝港“网上营业厅”系统，实现预约集港、提箱计划申报、缴费、综合查询、24 小时网上受理等服务功能。加快全省口岸作业场所信息系统建设，实现货物装卸、仓储、理货、报关、结算、提离等环节无纸化和电子化。加快口岸作业场所与口岸监管单位信息系统联网，实现“电子运抵、电子监管、电子放行”。(各相关市州政府牵头，省政府口岸办、长沙海关、省交通运输厅、省财政厅、省机场集团、广铁长沙货运中心、湖南城陵矶国际港务集团等按职责分工负责；完成时限：持续推进)

20. 提升口岸查验智能化水平。加大大型集装箱检验仪等设备的应用力度，提高单兵作业设备配备率。扩大“先期机检”“智能识别”作业试点，提高机检后直接放行比例。2021 年年底前，全部实现大型集装箱检验设备（H986）联网集中审像。(长沙海关、省边防总队按职责分工负责；

完成时限：持续推进）

21. 建设多式联运公共信息平台。加强交通运输、海关、市场监管等部门信息共享，为企业提供资质资格、认证认可、检验检疫、通关查验、信用评价等一站式综合信息服务。推动外贸集装箱货物在途、舱单、运单、装卸等铁水联运物流信息交换共享，提供全程追踪、实时查询等服务。2019年年底前，岳阳城陵矶港实现铁水联运信息交换共享。（省交通运输厅牵头，长沙海关、省市场监管局、省政府口岸办、各相关市州政府、湖南城陵矶国际港务集团等按职责分工负责；完成时限：持续推进）

22. 完善口岸软硬件设施。加大财政支持力度，引导口岸场所经营服务企业加大投入，完善口岸场所软硬件设施，提升口岸运营服务保障能力。（各相关市州政府牵头，省财政厅、长沙海关、省政府口岸办、口岸运营服务单位按职责分工负责；完成时限：持续推进）

## 四、组织实施

### （一）加强组织领导

充分发挥省政府口岸工作部门联席会议制度作用，统筹推进落实口岸提效降费各项工作任务，协调解决推进过程中的重大问题。省商务厅（省政府口岸办）、长沙海关要加强组织协调和工作调度，重大情况及时向省政府报告。口岸所在市州政府要进一步制定具体实施方案，切实加强对本地区口岸提效降费工作的组织领导。

### （二）强化责任落实

各相关单位和市州政府要切实担起口岸提效降费相关工作责任，在所在系统和区域内全面部署落实。要建立工作机制，合理安排进度，加强协作配合，完善配套政策，强化政策宣传，确保各项措施落实到位。

### （三）加强督查通报

口岸提效降费工作任务落实情况纳入省政府专项督查范围，督查考核结果向社会公布，对推进不力的市州和部门进行问责。省政府口岸办会同长沙海关、省发展改革委定期通报整体通关时间和成本，作为考核各级市州政府及工作部门的重要依据。

### （四）畅通沟通渠道

利用国际贸易“单一窗口”平台、省开放型经济服务投诉热线电话、口岸查验单位通关服务热线等渠道，收集和回应解决进出口企业提出的意见和建议，改善企业通关体验。

# 广东省

## 一、 综述

2018 年，按照党中央、国务院以及广东省委、省政府关于全面建设推广国际贸易“单一窗口”的部署要求，在国家口岸办的统筹指导和驻粤口岸查验单位的支持配合下，广东省各级“单一窗口”业务主管部门围绕“单一窗口”推广年度目标任务，深入推进中国（广东）国际贸易单一窗口（以下简称广东“单一窗口”）建设推广工作，积极承担国家试点任务，推动舱单（空运、公路）、运输工具、加贸保税等八大新上线功能模块在广东省落地并全面推广，推动完成关检融合整合申报在广东省的全面实施；与金融、信保机构开展合作对接，有序推进粤港澳大湾区跨界车辆信息管理综合服务平台、通关时效评估系统、口岸通关监管信息互动系统等广东省特色应用的开发应用。截至 2018 年年底，广东“单一窗口”已上线 11 大项共 35 个标准版业务应用，其中货物、舱单、运输工具等主要申报功能模块覆盖率提前实现 80%年度目标，日均申报单量、累计申报单量等主要指标居全国首位并长期保持。

## 二、 运行情况

### （一）运行数据

截至 2018 年 12 月 31 日，广东省累计申报单量达 5676 万票，占全国（下同）的 25. 8%，继续稳居全国首位。其中 2018 年新增 5262 万票，同比增长 11. 5 倍。注册企业数 5. 28 万家，占 12. 4%，比 2017 年增加 4. 79 万家；注册用户数 6. 54 家，占 4. 3%，比 2017 年增加 5. 14 万家。2018 年货物申报 1718. 19 万票、舱单申报 3328. 16 万票（其中水运 2950. 94 万票、空运 213. 55 万票、公路 163. 67 万票）、运输工具申报 44. 22 万票（其中水运 26. 14 万票、空运 18. 08 万票、公路 28 票）、原产地证申领 5. 65 万票、许可证件申领 9686 票、企业资质办理 16. 37 万票、税费支付 64. 32 万票、加工贸易办理 83. 68 万票。全省货物、舱单（水运、空运、公路）和运输工具（水运、空运）申报等主要应用覆盖率均达到 100%。

### （二）运行维护

#### 1. 客服运维保障

持续推进完善省、市两级“单一窗口”运维体系，建立技术、业务支援指导工作机制，赴企业靠前技术指导和服务；接入开通全国“单一窗口”服务热线 95198，通过微信、QQ 工作群、95198 服务热线、门户网站、微信公众号电子邮件等方式为全省企业提供 7×24 小时客户服务，及时反馈和解决试点企业遇到的问题，增加企业的使用信心。截至 2018 年 12 月 31 日，广东省累计受理企业反馈各类问题 16227 个，问题解决率达 98%。广东“单一窗口”平台已成为广东省外贸企业进出口通关的主要申报渠道。

#### 2. “单一窗口” 关检融合申报应急保障

自 2018 年 7 月 6 日始，广州率先开展了“单一窗口”关检融合统一申报培训会议，随后 21 个地市陆续积极开展培训宣传工作，截至 2018 年 7 月 31 日，广东省累计组织召开关检融合统一申报业务培训会 55 场，累计参训企业 6755 家，累计参训 9696 人，均位居全国第一。在 2018 年 7 月底前广东省如期完成企业培训全覆盖的目标任务。2018 年 7 月 20 日至 15 日期间，广东省服务热线 95198 累计接听 1680 条。工单系统一线客服工作共处理企业线上提交或反馈的问题累计 663 个（类），其中货物申报问题 184 个、企业资质问题 379 个、原产地证问题 16 个、税费支付问题 51 个、其他问题 8 个。云客服系统微信公众号、门户网站在线客服累计解答处理在线咨询会话 2229 条。2018 年 8 月 1 日至 8 月 15 日关检融合整合申报应急保障期间，需上报国家工程组的待解决问题共 101 个问题，截至 2018 年 8 月 15 日，共有 24 个问题已被工程组解答或解决。

#### 3. 建立完善的运维管理制度

进一步加强内部管理规范，提升运维水平。贯彻落实有关规定，研究制定广东“单一窗口”办法实施细则，研究制定广东“单一窗口”门户网站信息发布管理办法，完成省域“单一窗口”系统安全保护等级备案，进一步完善平台安全管理规范。坚持每日、每月通报机制，在全省营造“比学赶超”氛围。

### （三）宣传推广

广东省全面拓宽“单一窗口”宣传覆盖面，扩大“单一窗口”政策知晓面，省、市口岸主管部门和口岸查验单位分批次组织不同类型的企业开展专题培训，通过线上和线下相结合的方式对相关企业进行指导、培训。在培训方式上，大胆创新，通过自主开发的广东“单一窗口”门户在线培训大讲堂举行地市试点培训。在培训内容上，各地市根据实际业务需要，可同时安排多个国家标准版的功能应用的培训。2018 年全省共组织各类业务培训超过 100 场，覆盖上万家企业。

## 三、 特色应用

### 广东口岸通关时效评估系统

在广州市开发的口岸通关时效评估系统的基础上，广东省口岸办对该系统进行了适应性升级改造，并推广至全省具备条件的水运口岸（码头）。口岸通关时效评估系统依托“单一窗口”平台，与码头经营企业生产业务系统进行对接和数据交换，实现对大通关环节消耗时间数据的采集和统计分析，全流程、全透明展示进出口货物通关情况，为企业提供物流通关状态跟踪查询，为政府口岸宏观管理和监管流程改革提供决策支持。

2018 年，在驻粤有关口岸查验单位的大力支持下，各地市口岸主管部门主动作为，水运口岸码头积极参与，广东省按时完成 6 月底前口岸码头全覆盖的目标任务，在具备条件的 17 个地级以上市、103 个水运口岸码头推广应用口岸通关时效评估系统。在此基础上，持续提升数据报文质量，其中广州、深圳、珠海、汕头、佛山、东莞、中山、江门、湛江、茂名、肇庆、云浮 12 个地市均有码头实现通关数据完整展示，现该系统已基本具备广东省水运口岸通关时效的统计分析和多维度展示功能。同时，在珠海试点推进口岸通关时效评估系统推广到港珠澳大桥公路口岸，在广州试点探索在航空口岸推广应用，为更加客观、全面、准确地统计分析广东省口岸通关时效的变化趋势提供数据支撑。

## 四、 大事记

1 月 26 日

广东省口岸通关时效评估系统已在广东省 17 个地级市上线、29 个口岸现场推广应用，实现覆盖广东省所有具备条件地市的阶段目标。

3 月 23 日

国家口岸办相关负责同志在佛山参加“单一窗口”建设推广专题调研。

4 月 12 日

国家口岸办来粤开展“单一窗口”国际合作调研。

5 月 9 日

广东省成功应用标准版申报全国第一票空运舱单。

5 月 29 日

佛山在全国率先实现通过标准版保税物流管理系统成功申报保税核注清单。

6月28日

广东“单一窗口”全国统一服务热线95198已在全国范围内（电信运营商）开通。

6月28日

广东省成功应用标准版申报全国第一票加工贸易。

7月31日

随着关检融合统一申报、出口信用保险及税费支付等应用功能的业务培训和宣传推广的全面开展，广东省注册企业数量环比6月底增长96.6%。

8月6日

广东“单一窗口”海关新一代税费系统上线暨金融服务联合推介会在广州顺利召开。

8月14日

广东省副省长欧阳卫民到广东省商务厅调研，现场考察广东电子口岸平台、广东“单一窗口”、广东省外经贸运行监测系统，并召开专题座谈会，研究促进外贸稳定和高质量发展相关工作。

8月31日

通过广东“单一窗口”申报的业务单量达20.7万票，环比7月31日增长18.5%。

10月31日

广东省完成21个地市的口岸收费目录清单公示。

10月11日

广东省通过广东省电子口岸公司自主研发了在线培训大讲堂专栏，举办了首场“单一窗口”应用功能视频直播试点培训会。

11月6日

广东省成功应用标准版向海事申报全国第一票小船业务。

# 广西壮族自治区

## 一、综述

截至2018年年底，中国（广西）国际贸易单一窗口（以下简称广西“单一窗口”）完成首轮三期建设目标，建成国际贸易服务数据交换公共信息平台，形成标准版与地方特色版两级应用，实现了海关、海事、边防、交通运管等相关部门数据共享及联合监管。通过“一点接入”“一次提交”“一站办理”让数据多跑路、企业少跑腿，节省企业通关时间和成本。“单一窗口”现已覆盖全区所有口岸（包含海港、公路、内河、空港、铁路所有口岸类型），上线应用货物申报、舱单及运输工具申报、企业资质、贸易许可、税费支付、原产地证明、通关效能、经贸大数据、贸易单证、联合查验等多个功能模块，提升了政府决策与管理水平，促进了广西跨境贸易便利化建设与发展。

## 二、运行情况

### （一）运行数据

截至2018年12月31日，广西“单一窗口”已覆盖全区所有口岸，涵盖5大类型口岸（海、陆、空、铁、内河），综合业务应用率超过90%。注册用户超过1500家，完成货物申报41.84万票、舱单申报10万票。

### （二）运行维护

广西“单一窗口”采取“电子口岸公司统一运维管理+共建成员单位协作”的运维模式，广西电子口岸公司与各查验单位业务系统的服务商（承建单位）建立运维联系机制，签订合作协议，明确运维职责，共同确保广西“单一窗口”安全稳定运行。成立专门的运维中心，负责应急管理措施制定与实施、应用系统运维服务、防病毒监护、数据备份、系统安全监控等。开通“95198”服务热线，及时响应各类服务请求。定期由值班人员进入机房查看设备运行情况，确保系统运行的正常，并做好机房设备运行记录。采取各种先进措施，建立数据安全管理机制，加强数据安全使用管理，确保“单一窗口”数据及网络运行安全。

### （三）宣传推广

截至2018年12月31日，广西“单一窗口”共举办60多场专场推广培训会，培训企业2000多家，培训人数6000多人。先后建立运维客服微信群15个，人数超4000人；运维QQ群1个，人数超850人。

## 三、特色应用

### （一）经贸大数据平台

通过对通关、港口、外贸、物流等数据的采集、分析，提供全流程、立体式、可视化的大数据综合服务应用，为政府及相关部门提供决策依据，为企业优化生产经营提供数据支撑，提升服务能力。

### （二）通关效能分析系统

通过发挥广西“单一窗口”信息资源聚集优势，同时对接北部湾港务集团，获取监管场所相关作业数据，实现了广西4个海港口岸（钦州港、北海港、防城港、钦州保税港）进出口货物主要通关流程不同维度的时效分析，为口岸管理部门提供决策依据。

### （三）外贸单证系统

为规范进出口企业货物申报、单证制作，方便报关行、货代企业、自理报关企业等申报企业在线制单、便捷申报及多维度数据统计等应用需求，外贸单证公共服务平台为进出口申报企业提供智能单证制作、一键申报及国际申报等应用功能。

### （四）道路运输许可证管理

将交通运管纳入“单一窗口”建设，建成跨境运输行车许可申报模块，实现海关、交通运管、边检数据共享与联合监管。

## 四、大事记

1月12日

广西壮族自治区口岸办组织召开广西“单一窗口”建设工作会，研究部署2018年“单一窗口”建设工作。

1月22日

广西壮族自治区副主席张晓钦主持召开自治区口岸工作第一次联席会议，研究推进“单一窗口”建设与标准版推广应用，以及广西电子口岸及“单一窗口”运维实体组建工作。

3月28日~29日

组织开展“单一窗口”国际道路运输车辆应用系统培训。

5月29日

广西壮族自治区党委书记鹿心社听取“单一窗口”建设情况工作汇报。

8月24日

广西壮族自治区口岸办、南宁海关、广西壮族自治区公安边防总队、广西海事局联合印发《关于防城港、钦州港、北海港口岸国际航行船舶进出境通关无纸化的公告》。

9月12日

中共中央政治局常委、国务院副总理韩正在南宁听取国际贸易“单一窗口”建设工作汇报。

## 五、政策文件

### 广西壮族自治区人民政府办公厅关于印发优化通关环境畅通南向通道若干措施的通知

桂政办发〔2018〕56号

各市、县人民政府，自治区人民政府各组成部门、各直属机构：

《关于优化通关环境畅通南向通道的若干措施》已经自治区人民政府同意，现印发给你们，请认真贯彻执行。

2018年5月27日

### 关于优化通关环境畅通南向通道的若干措施

根据《中共广西壮族自治区委员会 广西壮族自治区人民政府关于进一步深化改革创新优化营商环境的若干意见》（桂发〔2018〕10号）精神，为适应新时代广西开放发展的需要，提高口岸通关效率，优化通关环境，加快推进中新互联互通南向通道建设，现制定以下措施。

一、加快推进口岸对外开放。力争3年内完成一批口岸的对外开放。2018年，完成爱店口岸、防城港口岸（云约江码头和中电防城港电厂煤炭码头）、梧州口岸（赤水港）、钦州港口岸（大榄坪南6#—8#泊位和北1#—3#泊位、勒沟作业区13#—14#泊位）、北海港口岸（铁山港北暮作业区

3#—4#泊位）、东兴口岸（北仑河二桥）开放和水口口岸扩大开放。2019年，完成钦州港口岸（30万吨级原油码头）、北海港口岸（铁山港北暮作业区5#—6#泊位）、友谊关口岸（浦寨通道）、硕龙口岸开放和龙邦口岸扩大开放。2020年，完成防城港口岸（渔澫港区第五作业区513#—516#泊位）、友谊关口岸（弄尧通道）、峒中口岸（含里火通道）开放。（牵头单位：自治区商务厅；配合单位：南宁海关，广西公安边防总队，广西海事局，广西北部湾国际港务集团有限公司，相关设区市人民政府等）

二、加快推进国际贸易“单一窗口”建设。争取2018年国际贸易“单一窗口”标准版综合业务覆盖率超过70%，力争国家将相关应用模块在广西口岸先行先试。2018年9月底前，开通国际贸易“单一窗口”服务热线95198。（牵头单位：自治区商务厅；配合单位：南宁海关，广西公安边防总队，广西海事局，自治区交通运输厅等）

三、完善口岸通关设施。根据国家关于口岸查验基础设施建设的有关标准，进一步完善全区口岸查验基础设施，加快推进东兴、友谊关等重点口岸扩容改造。在钦州港、北海港、防城港、梧州港、友谊关、东兴等重点口岸加快配备大型集装箱检查系统（H986）、自动消毒系统、大宗散装货物自动取制样系统及核与辐射生物化学探测仪等大型查验设备。（牵头单位：相关设区市人民政府；配合单位：自治区商务厅，南宁海关，广西公安边防总队，广西海事局等）

四、延长重点口岸货物通关时间。根据实际需要，自2018年起，在部分重点口岸实行周六、周日及节假日正常通关。（牵头单位：自治区商务厅；配合单位：南宁海关，广西公安边防总队，广西海事局，相关设区市人民政府等）

五、开展预约服务。到2018年年底，船舶进出港、船舶准装准卸、提箱计划申报、货物通关、缴费、综合查询等业务开通提前24小时预约服务。（南宁海关、广西公安边防总队、广西海事局、广西北部湾国际港务集团有限公司根据职责分别负责）

六、全面复制推广自由贸易试验区改革试点经验。在海关特殊监管区域全面复制推广“国际海关经认证的经营者（AEO）互认合作制度”、“原产地管理改革”、“一次备案、多次使用”、“出境加工”、“委内加工”、“保税货物区间流转”等自由贸易试验区改革试点经验。（责任单位：南宁海关）

七、提高口岸验货场作业效率。推进重点口岸成立或引入第三方集装箱查验服务公司，加快配备拖车、地磅、正面吊等设备以及相应的专业生产作业人员，规范和优化通关作业各环节流程，实现通关准备、货物提离时间压缩三分之一。（牵头单位：相关设区市人民政府；配合单位：凭祥综合保税区管委会，钦州保税港区管委会，广西北部湾国际港务集团有限公司，南宁海关，广西公安边防总队，广西海事局等）

八、实时监控和评估口岸通关效率。依托国际贸易“单一窗口”，开发应用通关时效评估系统，采集货物通关各个环节主要时间节点的信息，加强对口岸通关效率的监察和管理。（牵头单

位：自治区商务厅；配合单位：南宁海关，广西公安边防总队，广西海事局，广西北部湾国际港务集团有限公司等）

九、推广人员、车辆边检自助通关。在陆地边境口岸和边民互市贸易区（点）加快推广应用人员、车辆自助查验系统，加快配备外国人生物信息前置自助采集设备。增加重点口岸自助查验通道数量，力争实现自助通关模式全覆盖。（牵头单位：相关设区市人民政府；配合单位：广西公安边防总队等）

十、加快通关现场业务改革。2018 年，在广西口岸全面铺开跨部门“一次性联合检查”工作，力争做到一次作业、一次完成检查。调整海关综合业务现场岗位设置，加快实现海关业务由分散处置改为集中处置，提高通关查验效率。（南宁海关，广西公安边防总队，广西海事局根据职责分别负责）

十一、推广以企业为单元的加工贸易监管模式。实施“自主备案、自主核报、自主缴税”的管理方式。在北海海关开展保税监管集中审核作业改革试点，简化内部核批和单证，探索保税监管的无纸化、集约化、智能化和一体化管理，提高保税监管效能。（责任单位：南宁海关）

十二、推行国际航行船舶智能分类查验。在船舶查验差异化管理基础上，对低风险船舶实行自动核放。推进国际航行船舶联合登临检查常态化及进出口岸的无纸化申报、审批。（牵头单位：广西海事局；配合单位：南宁海关，广西公安边防总队等）

十三、积极推动开展边境口岸通关创新试点。推动恢复中越跨境货运直通车。加强与越南有关方面的磋商，共同实施平衡验放措施。推动中越友谊关—友谊口岸开展新型通关模式试点。（牵头单位：自治区商务厅；配合单位：自治区交通运输厅，南宁海关，广西公安边防总队，相关设区市人民政府等）

十四、推动中新互联互通南向通道综合信息平台建设。推动广西、重庆、贵州、甘肃等中新互联互通南向通道沿线省（区、市）实现口岸物流信息共享，探索与新加坡等东盟国家开展信息化合作。（牵头单位：自治区商务厅；配合单位：南宁海关，广西公安边防总队，广西海事局，广西北部湾国际港务集团有限公司，中国—东盟信息港股份有限公司等）

十五、加快建设北部湾港智慧查验系统平台。2018 年，实现海关系统与码头生产信息系统互联互通，货物查验信息可在海关申报大厅公开并进行智能推送，促进信息共享共用。（牵头单位：广西北部湾国际港务集团有限公司；配合单位：南宁海关等）

十六、推进口岸物流作业无纸化。取消纸质海运提单、装箱清单（载货清单）验核环节，实现集装箱在船公司、码头、堆场、集装箱拖车之间无纸化流转交接。（牵头单位：广西北部湾国际港务集团有限公司；配合单位：南宁海关，广西公安边防总队，广西海事局等）

十七、免除口岸查验有关费用。在口岸查验现场直接免除查验没有问题的外贸企业的吊装、移位、仓储费，中央和自治区财政按规定承担免除的相关费用。（牵头单位：自治区财政厅；配合

单位：自治区物价局、商务厅，南宁海关，相关设区市人民政府等）

十八、切实加强口岸收费管理。对政府财政性资金、国有独资或控股企业及政府和社会资本合作投资建设、运营的边境口岸设施设备的使用，以及其他重要服务收费标准，实行政府定价或政府指导价管理。同时，规范边境口岸其他设施设备的使用以及重要服务的收费，加强收费监管。各口岸及各收费单位必须在显著位置规范公示收费清单和标准，并通过国际贸易“单一窗口”向社会发布。打造友谊关、东兴、水口、龙邦等收费公示示范性口岸。（牵头单位：自治区物价局；配合单位：自治区财政厅、商务厅，相关设区市人民政府等）

十九、加大对口岸经营服务性收费的检查力度。集中开展对口岸乱收费、不合理收费行为的查处和整治行动，并建立监管长效机制，进一步规范口岸各经营主体收费行为，切实减轻企业负担，维护企业合法权益。（牵头单位：自治区物价局；配合单位：自治区财政厅、商务厅，相关设区市人民政府等）

二十、加强和完善地方政府口岸协调机制。各口岸所在地人民政府要建立健全以分管领导为召集人的口岸联席会议制度，不断提升口岸工作协调服务能力。（牵头单位：自治区商务厅；配合单位：相关设区市人民政府）

# 海南省

## 一、综述

为落实党中央、国务院部署，根据国家口岸办要求，2018 年中国（海南）国际贸易单一窗口（以下简称海南“单一窗口”）所有业务均应用标准版申报，原海南省海防与口岸办公室成立标准版推广工作组，大力推广标准版。

## 二、运行情况

### （一）运行数据

2018 年海南“单一窗口”仅有标准版的业务数据，截至 2018 年年底，货物申报 5.83 万票、舱单申报 1.55 万票（其中水运 5480 票、空运 9991 票）、运输工具申报 2.83 万票（其中水运 2.07 万票、空运 0.76 万票）、原产地证申领 2330 票、许可证件申领 251 票、企业资质办理 2370 票、税费支付 6287 票、加工贸易办理 1245 票。

### （二）运行维护

海南省已开通 95198 客服热线，7×24 小时开展客服工作，为方便企业与客服人员交流，建立微信工作群和 QQ 工作群，目前微信群已达人数上限（500 人），通过现场指导、电话和网络远程沟通等方式解决企业使用“单一窗口”问题 1000 余次，接听电话 180 个，提升企业使用“单一窗口”的积极性和熟练程度。

### （三）宣传推广

2018 年 7 月 19 日，制定“单一窗口”宣传推广方案，印制宣传册和资料 390 份。在琼海举办“单一窗口”关检融合统一申报、海关新一代税费电子支付培训班，131 家进出口及报关企业共 235 人参加培训，此后又协调海口市口岸办、海口海关在海口组织“关检融合统一申报培训会”

并组织未去琼海培训的企业参加，两次培训会基本覆盖海南省相关申报业务人员。2018 年 11 月，协调海口海关推广海南“单一窗口”的“海关专用缴款书”自主打印功能，组织企业参加培训班。指导企业在“单一窗口”上自主打印“海关专用缴款书”，降低企业人力资源成本。

2018 年 5 月，前往海口美兰国际机场和三亚凤凰国际机场，向相关企业宣传“单一窗口”标准版空运舱单申报功能，并现场对企业人员进行操作培训。2018 年 9 月，多次赴海口美兰国标机场、三亚凤凰国际机场向企业推广空运航空器申报功能，现场对企业进行相关培训，实现“单一窗口”业务从海港口岸延伸至空港口岸。

2018 年 7 月 27 日至 8 月 3 日，海南省海防与口岸办公室组织人员在海口港海关和海口美兰机场海关进行现场保障，保证 2018 年 8 月 1 日关检融合统一申报功能正式上线，业务平稳过渡。

# 重庆市

## 一、综述

从中国（重庆）国际贸易单一窗口（以下简称重庆“单一窗口”）正式启动至2018年年底，已建设了43项功能，包括12项中央标准应用及31项地方特色功能（分为政务服务、物流协同、数据服务、特色服务4大板块）。实现了“四通”目标（申报直通、系统联通、信息互通、业务畅通），形成了“六个一”特色（一次提交、一口申报、一次查验、一次放行、一键跟踪、一网服务）。企业通过使用重庆“单一窗口”，通关环节可提升效率30%以上，通关时间将缩短10%以上，企业综合成本将下降10%以上。

## 二、运行情况

### （一）运行数据

截至2018年年底，重庆“单一窗口”累计申报量128.78万票，其中货物申报109.83万票、舱单申报12.45万票（公路2.78万票、空运9.67万票）、运输工具申报2.82万票（水运10票、空运2.82万票）、原产地申领2383票、许可证件申领155票、企业资质办理5986票、税费支付1.43万票、加工贸易办理1.40万票。

重庆“单一窗口”注册用户1199家，比2017年增加530家；访问量总共累计近295万次，其中船舶区域计数累计近290万次。

### （二）运行维护

重庆“单一窗口”运维保障机制由重庆市政府口岸物流办牵头，会同重庆海关等单位建立“两级三线”服务请求和联合运维服务体系，协调组织开展相关工作。“两级”指国家和地方“单一窗口”两级运行服务保障体系。“三线”中，“一线”为重庆市政府口岸物流办电子口岸中心（以下简称重庆电子口岸中心），为“单一窗口”用户服务请求第一入口，提供公共业务咨询、操作指导、常见问题解答、投诉建议受理、服务跟踪、结果反馈等服务；“二线”为各成员单位，负责处理“一线”转来涉及本单位（含直管系统）的业务和技术方面的服务请求，处理结果向“一线”反馈；根据国家“单一窗口”管理要求，涉及国家“单一窗口”的服务请求，由重庆电子口岸中心向“三线”中国电子口岸数据中心提交，由其提供相关业务和技术支持。

重庆电子口岸中心建立了及时响应机制，专人成立的运维团队负责处理企业日常遇到的问题，企业有问题可以第一时间反馈到95198服务热线、重庆“单一窗口”QQ群和微信群，运维团队第一时间研究解决方案，形成发现问题—解决问题—继续改进的良性运维机制，截至2018年年底，累计受理呼入和呼出话务量5000余次。

### （三）宣传推广

#### 1. 培训相关情况

重庆市政府口岸物流办会同重庆海关、重庆市商务委员会联合开展面向重庆全关区和38个区县（自治县）的全覆盖培训，累计培训20场次，培训人数超过3800余人，其中报关企业和物流企业共120家、1600余人，外贸企业950家、2000余人，海关、税务和其他成员单位约200余人。

#### 2. 新闻报道

2018年，针对重庆“单一窗口”的相关新闻报道及转载共145条，其中，2月27日，中央电视台新闻联播头条以“聚焦重庆打造内陆开放新高地”为题，报道了重庆“单一窗口”建设情况；5月16日，自媒体公众号“中国重庆自由贸易试验区”以“建行借力金融科技，助推自贸试验区创新发展”为题，报道中国建设银行重庆分行作为首家与“单一窗口”系统直联的银行，通过“跨境e汇通”为全市外贸企业提供“全流程、全线上、一站式”的综合金融服务；8月3日，重庆电视台新闻联播报道了重庆市委书记陈敏尔、市长唐良智、市人大常委会主任张轩等领导视察重庆“单一窗口”相关情况，现场听取了关于“单一窗口”运行、制度创新和关检融合整合申报等情况的汇报。

## 三、特色应用

重庆“单一窗口”根据企业需求提供了地方版特色服务，如积极拓展跨境结算创新服务，在国内率先实现“单一窗口”在线收付汇；针对三峡大坝拥堵情况，建立三峡船舶流量预测；针对进口转关货物，一键订阅转关核销数据。

### （一）积极拓展跨境结算创新服务

与各大银行、物流金融公司等金融机构开展合作，在国内率先实现“单一窗口”在线收付汇，帮助企业降低操作成本，帮助银行提高审核效率。目前已与中国建设银行、中国工商银行、华夏银行、交通银行和重庆物流金融公司 5 家金融机构签订“单一窗口”金融服务合作协议，该功能已被国家口岸办吸纳，将在全国推广。

2018 年 3 月，重庆翰博光电有限公司作为试点企业，通过重庆“单一窗口”金融服务功能完成首票在线付汇业务。以往企业需要将报关单、合同等纸质单据提供给银行，银行审查企业贸易真实性后完成付汇。重庆“单一窗口”实现在线收汇付功能后，企业可直接在线提交外汇结算信息。一方面，企业可不用再跑银行提交报关单、合同等纸质单据，降低了企业操作成本，经测算，单票货物至少节省半天时间，节约人力 1~2 人；另一方面，从“单一窗口”获取的报关单数据有利于银行对贸易真实性的核实，提高银行审核效率，在线结算同时也帮助银行实行单据电子化管理，降低纸质单据管理成本。

### （二）针对三峡大坝拥堵情况，建立三峡船舶流量预测

以往，企业需要在每个船公司网站跟踪查询货物状态，通过“单一窗口”平台“区域船舶流量”版块可查询长江沿线重要节点的区域船舶流量。通过进量和出量分析，判断是否拥堵；通过“单一窗口”平台“船舶动态”版块查看每条船的航向和速度，分析流量和物流动态。为企业实时掌握其集装箱所在的位置、船舶经停港口的作业情况，有序调度物流方式提供了便利。

### （三）针对进口转关货物，一键订阅转关核销数据

从上海港等地转关至重庆的货物，需要核实转关单核销状态方可报关。以往，收货人或其代理人需要派员，每天上午、下午到现场海关柜台查询转关单核销状态。如果错过了核销时间，将增加半天以上滞港时间。重庆“单一窗口”汇集了海关通关状态、核销状态等信息，企业一键订阅通关状态后，可第一时间获得核销状态等推送信息，全程跟踪通关、物流、作业动态，便于企业全程协调资源、统筹安排作业。仅此一项，单票货物可缩短半天以上通关时间。

## 四、大事记

1 月 15 日

南京市口岸办来渝调研重庆“单一窗口”。

1 月 16 日

贵阳海关关长沈扬一行来渝调研重庆“单一窗口”。

2月8日

《2018年重庆市人民政府工作报告》要求“完善国际贸易‘单一窗口’，推进申报直通、系统联通、信息互通、业务畅通”。

2月27日

重庆“单一窗口”登上中央电视台新闻联播头条。

3月2日

中共重庆市委、重庆市人民政府印发《重庆市以大数据智能化为引领的创新驱动发展战略行动计划（2018~2020年）》。

3月6日

重庆翰博光电有限公司作为试点企业，通过重庆“单一窗口”跨境e+功能完成在线付汇业务，交易金额6952.32美元，为全国“单一窗口”在线收付汇首票。

3月20日

吉林省口岸办来渝调研重庆“单一窗口”工作。

4月9日

重庆电子口岸中心举办“单一窗口”统一申报培训会。

4月9日

重庆市政府口岸物流办组织召开“单一窗口”国际合作座谈会。

4月12日

国家口岸办在重庆召开部分地区跨境贸易营商环境座谈会。

4月13日

国家口岸办在重庆召开“单一窗口”国际合作调研座谈会。

4月24日

宁波市口岸打私办副主任张海智一行来渝调研重庆“单一窗口”。

5月11日

重庆电子口岸中心与重庆市国税局召开出口退税企业座谈会。

5月17日

海南省海防与口岸办来渝调研重庆“单一窗口”。

5月28日

重庆被确定为标准版特殊监管区域及保税物流申报试点城市。

5月29日

标准版特殊监管区域及保税物流申报功能成功上线试运行。

6月1日

山东省口岸办来渝调研重庆“单一窗口”。

6月

重庆市政府口岸物流办制定《重庆国际贸易“单一窗口”金融服务合作协议（范本）》。

6月20日

企业通重庆“单一窗口”加工贸易模块成功办理首笔“物流账册”备案。

7月10日

四川省口岸办副巡视员王跃一行来渝调研重庆“单一窗口”。

7月11日

重庆“单一窗口”税费支付模块成功完成首票关税及相关费用支付。

7月17日

重庆市政府口岸物流办联合重庆海关举办“单一窗口”关检融合整合申报专题培训。

7月29日

重庆市副市长刘桂平一行赴海关总署，与海关总署副署长邹志武、国家口岸办相关领导共同研究加快推进中国（重庆）—新加坡国际贸易“单一窗口”国际合作事宜。

8月3日

重庆市委书记陈敏尔、市长唐良智、市人大常委会主任张轩等领导视察了重庆“单一窗口”，听取了关于“单一窗口”运行、制度创新和关检融合整合申报等情况的汇报。陈敏尔书记指出，“单一窗口”是一项制度性安排，要推进通关一体化建设，不断提高监管服务水平，提升便利化程度。

8月8日

重庆市政府口岸物流办联合重庆海关举办“单一窗口”关检融合整合申报答疑培训会议。

8月22日

标准版首票空运运输工具通过重庆“单一窗口”申报成功。

9月29日

重庆市政府口岸物流办联合重庆海关举办新一代税费电子支付业务培训。

11月21日

重庆市人民政府印发《关于做好稳外贸稳外资稳外经有关工作的通知》（渝府发〔2018〕50号）。

11月23日

重庆电子口岸中心联合重庆海关举办“单一窗口”空运舱单、空运运输工具系统切换宣导会。

12 月 20 日

重庆市副市长刘桂平主持召开重庆市委全面深化改革委员会开放型经济体制改革专项小组第三次会议，听取了重庆“单一窗口”专题汇报，观看了功能演示，对“单一窗口”功能深化拓展做出安排。

# 四川省

## 一、综述

为贯彻落实党中央、国务院决策部署，深化“放管服”改革，进一步优化口岸营商环境，实施更高水平跨境贸易便利化，促进四川省外贸稳定发展，2018 年，中国（四川）国际贸易单一窗口（以下简称四川“单一窗口”）以提效降费为主线，加强与成都海关、国税局、商务厅、外管局、自贸办、口岸场站等单位和企业的互联互通，在全力推广应用标准版功能的同时，结合四川省贸易情况，积极拓展建设地方特色功能。经过试点应用、提升推广，四川“单一窗口”功能日益丰富，业务覆盖率稳步提升，不仅为企业带来了便利，也为四川省外贸经济的发展起到了积极的促进作用。

## 二、运行情况

### （一）运行数据

截至 2018 年年底，四川“单一窗口”平台注册用户 1660 家，累计业务量 144. 44 万票，其中货物申报 69. 35 万票、空运舱单申报 60. 95 万票、空运运输工具申报 4. 60 万票、税费支付 2. 29 万票。报关覆盖率、空运运输工具覆盖率、空运舱单覆盖率三个主要业务指标均达到 100%。

### （二）运行维护

四川“单一窗口”采用接收问题—分类处理—问题反馈—处置核实—整理存档的运维服务流程，联合成都海关、四川省商务厅、四川省税务局等相关单位技术骨干，全力保障平台安全稳定运行。

平台性能方面，四川“单一窗口”新增配套网络安全及存储设备上线运行，大幅提高了平台的安全防护能力、服务访问性能水平，以及运维管理水平。2018 年 10 月，四川“单一窗口”平台通过信息安全等级 3 级测评。

呼叫中心系统上线，95198服务热线正式向企业提供业务咨询、问题解答服务。企业使用过程中遇到的常见问题都可以通过热线服务得到及时解决，“单一窗口”客服服务提质增效。

关检融合应急保障期间，四川“单一窗口”累计受理1962条问题咨询。2018年度累计受理2.3万条问题咨询，提出功能优化建议280条。

### （三）宣传推广

配合标准版功能试点推广，四川“单一窗口”组织开展了“标准版试点阶段性总结会议”“‘单一窗口’关检融合统一申报专题培训会”“标准版空运运输工具申报功能试点工作协调会议”“标准版空运舱单试点工作动员部署会”等多种形式的宣传、培训会议12场，培训企业600余家，累计培训人数达2000余人，走访调研企业70余家，召开座谈会8次。

推出四川“单一窗口”微信公众号宣传内容45期，简报16份，工作总结15份。在各微信群、QQ群、网站发布建设动态、功能更新、系统公告等消息2000余条。

## 三、 特色应用

四川“单一窗口”持续加强地方特色功能建设，打造便利化的在线贸易通道，在2018年完成了4项地方特色应用功能建设。

### （一）银行服务

2018年，中国工商银行四川省分行、中国建设银行四川省分行、中国交通银行四川省分行、中国银行四川省分行、成都银行、中信银行四川省分行、华夏银行四川省分行、招商银行四川省分行、中国信保四川分公司9家金融保险机构先后与四川省政府口岸物流办签署了《中国（四川）国际贸易“单一窗口”战略合作协议》，并逐一上线运行。同年5月底，中国工商银行四川省分行率先成功对接“单一窗口”，并指导某生物科技公司成功通过“单一窗口”的金融服务功能办理了全省首单对外售付汇业务。随后中国建设银行四川省分行指导某包装制品公司通过“单一窗口”的金融服务功能陆续办理了多票收汇、结汇业务，标志着四川已全面开启“单一窗口”金融服务功能建设。截至2018年年底，四川“单一窗口”通过接入各银行的业务系统，与相关和信保机构信息互联，陆续开发出新应用，已实现预约开户、在线签约以及账户查询、转账、汇款、结售汇、单证结算、跨境收付汇、外币结售汇、国际单证结算、国际收支申报、跨境人民币收付申报、国际保函贸易融资等功能，为四川进出口企业提供更加全面、快捷、便利的综合金融服务，进一步提高了企业跨境结算效率，帮助企业提效降费，促进贸易便利化和四川外向型经济发展。

### （二）保险服务

为加快提升“单一窗口”贸易便利化支撑服务水平，将“单一窗口”建设从口岸通关领域向国际贸易全链条延伸，实现与金融保险行业对接，通过接入平安保险的业务系统，实现货运险（出口货运险、进口货运险）、信用险（出口信用险、海关关税保证险）的咨询、投保、理赔等功能。

**（三）关务服务**

为帮助企业在关务操作、系统管理、关务风险方面进行有效的预测和控制，满足企业内外监管要求。四川“单一窗口”与IT公司合作，开发出归并订单、调用申报/自动校验、一次申报/批量制单、报文传输、通关状态追踪、通关异常疏导、数据统计、历史查询、实时展示等一系列方便、快捷的关务服务功能，有效促进全省口岸作业信息交换便利化水平，为企业提供全面的关务政策咨询、作业咨询、管理咨询和信息查询，助力外贸企业发展。

**（四）翻译服务**

为从事国际贸易、跨境服务的进出口企业、行业机构等提供在线智能翻译服务，解决翻译成本高、效率低、编辑困难、人才短缺等问题，四川“单一窗口”与译迅科技公司合作，推出一系列翻译产品。该系列产品功能强大，1分钟可翻译10万字，准确率高达95%，译后编辑准确率接近99%。服务范围包括：服务文档速译、图文识别和排版、全球母语对话、跨国语音会议速录等。与传统人工翻译相比节省费用90%以上，节约了企业成本，促进对外贸易便利化。

## 四、大事记

1月5日

中国（四川）国际贸易单一窗口门户网站改版上线。

3月15日

四川省政府口岸物流办副主任王跃在乐山市调研“单一窗口”工作。

4月9日

四川省被确定为标准版空运舱单功能第一批试点省份。

4月19日

四川省政府口岸物流办副主任王跃、蒙秋旨在成都双流自贸试验区管理局组织召开标准版空运舱单试点工作动员部署会。

5月10日

四川“单一窗口”试点阶段性工作总结会议召开。

5月11日

四川省政府口岸物流办、省金融工作局共同召开四川“单一窗口”金融服务系统建设座谈会。

5月21日

四川省政府口岸物流办与中国工商银行四川省分行、中国建设银行四川省分行签订战略合作协议。

5月31日

四川“单一窗口”95198客户服务热线开通。

四川“单一窗口”上线运行金融服务功能。

6月21日

四川省政府口岸物流办副主任蒙秋旨在舟山参加“单一窗口”建设工作会议。

6月28日

四川“单一窗口”上线运行税费支付功能。

7月5日

四川省政府口岸物流办在省政府组织召开标准版试点建设推进工作专题会议，四川省副省长朱鹤峰、副秘书长牛晓峰参加会议。

7月6日

四川省政府口岸物流办副主任蒙秋旨在四川“单一窗口”运维单位调研。

7月9日

四川省政府副秘书长牛晓峰带队前往上海、重庆、湖北等地进行“单一窗口”建设工作专题调研。

7月18日

四川省政府口岸物流办联合成都海关在成都新华宾馆举办“单一窗口”关检融合统一申报专题培训会议。

8月17日

四川省被确定为标准版空运运输工具申报功能第一批试点省份。

8月28日

四川省政府口岸物流办副主任蒙秋旨在双流自贸试验区管理局组织召开标准版空运运输工具申报功能试点工作协调会议。

9月20日

四川省政府办公厅印发《四川省人民政府办公厅关于压缩进出口货物整体通关时间工作方案的通知》。

10月1日

四川“单一窗口”正式启用新一代电子支付系统。

12 月 11 日

四川“单一窗口”数据展示系统上线服务。

## 五、 政策文件

### 四川省人民政府办公厅关于印发压缩进出口货物整体通关时间工作方案的通知

川办函〔2018〕84 号

成都、泸州、宜宾市人民政府，有关单位：

《压缩进出口货物整体通关时间工作方案》已经省政府同意，现印发给你们，请认真组织实施。

四川省人民政府办公厅

2018 年 9 月 20 日

### 压缩进出口货物整体通关时间工作方案

#### 一、总体要求

按照海关总署《压缩货物通关时间的措施（试行）》总体要求，紧紧围绕省委十一届三次全会提出的四向拓展，全域开放，加快构建内陆开放高地总体部署，进一步提升我省跨境贸易便利化水平，持续优化口岸营商环境，不断推进口岸物流经济高质量发展。始终坚持以问题为导向，全面落实整体通关各环节主体责任，优化口岸通关作业流程和监管方式，有效解决影响进出口货物整体通关时效的短板问题。

#### 二、主要目标

认真梳理货物进出口各环节作业时间，制定通关时间压缩目标，实行限时作业；优化口岸作业环节，调整作业时序，大力推进整体通关全环节无纸化，加快实现口岸物流和监管作业信息化；深入推进互联网+预约通关工作。到 2018 年 12 月底，全省进出口货物整体通关时间再压缩三分之一，其中全省进口货物整体通关时间压缩至 81. 08 小时以内，出口货物整体通关时间压缩至 2. 46 小时以内。

## 三、重点任务

### （一）大力推广运用提前申报模式

加大对进出口货物提前申报，运抵验放通关模式的宣传力度，鼓励、引导企业在进口货物启运后抵港前、出口货物进入海关监管场所前，提前向海关递交有关单证手续，实现单证手续办理与货物转移并联运行。（牵头单位：成都海关；责任单位：成都、泸州、宜宾市口岸管理部门）

### （二）切实提高口岸场站作业服务能力

口岸场站经营单位要根据进出口业务量增长情况，加强仓储、堆场等基础设施建设，加大人力资源配置、物流监控等方面投入力度，构建布局合理、功能完善、设施先进、服务高效的现代口岸作业体系，进一步提升口岸作业承载能力。统筹搞好场站内物流调度，组织好货物在场站内流转路径以及分类和分流工作，确保进出口货物有序进入各个通关环节。提高场站理货技术水平，实现进出口货物入区即时理货，有效缩短进出口货物在口岸场站内的停留时间。（牵头单位：省政府口岸物流办，成都、泸州、宜宾市口岸管理部门；责任单位：口岸场站经营单位）

### （三）提升口岸通关信息化水平

加快四川国际贸易单一窗口建设，进一步提升标准版功能应用率，不断完善和拓展地方特色应用功能。发挥单一窗口信息资源共享交换作用，推动口岸物流信息与海关监管状态信息共享开放，建立口岸作业现场收费电子支付通道，实现在线物流跟踪查询服务与过程监控，让企业享受全面一站式服务。进一步提升口岸通关无纸化水平，推动通关单证流转电子化。（牵头单位：省政府口岸物流办；责任单位：成都海关，成都、泸州、宜宾市口岸管理部门，口岸场站经营单位）

### （四）提高海关通关保障能力

深入推进关检业务全面融合，优化关检现场综合业务，实现一次性作业。切实推进全国海关通关一体化改革。大力推进集中汇总征税、自报自缴、先放行后改单等改革举措。优化口岸通关保障机制，全面推行互联网+预约通关模式，允许进出口收发货人或其代理人（失信企业除外）在货物符合海关预约通关公告规定的情形下，提前通过互联网在海关工作时间以外申请办理通关手续，全面保障关区空、铁、水、公各口岸进出口货物通关放行顺畅。（牵头单位：成都海关；责任单位：成都、泸州、宜宾市口岸管理部门）

### （五）加大培训指导力度

充分发挥报关协会行业自律作用，定期组织报关人员开展国家相关政策法规和系统性业务培训，提高报关员规范申报业务能力，适时对新发布的法规政策进行权威解读，指导报关企业规范申报业务，建立规范的申报复核制度，避免报关过程中出现单证不齐、数据错误等情况，降低报关差错率，提升报关质量。引导企业在货物运抵海关监管作业场所后及时申报，大力压缩申报前通关时间。（牵头单位：成都海关；责任单位：成都、泸州、宜宾市口岸管理部门）

**（六）探索建立通关评价体系**

围绕进出口货物整体通关时间，建立通关评价制度，积极宣传推广典型案例和解决方案；对资信等级高、管理水平高的企业给予更多的通关便利；建立口岸场站评价制度，对基础设施建设投入力度大、作业效率提升快、服务水平高的口岸场站，在政策方面给予一定的倾斜。（牵头单位：省政府口岸物流办、成都海关；责任单位：成都、泸州、宜宾市口岸管理部门）

**四、保障措施**

**（一）统一思想认识，加强组织领导**

有关地方和部门要充分认识压缩进出口货物整体通关时间工作的重大意义，切实增强紧迫感和责任感，把该项工作作为一项重大的战略任务抓细抓实，抓出成效。各级口岸主管部门、成都海关和口岸场站经营单位主要负责人作为第一责任人，要切实加强组织领导，根据实际制定操作性强的工作方案，指派专人具体负责该项工作，加快推动压缩进出口货物整体通关时间工作部署落地落实。

**（二）建立工作机制，强化协同配合**

省政府口岸物流办、成都海关负责统筹推进压缩进出口货物整体通关时间工作，加强协调、指导和督促落实。成都、泸州、宜宾市口岸管理部门要加强具体通关协调服务，进一步密切与海关、口岸场站经营单位、企业间的联系沟通，做到通关各环节无缝对接，及时发现并解决通关过程中出现的各类问题，分析影响通关时效的因素，并提出解决措施。要建立应急处置机制，细化各项应急处置预案，确保合法进出口货物顺利通关。建立工作推进情况半月报告制度，成都、泸州、宜宾市口岸管理部门于每月 5 日（报上月后半月工作推进情况）和 20 日（报当月前半月工作推进情况）向省政府口岸物流办报送相关口岸压缩通关时间工作推进情况（含原因分析、应对措施等），并抄送成都海关。

**（三）加强督促检查，确保工作落实**

即日起至今年年底，省政府将对压缩进出口货物整体通关时间工作进行专项督查。督查期间，由省政府口岸物流办、成都海关会同有关部门（单位）对各口岸压缩进出口货物整体通关时间目标任务完成情况进行实时检查，并公布督查情况。

## 其他参考文件

中共四川省委办公厅 四川省人民政府办公厅印发《关于畅通南向通道深化南向开放合作的实施意见》的通知（川委办〔2018〕31号）。

# 贵州省

## 一、综述

2018年，贵州省认真贯彻党的十九大精神和习近平总书记对贵州工作的系列重要指示批示精神，按国家口岸办部署，结合贵州省实际情况，依托贵州电子口岸基础，持续深化中国（贵州）国际贸易单一窗口（以下简称贵州“单一窗口”）建设。以强化组织建设为保障，由省商务厅主要领导任组长，贵阳海关分管领导任副组长，各口岸成员单位为成员的工作领导小组，领导小组下设综合推进与运维保障两个工作小组，加强组织领导与统筹调度。始终把持续深化贵州“单一窗口”建设，作为贵州省口岸建设发展的重点任务，累计开通企业资质办理、许可证申领、原产地证申领、空运舱单申报、货物申报、加工贸易、跨境电商、税费办理及公共查询等9项功能，成为贵州省进出口企业办理货物申报的主要平台；顺利完成关检融合统一申报系统更替接入，完成400余家省内进出口企业专项培训。

## 二、运行情况

### （一）运行数据

截至2018年12月底，贵州“单一窗口”共累计完成货物申报2.84万票、运输工具申报2票、空运舱单申报1671票、企业资质办理1793票、原产地证申领688票、许可证申领80票、税费支付2099票、加工贸易办理1609票。

### （二）运行维护

持续夯实贵州电子口岸基础，依托贵州省大数据综合试验区优势，与贵州联通云公司合作，充分利用其云计算、物联网，大数据等资源优势，全力推进电子口岸独立数据存储机房、沃云服务器等基础设施设备的建设，在严格把控数据安全的基础上，设立数据传输专用通道和接口，实现与各单位的互联互通，既满足各口岸单位、企业信息共享要求，也为后期标准版接入、口岸相关数据挖掘、分析和统计提供了坚实基础。

在充分征求有关单位意见、建议的基础上，建立运维管理台账，定期对各类问题进行归纳整理，形成“单一窗口”常见问题和运维知识库，同时，为及时处理企业存在问题，贵州省口岸办、贵阳海关、贵州省税务局联合建立微信服务群，第一时间对企业存在的问题进行处理，并定期向有关企业发送意见征求调查问卷。按国家口岸办有关工作部署，及时开通 95198 全国统一运维服务热线，顺利完成关检融合统一申报系统更替接入，省内贸易企业实现平稳过渡。

### （三）宣传推广

2018 年 7 月 18 日，由贵州省口岸办、贵阳海关联合中国银行贵州省分行共同举办的关检融合整合申报项目培训暨 2018 年中国（贵州）国际贸易单一窗口培训会在贵阳成功召开，全省 9 个市州及贵安新区同步设立分会场，全省口岸、商务、海关等有关单位和外贸进出口企业、中国银行各地支行有关负责同志参加会议。

2018 年 10 月 24 日，贵州省口岸办赴黔南州商务局，配合开展外贸业务培训，都匀市、福泉市等各市县商务局及进出口贸易企业共计 100 余人参加培训。

2018 年 11 月 27 日，贵州“单一窗口”对接标准版特殊监管区域和跨境电商线上综合服务平台申报功能培训在省商务厅 4 楼会议室举行。贵州省商务厅（省政府口岸办），贵阳海关，各市州商务局，贵阳、贵安和遵义综合保税区及 32 家进出口贸易企业参加本次会议。

## 三、 特色应用

完成贵州跨境电商公共服务平台建设，并作为地方“单一窗口”特色服务投入上线运行，贵阳综合保税区于 2018 年 6 月率先完成线下辅助系统开发和跨境保税进口业务筹备，投入实际使用。截至 2018 年 12 月，共 9 家企业在跨境电商公共服务平台上完成注册，2 家企业开展实际业务，共完成 175 票。

## 四、 大事记

2 月 27 日

贵州省副省长雍政主持召开全省口岸工作联席会议，研究部署口岸工作。

3 月 8 日

贵州省口岸办印发《中国（贵州）国际贸易“单一窗口”运维管理方案（暂行）》。

4 月 2 日

贵州省商务厅副厅长（省口岸办副主任）黄筑筠主持召开全省外贸工作培训会，同步进行贵州“单一窗口”实际操作培训。

7 月 18 日

贵州省商务厅副厅长（省口岸办副主任）黄筑筠、贵阳海关副关长詹水旭共同组织召开关检融合整合申报项目培训暨 2018 年中国（贵州）国际贸易单一窗口培训会。

11 月 27 日

贵州省商务厅副厅长（省口岸办副主任）黄筑筠、贵州省商务厅（省口岸办）副巡视员杨明凤组织召开贵州“单一窗口”对接标准版特殊监管区域和跨境电商线上综合服务平台申报功能培训。

## 五、 政策文件

### 贵州省人民政府办公厅关于印发贵州省优化口岸营商环境促进跨境贸易便利化工作实施方案的通知

黔府办函〔2018〕208 号

各市、自治州人民政府，贵安新区管委会，省有关部门和单位：

经省人民政府同意，现将《贵州省优化口岸营商环境　促进跨境贸易便利化工作实施方案》印发给你们，请结合实际，认真组织实施。

贵州省人民政府办公厅
2018 年 12 月 14 日

### 贵州省优化口岸营商环境促进跨境贸易便利化工作实施方案

为贯彻落实《国务院关于印发优化口岸营商环境　促进跨境贸易便利化工作方案的通知》（国发〔2018〕37 号）精神，进一步优化我省口岸营商环境，促进跨境贸易便利化，推动外贸健康发展，结合我省实际，制定本实施方案。

#### 一、总体要求

坚持以习近平新时代中国特色社会主义思想为指导，全面贯彻落实国务院、国务院口岸部际联席会议有关会议精神，深入推进“放管服”改革，对标国际国内先进水平，创新监管方式，优化通关流程，提高通关效率，降低通关成本，营造稳定、公平、透明、可预期的口岸营商环境。到 2020 年年底，进出口环节合规成本和整体通关时间达到全国平均水平。初步实现口岸治理体系和治理能力现代化，形成更有活力、更富效率、更加开放、更加便利的口岸营商环境。

## 二、工作措施

### （一）简政放权，减少进出口环节审批监管事项

1. 精简进出口环节监管证件。加快推进我省进出口环节监管证件精简工作，除安全保密需要等特殊情况外，监管证件通过多种形式全部实现联网、在通关环节比对核查。（牵头单位：贵阳海关；责任单位：省口岸工作联席会议成员单位）

2. 优化监管证件办理程序。除安全保密需要等特殊情况外，2020 年年底前，监管证件全部实现网上申报、网上办理。（牵头单位：贵阳海关；责任单位：省口岸工作联席会议成员单位）

### （二）加大改革力度，优化口岸通关流程和作业方式

3. 深化全国通关一体化改革。推进海关与检验检疫在通关环节检查事项整合，实现统一申报单证、统一作业系统、统一风险研判、统一指令下达、统一现场执法“五统一”。推进贵阳海关直接使用市场监管、商务等部门数据办理进出口货物收发货人注册登记。（牵头单位：贵阳海关；责任单位：省市场监管局、省商务厅）

4. 全面推广“双随机、一公开”监管。对进出口报关单查验实施随机布控、随机派单，对进出境运输工具的一般监管及特殊区域的海关登临检查、免税商店和免税品管理、保税仓库核查、保税货物、保税核查人员、关区内企业核查等实施“双随机”；持续推进全链条监管“选、查、处”分离，提升“双随机、一公开”监管效能。（牵头单位：贵阳海关）

5. 推广应用“提前申报”模式。加强政策宣传引导，鼓励企业采取“提前申报”方式报关，推进口岸作业场所、进出口外贸企业、报关行建立信息沟通机制，调整作业时间节点，提前办理单证审核和货物运输作业，非布控查验货物抵达口岸后即可放行提离，着力提升进出口货物“提前申报”比例。（牵头单位：贵阳海关；责任单位：省机场集团公司、成都局集团公司贵阳铁路办事处）

6. 创新海关税收征管模式。开展“关税保证保险”通关业务试点，推广“海关专用缴款书”企业自行打印改革，全面推广使用新一代税费电子支付系统，落实关税保证保险改革，促进企业便利通关。大力推进财关库银横向联网，建立海关税收入库“高速公路”，持续推进税单无纸化改革。（牵头单位：贵阳海关；责任单位：贵州银保监局、人行贵阳中心支行）

7. 优化检验检疫作业。推行落实进口矿产品等大宗资源性商品“先验放后检测”检验监管方式。支持贵阳海关创新检验检疫方法，应用现场快速检测技术，进一步缩短检验检疫周期。（牵头单位：贵阳海关）

8. 推广第三方采信制度。引入市场竞争机制，发挥社会检验检测机构作用，推广第三方采信

制度。（牵头单位：贵阳海关）

**（三）提升通关效率，提高口岸物流服务效能**

9. 提高查验准备工作效率。根据“单一窗口”标准版功能扩展总体安排部署，在关区推广应用“单一窗口”平台相关功能向进出口企业、口岸作业场站推送查验通知，增强通关时效的可预期性。［牵头单位：省商务厅（省政府口岸办）、贵阳海关；责任单位：省公安厅、省交通运输厅、省机场集团公司、成都局集团公司贵阳铁路办事处］

10. 加快发展多式联运。推进多式联运实际应用，积极参与中新（重庆）战略性互联互通项目“国际陆海贸易新通道”建设；持续推进以“一口岸、两作业区”模式申报建设贵阳铁路口岸；支持贵定昌明国际陆港、贵州遵铁物流参与全国多式联运示范工程建设。［牵头单位：省商务厅（省政府口岸办）、省交通运输厅；责任单位：贵阳海关、省发展改革委、省机场集团公司、成都局集团公司贵阳铁路办事处，贵阳市、遵义市、黔南自治州人民政府，贵安新区管委会］

11. 提升鲜活商品通关效率。在风险可控的前提下优化鲜活产品检验检疫流程，制定进出口鲜活产品目录清单，开通我省特色农副产品、鲜活商品快捷通关的绿色通道，加快通关放行。（牵头单位：贵阳海关；责任单位：省公安厅、省交通运输厅、省机场集团公司、成都局集团公司贵阳铁路办事处）

**（四）加强科技应用，提升口岸管理信息化、智能化水平**

12. 加强国际贸易“单一窗口”建设。将“单一窗口”功能覆盖至我省综合保税区和跨境电子商务综合试验区等相关区域，对接全国版跨境电商线上综合服务平台。按照国家统一规划部署，推动我省“单一窗口”接入跨境贸易大数据平台。2020 年年底前，“单一窗口”主要业务应用率达到 100%；2021 年年底前，除安全保密需要等特殊情况外，“单一窗口”功能覆盖国际贸易管理全链条，打造“一站式”贸易服务平台。［牵头单位：省商务厅（省政府口岸办）、贵阳海关；责任单位：人行贵阳中心支行、贵州银保监局、省机场集团公司、成都局集团公司贵阳铁路办事处］

13. 提升口岸智能化建设水平。加快口岸智能化建设，推进口岸物流信息电子化，提升口岸查验智能化水平，推进无纸化和电子化改革。［牵头单位：省商务厅（省政府口岸办）；责任单位：贵阳海关、省公安厅、省交通运输厅、省机场集团公司、成都局集团公司贵阳铁路办事处］

**（五）完善管理制度，促进口岸营商环境更加公开透明**

14. 降低进出口环节合规成本。严格执行行政事业性收费清单管理制度，未经批准，一律不得新设涉及进出口环节的收费项目。严格执行《贵州省口岸进（出）口收费目录清单》，清理规范口岸经营服务性收费，依法查处各类违法违规口岸收费行为。强化市场监管执法力度，依法查处各种不正当竞争行为和垄断行为。［牵头单位：省商务厅（省政府口岸办）、省财政厅；责任单位：省发展改革委、贵阳海关、省交通运输厅、省工业和信息化厅、省市场监管局］

15. 公开通关流程及物流作业时限。制定口岸通关流程及口岸经营服务企业场内转运、吊箱移位、掏箱和货方提箱等作业时限标准并向社会公开，方便企业合理安排生产、制定运输计划。继续做好海关系统12360统一服务热线，实行7×24小时人工服务，畅通业务咨询、求助、投诉渠道。［牵头单位：贵阳海关；责任单位：省商务厅（省政府口岸办）、省公安厅、省交通运输厅、贵阳综合保税区管委会、贵安综合保税区管委会、遵义综合保税区管委会、省机场集团公司］

16. 建立口岸通关时效评估机制。制定《贵州省口岸整体通关时效评估实施方案》，每年年底以调查问卷、部门座谈和实地考察等方式，对我省口岸整体通关时效工作情况进行评估，形成评估报告，评估结果适时向社会公布。（牵头单位：贵阳海关、省发展改革委、省政府发展研究中心）

## 三、工作要求

### （一）加强组织领导

充分发挥省口岸工作联席会议作用，明确各项任务的实施步骤和完成时限，统筹推进落实，省口岸工作联席会议办公室要及时跟踪推进情况，重大情况及时向省人民政府报告。

### （二）明确责任分工

各地、各有关部门要按照实施方案分工，细化落实措施，强化责任落实。各牵头单位要发挥牵头抓总作用，充分调动各方力量，各责任单位要结合工作职责积极配合，协同推进优化口岸营商环境工作。

### （三）强化督促检查

省口岸工作联席会议办公室要牵头组织开展优化口岸营商环境专项督查，督查结果及时向社会公布，对推进不力的地区和部门进行问责。

# 云南省

## 一、综述

为认真贯彻落实党中央、国务院关于建设“单一窗口”的决策部署，在国家口岸办、云南省委、省政府的统筹安排下，2018 年云南省商务厅（省口岸办）会同各参建单位攻坚克难，圆满完成了标准版和全省边民互市管理系统等功能部署，稳步推进跨境自驾游系统和口岸突发事件应急协调处置中心（含口岸数据展示功能）项目建设，开通 95198 服务热线，通过政府采购购买了运维服务，确保了中国（云南）国际贸易单一窗口（以下简称云南“单一窗口”）安全、平稳、高效运行，为云南省主动服务和融入“一带一路”倡议，推进口岸“大通关”建设，实现口岸管理相关部门“三互”，优化口岸营商环境，促进跨境贸易便利化提供了重要支撑。

## 二、运行情况

### （一）运行数据

经过各单位的共同努力，云南“单一窗口”成功实现了对全省 25 个口岸“全覆盖”，业务量持续快速增长，优势突出，成效明显。

截至 2018 年年底，云南“单一窗口”注册用户 2936 家，比 2017 年增加 2301 家。2018 年货物申报 22.19 万票，应用率达 100%；舱单申报 5.64 万票（其中空运 0.74 万票、公路 4.90 万票），应用率分别为空运 60.01%、公路 83.84%；运输工具申报 5825 票（其中水运 24 票、空运 5169 票、公路 632 票），空运运输工具申报应用率达 69.66%；原产地证申领 3662 票；许可证件申领 635 票；企业资质办理 6174 票；税费支付 5555 票；加工贸易办理 1385 票。

云南省边民互市系统覆盖全省 16 个边民互市点，边民注册人数 5.13 万人。2018 年完成交易 153.31 万票，货量 378.87 万吨，货值 118.86 亿元人民币。

### （二）运行维护

按照国家口岸办印发的《关于国际贸易“单一窗口”建设的框架意见》，根据云南“单一窗口”建设和运行实际，通过政府购买服务形式选择专业化的公司作为综合运行维护实体，确保平台 7×24 小时全天候安全、平稳、高效运行。

一是建立运维保障机制。制定了关于云南“单一窗口”的运行管理办法，建立联合运行管理工作机制和运行服务实体，明确了云南“单一窗口”运行各参建方管理责任和权利。

二是开展设备巡查巡检。运维实体从网站维护、标准版功能部署、特色应用上线运行、网络与数据安全、数据备份、故障恢复等方面开展运维工作。及时更新云南省口岸动态信息。每日对各设备进行巡查巡检，发现问题及时处理；对数据库、病毒特征库、操作系统等进行版本升级或更新。每日上报一次巡查巡检情况，每月至少上报一次运维报告。

三是畅通问题反馈渠道。开通 95198 服务热线（7×24 小时）、QQ 和微信服务群，向企业提供及时的业务咨询、操作指导、常见问题解答、投诉建议受理、服务跟踪、结果反馈等服务。

### （三）宣传推广

一是云南省商务厅（省口岸办）会同昆明海关、云南出入境边防检查总站印发了关于全面推广使用云南“单一窗口”的通知和关于云南省边民互市管理系统试点和推广应用工作的通知，在全省范围推广应用云南“单一窗口”各项功能。

二是强化推广培训。邀请国家口岸办专家和特色应用建设方工程师对全省口岸管理部门和进出口企业进行集中培训。

2018 年 7 月 24 日，根据《全国通关一体化关检业务全面融合框架方案》有关要求，为确保关检统一申报工作顺利实施，举办了云南“单一窗口”关检融合统一申报培训会。

2018 年 11 月 13 日，对全省商务部门边民互市业务人员进行边民互市管理系统商务端培训，详细介绍了边民互市贸易管理系统总体构架、功能模块、操作方法等，对边民注册、车辆备案等功能进行实操演练。

2018 年 12 月 7 日，举办云南“单一窗口”新增功能培训会议，来自全省 185 家报关行、物流、外贸企业、海关监管场所和货场企业 276 人参加培训。国家口岸办专家详细介绍了标准版税费支付、舱单申报、运输工具申报等功能业务办理模式及使用方法。

同时，在集中培训基础上，安排人员采取分片区、口岸现场、上门“一对一”等形式，对全省各级商务（口岸）、海关、边防、交通运输等单位和外贸进出口企业、外贸企业、物流企业、报关行等进行宣传培训，截至 2018 年年底累计培训 100 余批次、共 2000 余人次，实现了对全省“单一窗口”用户的“全覆盖”。

## 三、特色应用

为加快全省边民互市贸易发展，支持云南省边境地区经济发展和边民脱贫攻坚，由云南省商务厅（省口岸办）会同昆明海关（原云南出入境检验检疫局）、云南省交通运输厅等单位，依托云南“单一窗口”开发建成全省边民互市管理系统并于 2018 年 3 月 26 日上线运行，实现了对全省边民互市点的“全覆盖”。

### （一）主要做法

一是集中建设，迅速推广。全省边民互市管理系统省级投资集中建设，统一运维，全省各边民互市点直接接入、免费使用，改变了原来新开一个点就必须新建一套系统的模式，避免了重复建设、“烟囱林立”、效率不高的状况，时间上由原来的 180 天左右建设部署周期，缩短到现在的 1 天内接入使用，为全省口岸边民互市点节约了约 4800 万元人民币，并且为今后继续扩大边民互市点数量、做大全省边民互市贸易规模奠定了坚实基础。

二是业务协同，效率提升。全省边民互市管理系统将原来相互分散、各自独立的商务、海关、交通等各项业务整合到一个系统，创新开发了边民互市公共服务、商务管理、海关监管、卡口数据采集验放、数据报文处理、车辆申报、移动申报等功能，通过指纹申报、电子信息传输和智能卡口验放等智能化管理实现“一点接入、一次录入、一次提交，一站式放行”的通关无纸化和无缝监管模式，是全国第一个由省级集中建设，多部门共管、共享、共用的边民互市贸易综合政务服务平台。

### （二）建设成效

云南省边民互市管理系统上线运行后，办理边民互市贸易业务不用再分头跑各个业务管理部门，只需要“跑一趟”，在全省边民互市管理系统申报终端上申报一次，即可满足各个部门的监管要求。申报时间由原来的半小时缩短到 15 秒以内，边民得到了实实在在的实惠，这促使更多边民参与到边民互市贸易中，享受国家给予边境地区民众的政策红利，是落实中央关于加大对边民支持力度、实现边民精准扶贫的民生工程。2018 年年底，全省边民互市管理系统日均交易 10000 余票，货量 38000 吨，货值 0. 76 亿元人民币，综合效益初步显现。

## 四、大事记

3 月 22 日

云南省商务厅、昆明海关联合印发《关于全省边民互市管理系统试点和推广应用工作的通知》

（云商口岸〔2018〕3号）文件。

3月26日

云南“单一窗口”全省边民互市管理系统上线运行。

6月28日

云南省商务厅（省口岸办）和昆明海关召开边民互市管理系统建设推进会。

7月27日

云南“单一窗口”关检融合整合申报系统开始试运行。

8月2日

云南省商务厅（省口岸办）发布《中国（云南）国际贸易“单一窗口”综合运行维护服务项目公开招标公告》。

8月24日

云南省商务厅（省口岸办）发布《中国（云南）国际贸易“单一窗口”综合运行维护服务中标公告》。

9月27日

云南省商务厅（省口岸办）印发《关于做好中国（云南）国际贸易“单一窗口”相关工作的通知》，要求各州市口岸办做好云南“单一窗口”税费支付功能宣传推广工作。

10月18日

召开2018年云南省口岸建设管理领导小组会议。

11月13日

云南省商务厅（省口岸办）在昆明举办了云南“单一窗口”边民互市管理系统商务端培训会。

12月7日

云南省商务厅（省口岸办）会同昆明海关、云南出入境边防检查总站等单位召开云南“单一窗口”新增功能培训会议。

12月14日

云南省商务厅（省口岸办）开通95198热线（三大运营商均已开通）。

12月18日

签订《中国（云南）国际贸易单一窗口综合运行维护服务合同》。

12月24日

云南省水路运输工具申报实现零的突破。

12月27日~29日

云南省商务厅（省口岸办）前往河口、瑞丽口岸推广使用标准版公路运输工具申报功能。

## 五、政策文件

2018 年云南省发布的“单一窗口”相关政策文件参见其他参考文件。

### 其他参考文件

1. 云南省人民政府办公厅关于促进农产品加工业跨越发展的实施意见（云政办发〔2018〕69 号）。

2. 云南省人民政府办公厅关于扩大进口促进对外贸易平衡发展的实施意见（云政办发〔2018〕103 号）。

3. 云南省人民政府口岸办公室关于做好中国（云南）国际贸易“单一窗口”相关工作的通知（云南省人民政府口岸办公室 2018 年 9 月 27 日）。

# 西藏自治区

## 一、 综述

2018年，按照国务院第25次、26次常务会议和国务院口岸工作部级联席会议部署，西藏自治区口岸管理办公室加强组织推广，引导企业应用中国（西藏）国际贸易单一窗口（以下简称西藏“单一窗口”），全面提升西藏“单一窗口”应用率。

## 二、 运行情况

### （一）运行数据

截至2018年年底，西藏“单一窗口”注册用户113家，比2017年增加93家；货物申报1.03万票、公路舱单申报2249票、企业资质办理296票、税费支付625票。

### （二）运行维护

2018年，西藏口岸办通过95198热线和微信群渠道共受理企业咨询“单一窗口”操作相关问题58次。

### （三）宣传推广

2018年7月，西藏口岸办两次联合拉萨海关、中国银行等单位在吉隆、拉萨开展企业培训，培训企业数80余家、110余人次。

## 三、 大事记

1月23日

开通95198“单一窗口”热线。

7 月 2 日

西藏口岸办联合吉隆海关、中国银行西藏分行、吉隆口岸管委会在吉隆口岸组织进出口企业召开西藏“单一窗口”推广培训会。首单税费支付业务在西藏“单一窗口”办理完成。

7 月 24 日

西藏口岸办联合拉萨海关、中国银行西藏分行等部门在拉萨组织全区外贸进出口企业及有意向开展外贸业务的企业召开西藏“单一窗口”推广培训会。

8 月 1 日

西藏口岸办联合拉萨海关推动西藏“单一窗口”关检融合整合申报系统顺利切换。

9 月 16 日～22 日

上海市口岸办党组书记、主任张超美率上海出入境边防检查总站、海关、自贸试验区管委会等部门赴西藏调研口岸工作，并交流了上海“单一窗口”先进理念和工作经验。

10 月 26 日

西藏“单一窗口”办理业务单量突破 1 万单。

11 月 3 日

首单公路舱单申报在西藏“单一窗口”完成。

12 月 3 日～7 日

西藏自治区口岸办、拉萨海关、西藏自治区公安边防总队、日喀则市口岸办、吉隆口岸管委会、聂拉木口岸管委会赴上海考察“单一窗口”相关工作情况。

# 陕西省

## 一、 综述

2018 年，陕西省人民政府口岸办公室（以下简称陕西省口岸办）在国家口岸办的指导下，依据《国务院关于印发优化口岸营商环境　促进跨境贸易便利化工作方案的通知》（国发〔2018〕37 号）文件精神，加快中国（陕西）国际贸易单一窗口（以下简称陕西“单一窗口”）建设力度，从而促进陕西“三个经济”快速健康发展。

## 二、 运行情况

### （一）运行数据

截至 2018 年年底，陕西“单一窗口”注册用户 3395 家，比 2017 年增加 3033 家。2018 年货物申报 21.34 万票、舱单申报 7606 票、运输工具申报 177 票、原产地证申领 1277 票、许可证件申领 447 票、企业资质办理 6601 票、税费支付 1.07 万票、加工贸易办理 30 票、展览品申报 0 票。

### （二）运行维护

#### 1. 运维机制

结合陕西“单一窗口”建设实际，建立有效的“单一窗口”运维保障机制，以流程为导向，以服务为核心，确保平台各项功能正常稳定运行，成立运维工作领导小组，由陕西省口岸办、西安海关等联检单位共同成立陕西“单一窗口”领导小组，负责安排陕西“单一窗口”工作全面应用工作，负责在陕西“单一窗口”推广应用过程中遇到的各类协调问题，并向国家口岸办及时汇报有关情况。陕西“单一窗口”整体运维实体工作由陕西电子口岸有限公司、中国电子口岸西安数据分中心负责，为平台用户提供全面细致的技术支持，不断提升平台用户满意度。

### 2. 运维情况

（1）业务支持陕西省各地市 17 个企业“单一窗口”微信群，同时利用 95198 服务热线，及时解决企业系统及业务咨询，收集企业优化意见，发布系统升级维护通知。

（2）与中国电子口岸数据中心对接，学习标准版税费支付功能、关检融合统一申报相关业务流程、系统操作和地方平台技术对接问题，引导帮助陕西企业对新上线的功能进行使用和意见反馈；收集陕西“单一窗口”使用企业的各类问题，并将涉及的技术问题、优化问题发送至数据中心处理；全年共收集各类问题 62 条（非故障类）；及时确认数据中心已修复的各类问题，并将结果反馈给用户。

（3）利用线上和线下两种支持方式对陕西外贸企业进行技术支持工作，重点支持各申报大厅现场代理企业和申报量大的自理企业，全年共支持企业 100 余家，走访调研并派驻业务人员定点服务西安机场、港务区外贸企业（10 个工作日），了解其外贸业务环节及企业信息化需求的调研工作，同时推进“单一窗口”的应用。

## （三）宣传推广

### 1. 扩大宣传推广力度

通过陕西省电视台、口岸信息微信群、“单一窗口”运维群、陕西电子口岸微信公众号等多种形式，积极推进“单一窗口”推广应用工作，其中陕西电子口岸微信公众号发送信息 678 条。

### 2. 加大组织培训力度

为做好关检融合统一申报工作，陕西省口岸办联合陕西省商务厅、西安海关，在各地市举办 15 场培训，培训陕西省外贸企业 709 家、主要业务人员 1058 人，确保了陕西省关检融合统一申报工作平稳过渡。

### 3. 积极推广新功能

为做好 2018 年 10 月 1 日陕西省实施的“单一窗口”税费支付推广工作，按照国家口岸办要求，与西安海关、中国人民银行西安分行共同组织银行和外贸企业集中培训，服务企业顺利完成税费支付系统切换，引导企业使用“单一窗口”税费支付功能。与中国建设银行陕西分行联合召开了“践行普惠助力外贸暨陕西‘单一窗口’业务推介会”。

## 三、大事记

5月16日

开通“单一窗口”95198服务热线。

8月1日

陕西“单一窗口”上线运行货物申报关检融合统一申报功能。

9月1日

陕西“单一窗口”上线运行物品通关—展览品申报功能。

9月11日

与中国建设银行陕西分行联合召开了“践行普惠助力外贸暨陕西‘单一窗口’业务推介会”。

10月30日

陕西“单一窗口”上线运行贸促会原产地证申领功能。

11月

陕西“单一窗口”陆续上线运行公路舱单申报、公路运输工具申报、空运运输工具申报、电子账册申报、电子手册申报、担保申报以及全国跨境电商线上综合服务平台（公共服务）功能。

## 四、政策文件

### 陕西省人民政府办公厅关于印发陕西口岸提升跨境贸易便利化若干措施（试行）的通知

陕政办函〔2018〕214号

各设区市人民政府，省人民政府各工作部门、各直属机构：

《陕西口岸提升跨境贸易便利化若干措施（试行）》已经省政府同意，现印发给你们，请认真贯彻执行。

陕西省人民政府办公厅

2018年7月11日

### 陕西口岸提升跨境贸易便利化若干措施（试行）

为加快提升陕西口岸跨境贸易便利化水平，进一步提高通关效率和降低通关成本，促进枢纽经济、门户经济、流动经济高质量发展，结合我省实际，制定以下措施。

## 一、便利单证办理

1. 加快实现口岸场所物流信息电子化流转。指导口岸经营单位加强场站信息化建设，协调推动进出口企业、港口企业、场站、集装箱堆场实现集装箱设备交接、提箱作业计划申报、费用结算等数据交换，推进进出口环节物流信息电子化流转，实现无纸操作、减少单证流转环节和时间。完善航空、铁路口岸网上服务功能，实现预约集结、提箱计划申报、缴费、综合查询等服务功能网上 24 小时受理。

2. 简化许可证申请办理。进一步完善“单一窗口”中自动进口许可证、出口许可证、农药进出口登记管理放行通知单、有毒化学品环境管理放行通知单的申报、查询、签发、核销等功能，简化签发流程，自收到内容正确、形式完备的相关材料后，1 个工作日内完成审批。

简化 CCC 免办工作流程，实施全程网上办理。简化出口原产地证办理流程，推广电子签章和自助打印功能，原产地证书审核限时 4 小时办结。

3. 推广无纸化通关。进一步规范操作流程，持续优化单证提交方式，报检单证可采用企业自存、一次性备案、电子化上传、证书联网核查等方式进行“无纸化”提交，大幅降低企业单证准备时间。应用电子委托代理，取代纸质报关报检委托协议书，口岸查验单位实现与“单一窗口”平台对接，进出口企业应用无纸化委托模块电子授权委托功能，通关环节不再需要递交纸质委托协议书。

4. 深化“单一窗口”建设。编制完成《陕西电子口岸和国际贸易“单一窗口”三年发展规划（2018—2020）》。加快推进“单一窗口”地方特色服务项目开发运行，2018 年上线运行 4~5 个具有我省特色的服务项目。通过“单一窗口”办理主要业务覆盖率年内达到 70%以上。

5. 推广应用“单一窗口”标准版各项业务功能。大力推广应用“单一窗口”货物申报功能，配合推动“单一窗口”功能向特殊监管区和跨境电商领域覆盖。促进实现“单一窗口”与金融、保险、电商、物流、邮政、民航、铁路港口、码头等相关行业对接，为跨境贸易供应链各参与方提供便利化服务。

## 二、压缩通关准备、货物提离时间 1/3 以上

6. 深化海关通关改革。推动属地纳税人管理制度落地，推进“自报自缴”改革，推广创新税收担保方式改革，积极推行以企业为单元的税收总担保模式，全面推行减免税审批无纸化。全面推广提前申报、运抵验放模式。

7. 实行口岸物流“限时作业”。口岸各单位按照职能职责和进出口业务流程，在承诺的限定时间内完成各自作业操作（特殊情况除外），便利企业办理当天提货，原则上无查验生鲜货物须 2 小时内提离。

8. 实现 7×24 小时口岸通关保障。航空口岸旅检现场实行 7×24 小时通关。航空、铁路口岸货检在工作时间及时办理查验通关手续，在非工作时间实行 24 小时预约通关。

## 三、降低集装箱进出口环节合规成本 10%以上

9. 规范和降低口岸检查检验服务性收费。建立口岸服务企业招投标制度，逐步引入竞争企业。扩大各项跨境贸易、物流服务业政府采购和采信范围，由进出口企业自主选择跨境贸易服务机构，禁止利用行政权力或者垄断地位指定服务、强制服务并收费以及只收费不服务等行为。

10. 规范口岸经营服务企业收费行为。口岸经营服务企业收费实行市场调节价，明码标价。对企业反映强烈的口岸经营服务收费项目，省、市口岸办要加强管理，对涉及价格违法的行为，价格检查部门依法进行查处。

## 四、建立公示制度

11. 公示口岸通关流程和收费目录清单。在口岸现场公开口岸通关流程、环节以及所需单证情况；制定并公开本地区口岸收费目录清单，清单以外一律不得收费。

12. 公示口岸通关时效评估结果。口岸经营单位、监管部门在口岸现场、办事大厅和陕西国际贸易“单一窗口”公布口岸作业时间，采集除事中必须处置的必审必核事项等特殊情况外的货物通关和口岸操作各环节主要时间节点信息，适时开展口岸通关时效和物流作业时效评估，并及时公示评估结果。

## 五、完善口岸配套服务

13. 建立口岸应急处理机制。进一步落实口岸人员进出境、货物进出口环节安全防范责任，建立健全口岸突发事件应急处理机制。制定口岸通关保障和物流运输应急管理办法，确保口岸通关效率。

14. 建立口岸通关意见投诉反馈机制。协调组织口岸查验单位通过口岸现场、“单一窗口”95198 服务热线，回应解决进出口相关企业提出的意见和建议。

# 甘肃省

## 一、综述

2018 年，甘肃省积极推广标准版，以拓展新功能、提高覆盖率为目标，在 2017 年开通货物申领、原产地证申报、企业资质办理等申报功能的基础上，推动税费支付、非机电产品许可证申领、自动客户端导入、空运舱单申报等功能上线，对全省 460 多家企业、560 多名业务人员进行全覆盖培训，协助金昌、兰州、酒泉、白银、天水等市州开展业务培训，主要业务覆盖率不断提升，截至 2018 年 12 月 31 日，企业通过标准版申报 3.2 万票，是 2017 年的 12 倍，报关业务覆盖率达到 100%。积极推进中国（甘肃）国际贸易单一窗口（以下简称甘肃“单一窗口”）建设，编制完成了甘肃“单一窗口”项目可行性研究报告和设计方案，并通过省发展改革委的审核，2018 年已完成主要建设任务的招标工作。积极提供技术服务支持，协调甘肃省电信运营商于 2018 年 10 月份开通了甘肃省 95198 服务热线。

## 二、运行情况

### （一）运行数据

截至 2018 年年底，甘肃“单一窗口”注册用户 403 家，比 2017 年增加 389 家。2018 年货物申报 2.74 万票、舱单申报 47 票（其中水运 0 票、空运 1 票、公路 46 票）、运输工具申报 596 票（其中水运 0 票、空运 596 票、公路 0 票）、原产地证申领 1238 票、许可证件申领 0 票、企业资质办理 1417 票、税费支付 858 票、加工贸易办理 826 票、展览品申报 0 票。

### （二）运行维护

甘肃省口岸办协调甘肃省电信运营商，于 2018 年 10 月开通甘肃省 95198 服务热线。与兰州海关、甘肃省税务局、中国人民银行兰州中心支行等单位建立合作，安排专门人员负责系统运行维护，为企业提供技术指导。

### （三）宣传推广

为推广“单一窗口”税费支付业务，2018 年 7 月 12 日，甘肃省商务厅、兰州海关、中国人民银行兰州中心支行、中国银行甘肃省分行联合举办了“单一窗口”业务培训。培训在中国银行甘肃省分行设主会场，9 个市州设立分会场，共有 80 家进出口和报关企业、113 名代表参加了培训。培训共设置 5 个专题，分别由甘肃省口岸办、兰州海关、中国人民银行兰州中心支行、中国银行甘肃省分行业务骨干进行授课。通过培训，方便进口企业、物流企业及商业银行及时掌握政策，更好地使用“单一窗口”平台开展报关和税费支付业务。

为落实全国通关一体化关检业务全面融合工作部署安排，做好关检融合统一申报工作，确保关检业务全面融合统一申报改革平稳顺利实施，2018 年 7 月 25 日，甘肃省商务厅、兰州海关联合举办了“单一窗口”关检融合统一申报培训视频会议。会议在甘肃省商务厅设立主会场，14 个市州设立分会场，各市州商务局分管领导和负责同志、327 家企业、450 名代表参加了培训。培训共设置 5 个专题，分别由兰州海关和甘肃省口岸办业务骨干进行授课。通过培训，使全省进出口企业、代理报关企业提前熟悉掌握报关单申报流程和填制规范，为 8 月 1 日“单一窗口”关检融合统一申报工作的顺利进行打下了坚实基础。

2018 年 9 月 12 日，与中国建设银行甘肃省分行共同举办全省“单一窗口”推广及新一代税费电子支付（财关库银）应用推介会，中国建设银行通过视频同步举办推介会，全省 100 多家进出口企业参会。甘肃省口岸办、兰州海关、中国人民银行兰州中心支行、中国建设银行甘肃省分行就“单一窗口”和财关库银整体情况及系统操作进行了介绍，通过推介，让企业享受“一站式”服务的便利。

## 三、 特色应用

甘肃“单一窗口”项目建设主要包括“两平台、三中心、四服务”，即公共服务和手机端综合查询服务平台，统一认证、数据交换和大数据中心，口岸物流服务系统（包括多式联运口岸综合服务系统、出口拼箱交易撮合系统）、口岸政务服务系统（包括标准版货物申报服务对接、“多证合一”备案系统）、口岸综合服务系统（包括商品溯源系统、国际快件辅助申报系统、金融服务系统、仓储管理系统）和口岸数据服务系统（包括特殊监管区域海关服务系统对接、特殊监管区域场站管理系统）。2018 年已完成主要项目招标，项目计划分两期建设，一期预计 2019 年完成，二期预计 2020 年完成。

## 四、大事记

3 月 4 日 ~10 日

甘肃省人民政府组织相关单位赴浙江、福建、广西等省区就加快“单一窗口”建设进行调研。

5 月 16 日

甘肃“单一窗口”项目可行性研究报告获甘肃省发展改革委批复。

7 月 12 日

甘肃省商务厅、兰州海关、中国人民银行兰州中心支行、中国银行甘肃省分行联合举办了“单一窗口”业务培训。

7 月 25 日

甘肃省商务厅、兰州海关联合举办了“单一窗口”关检融合统一申报培训视频会议。

9 月 12 日

甘肃省商务厅、中国建设银行甘肃省分行共同举办“单一窗口”推广及新一代税费电子支付（财关库银）应用推介会。

# 青海省

## 一、 综述

青海省严格落实党中央、国务院部署，按照国家口岸办要求，积极推动中国（青海）国际贸易单一窗口（以下简称青海“单一窗口”）建设，2018 年 7 月底完成了青海“单一窗口”的系统开发、加密机硬件上架部署、系统调试和内测等建设任务，并成功与西宁海关、曹家堡保税物流中心（B 型）等相关部门实现对接联网，成功上线试运营，为青海省外贸企业提供了贸易便利化。

青海“单一窗口”的建设和投运弥补了青海省长期以来未建设电子口岸公共服务平台的空缺。该平台通过数据交换的方式联通了海关、外汇、税务等政府部门及商贸物流企业，实现了跨区域、跨部门、跨企业的交易数据、监管数据、物流数据的交换。

## 二、 运行情况

### （一）运行数据

截至 2018 年年底，青海“单一窗口”注册用户 118 家。2018 年青海“单一窗口”货物申报 1639 票、运输工具申报 258 票、原产地证申领 194 票、许可证件申领 7 票、税费支付办理 93 票。

### （二）运行维护

按照政府可控和确保安全的原则，青海“单一窗口”的运行维护由原建设单位昆山华东信息科技有限公司负责，负责青海“单一窗口”各业务系统的日常技术保障和业务运维工作，并承担安全保密责任。

### （三）宣传推广

为提高青海“单一窗口”的使用率，青海省商务厅（口岸办）于 2018 年 7 月 20 日组织西宁海关、外贸企业、银行等60家单位开展了“单一窗口”关检融合统一申报业务培训，详细讲授了关检融合申报业务改革、填制规范、参数代码、随附单证等最新报关要求，确保2018年8月1日关检融合统一申报工作的顺利实施。

# 宁夏回族自治区

## 一、综述

2018年，宁夏回族自治区认真贯彻落实党中央、国务院决策部署，以推广应用标准版新增功能，提升货物申报、运输工具申报、舱单申报等主要业务覆盖率为目标，通过举办“单一窗口”培训班、召开企业座谈会、开通“单一窗口”95198服务热线、建立企业咨询微信群等形式，全面开展“单一窗口”应用宣传，推动中国（宁夏）国际贸易单一窗口（以下简称宁夏“单一窗口”）各项业务应用覆盖率不断提升，实现货物申报、运输工具（空运）申报覆盖率达到100%。

## 二、运行情况

### （一）运行数据

2018年，宁夏“单一窗口”业务总量共计1.45万票，其中，货物申报6409票（关检融合前2338票、关检融合后4071票）、舱单（空运）申报1665票、运输工具（空运）申报1345票、许可证件申领13票（农药进出口许可证11票、机电自动许可证2票）、原产地证申领728票、企业资质办理299票、税费支付344票。

### （二）运行维护

一是开通“单一窗口”宁夏服务热线（95198）。协调中国电信股份有限公司宁夏分公司，于2018年8月17日开通了“单一窗口”宁夏服务热线（95198），在宁夏回族自治区范围内，企业用户无需加拨区号即可致电“单一窗口”客服，咨询“单一窗口”相关业务功能及具体操作方法；协调世达新科（宁夏）供应链管理有限公司组建了“单一窗口（宁夏）服务热线运营中心”，为宁夏企业使用“单一窗口”提供政策解读、注册引导、辅助申报、通关查询、疑难解答等咨询服务。截至2018年年底，共为宁夏回族自治区200余家外贸企业解答各类“单一窗口”问题400余个。

二是出台了宁夏“单一窗口”关检融合整合申报的应急保障方案。为确保2018年8月1日标准版关检融合整合申报项目顺利切换、安全稳定运行，宁夏回族自治区口岸办制定了《宁夏国际贸易“单一窗口”标准版关检融合整合申报应急保障方案》，成立了应急保障工作小组，完善了企业咨询反馈机制，建立了走访调研指导机制，明确了责任分工，提出了多条应急保障措施，力保关检融合统一申报改革平稳顺利实施。

### （三）宣传推广

一是举办“单一窗口”基本操作和业务培训班。为深入推广应用“单一窗口”，切实提高宁夏“单一窗口”综合业务应用覆盖率，提升贸易便利化水平，宁夏回族自治区商务厅（口岸办）在国家口岸办和中国电子口岸数据中心的大力支持下，于2018年4月20日联合银川海关成功举办了宁夏“单一窗口”基本操作和业务培训班，面向宁夏回族自治区重点进出口企业有关报关企业操作员和计划使用“单一窗口”的有关企业一线工作人员，共178家企业、216人。

二是召开“单一窗口”使用情况座谈会。2018年3月5日，宁夏回族自治区口岸办会同银川海关综合业务一处及现场业务处，联合举办了“单一窗口”使用情况座谈会，11家报关企业共15人参会。

三是宁夏回族自治区成功完成首票“单一窗口”关检融合整合申报报关单。为保障海关进出口货物整合申报正式实施，2018年7月27日，银川海关先期试运行关检融合整合申报项目业务，指导宁夏大地循环发展股份有限公司通过“单一窗口”成功办理首票关检融合整合申报报关单，成为宁夏首票兼具报关、报检功能的报关单。

四是宁夏回族自治区成功完成首票“单一窗口”关检融合大宗散货申报报关单。2018年8月29日，宁夏石嘴山市某企业使用标准版货物申报功能，完成1票锰矿进口，货运量1万吨，货值216万美元，该票货物是宁夏关区在标准版关检融合整合申报项目正式切换后完成的首票大宗散货报关货物。

## 三、大事记

3月5日

宁夏回族自治区口岸办会同银川海关综合业务一处及现场业务处，联合举办了“单一窗口”使用情况座谈会。

4月20日

宁夏回族自治区商务厅（口岸办）联合银川海关，在银川成功举办了宁夏“单一窗口”基本操作和业务培训班。

4月

宁夏回族自治区通过标准版成功实现空运舱单申报。

7月27日

银川海关先期试运行关检融合整合申报项目业务，指导宁夏大地循环发展股份有限公司通过“单一窗口”平台成功办理首票关检融合整合申报报关单。

8月

宁夏回族自治区企业通过标准版成功实现了税费支付。

8月29日

在宁夏“单一窗口”对接的标准版关检融合整合申报项目正式切换后，宁夏回族自治区完成首票大宗散货（锰矿进口）报关货物。

11月

宁夏回族自治区通过标准版成功实现运输工具（航空器）申报。

# 新疆维吾尔自治区

## 一、 综述

中国（新疆）国际贸易单一窗口（以下简称新疆“单一窗口”）已于2017年8月上线运行。截至2018年年底，新疆“单一窗口”已对接标准版的12项功能包括：企业资质办理、许可证申领、原产地证申领、运输工具申报、舱单申报、货物申报、加工贸易、税费办理、跨境电商、物品通关、口岸物流、统计查询。另有本地特色应用：检验检疫无纸化系统、新疆跨境寄递物品（货物）综合服务平台［直邮物品（货物）的进出口备案、申报、查询］。其他功能模块的拓展和优化工作也在逐步进行。

## 二、 运行情况

### （一）运行数据

截至2018年年底，新疆“单一窗口”注册用户1287家，比2017年增加1146家。2018年货物申报18.03万票、舱单申报17.63万票（其中空运7080票、公路16.92万票）、运输工具申报6046票（其中空运499票、公路5547票）、原产地证申领2351票、许可证件申领148票、企业资质办理4995票、税费支付2.49万票、加工贸易办理9839票。

### （二）运行维护

2018年主要运维保障项目如下：

1. 4月15日起，保障乌鲁木齐海关暂停中国电子口岸QP系统中“一次申报”功能，切换至新疆“单一窗口”货物申报系统进行申报。

2. 8月1日起，保障乌鲁木齐海关关检融合整合申报切换。

3. 10月1日起，保障乌鲁木齐海关切换新一代海关税费电子支付系统。

以上项目切换工作，实行7×24小时在线运维、重点企业上门走访等工作机制，及时处理企业使用“单一窗口”过程中出现的问题，建立10个“单一窗口”工作微信联系群，入群企业人员达1800余人，电子口岸客服人员累计处理企业问题8000余条。

### （三）宣传推广

2018年自治区广泛组织外贸企业、货运代理企业、物流企业集中开展标准版业务系统培训工作40余场，培训人员1558人，培训企业1135家，其中代理报关企业达到100%培训覆盖。

## 三、特色应用

### （一）新疆跨境电商综合服务平台

部署完成了新疆跨境电商综合服务平台，系统已具备“1210”“9610”跨境电商的相关申报功能；完成了跨境电商进口统一版的对接切换工作；完成了与霍尔果斯跨境交易平台、伊宁跨境直购进口交易平台、乌鲁木齐航天信息跨境直购进出口交易平台、乌鲁木齐机场跨境直购进出口交易平台等地方跨境电商服务平台的对接工作。

### （二）霍尔果斯中哈合作中心分流集运联网监管平台

霍尔果斯中哈合作中心分流集运联网监管平台主要是利用信息化技术手段，通过智能卡口系统、联网销售系统，建成分流集运中心，实现区内申报、分流集运和自助通关。

2018年年初乌鲁木齐海关与哈萨克斯坦海关进行相关对接，在合作区内建设“联网监管平台”，对合作区内中哈两国的商家信息、旅客出入区信息以及购买信息进行共享、联合监管。

霍尔果斯中哈合作中心内哈方系统于2018年9月完成建设，并实现正式测试运营。

### （三）乌鲁木齐多式联运海关监管中心智能场站平台

乌鲁木齐多式联运海关监管中心作为乌鲁木齐国际陆港区的重要组成部分和先导性工程，建于乌鲁木齐铁路口岸核心区内，已于2016年12月正式投入使用，可使用铁路、公路、航空等多种运输工具自由换装，让陆、空、铁、邮货物在乌鲁木齐多式联运海关监管中心自由拆箱和集拼作业。

构建乌鲁木齐多式联运海关监管中心智能场站平台，促进多式联运中心与海关、铁路以及各始发站、班列公司、货代公司等部门和企业互联互通、业务协同，充分释放多式联运中心的物流集结与中转效能，改善并解决中欧班列满载率低、空箱运载问题，充分发挥其运力，降低班列运营成本，通过物流带动商贸发展，转变新疆物流通道角色。

主要建设内容有：多式联运通关综合服务平台、多式联运检验检疫辅助监管系统、多式联运海关辅助监管端系统、关检联合查验服务平台、中国及国际铁路数据来源与技术对接、智能场站业务操作平台、“公铁集”疏运体系平台、集装箱公共放箱平台、仓配一体化平台，以及完成与中国铁路总公司、海关等的数据互联互通。

2018 年 12 月，完成了智能场站系统的服务器网络设备建设、软件开发及服务器的部署，项目整体已具备运行条件。

## 四、 大事记

3 月 27 日

新疆口岸办组织 70 余家外贸、货运代理企业开展“单一窗口”培训。

4 月 4 日

新疆口岸办组织机场货运代理企业召开“单一窗口”推广培训会。

5 月 8 日

新疆口岸办组织标准版推广培训，共有约 70 家企业代表参加培训。

5 月 14 日

国家口岸办副主任白石在新疆调研“单一窗口”工作。

7 月 12 日

新疆维吾尔自治区被确定为标准版公路运输工具申报功能第一批试点省份。

7 月 18 日

新疆口岸办举办了关检融合整合申报培训，乌鲁木齐海关设置主会场，17 个隶属海关设置分会场，培训覆盖全区各地州（市）口岸委（办）、乌鲁木齐海关各业务部门、各隶属海关办事处、全区进出口及报关企业，共计 600 多人参加此次培训。

8 月 17 日

新疆维吾尔自治区被确定为标准版公路舱单申报功能第一批试点省份。

# 宁波市

## 一、综述

国际贸易“单一窗口”是世界各国促进贸易便利化、提高国家竞争力的通行做法之一。推进中国国际贸易单一窗口建设是我国向世界作出的承诺，是优化营商环境的重要举措，是提高口岸通关效率的重要抓手。联合国、世界贸易组织、世界海关组织和亚太经合组织等国际组织都提出建设国际贸易“单一窗口”，全球实施国际贸易“单一窗口”的国家和经济体达到70多个。

自标准版试点工作以来，宁波市人民政府口岸办公室（以下简称宁波市口岸办）高度重视，始终坚持“建设一项、试点一项、成熟一项、推广一项”的总体原则，扎实、有效地推进各项工作，圆满完成了各项试点任务。

## 二、运行情况

### （一）运行数据

截至2018年年底，宁波“单一窗口”已经全面对接标准版，完成12大基本功能落地应用，包括企业资质、许可证件、原产地证、运输工具、舱单申报、货物申报、加工贸易、税费办理、跨境电商、物品通关、出口退税和公共查询。覆盖海运、空运、陆路、铁路等各种口岸业务类型和海关特殊监管区域、跨境电子商务综合试验区等各种区域。汇集整合以往相互独立的申报系统和现场业务，将大通关流程由“串联”改为“并联”，实现一点接入、一次提交、一次查验、一键跟踪、一站办理“五个一”的特色功能。

截至2018年年底，宁波应用标准版货物申报、运输工具（水运、空运）、舱单（水运）覆盖率达100%，舱单（空运）覆盖率达80.15%。试点以来业务申报总量达到3647.90万票。其中货物申报326.37万票、运输工具申报12.07万票、舱单申报3304.42万票、企业资质办理1.80万票、原产地证申领561票、许可证件申领14票、税费支付2.63万票、加工贸易办理5498票。

### （二）运行维护

#### 1. 各级重视

宁波市委、市政府高度重视宁波“单一窗口”建设工作，把“单一窗口”建设工作列入宁波市优化营商环境的重要举措，并列入市“六争攻坚、三年攀高”的重点工作内容之一。浙江省委副书记、宁波市委书记郑栅洁连续做出批示，明确要求提升宁波“单一窗口”功能。宁波市副市长宋越舜、李关定多次听取宁波“单一窗口”建设和功能提升的工作汇报，明确要求要把宁波“单一窗口”建设工作与当前“最多跑一次”改革相结合，增强企业的获得感。

#### 2. 健全机制

宁波市于 2008 年通过市财政每年安排专项资金用于电子口岸建设，包括项目建设经费、平台运维经费。“十三五”期间，市政府明确将宁波“单一窗口”建设纳入电子口岸建设范围，仍旧每年拨付专项资金来保障宁波“单一窗口”建设，同时，也为后续宁波“单一窗口”对接标准版在宁波市的落地推广提供了必要保障。

#### 3. 加强调研

注重调研，以企业需求为导向，由宁波市口岸办领导带队，走访 20 家试点重点企业，听取企业意见，向标准版工程组提交逻辑校验、商品要素记忆、舱单调用等功能需求，提高企业录入效率和减少差错率，增强企业的获得感。紧盯关键时间节点，开展模拟实操培训，制定应急预案，顺利保障关检融合整合申报、新一代电子税费支付系统的实施切换。

#### 4. 合力推广

为推广标准版应用，宁波市口岸办高度重视该项工作，积极牵头宁波海关、宁波电子口岸运营实体等部门迅速成立试点工作领导小组和运维保障小组，多措并举，扎实、有效地推进各项试点工作。宁波海关开放了本地逻辑校验功能，出台容错机制，进一步增强了企业的信心，加强了对企业使用标准版的业务保障，解除企业的后顾之忧。宁波海事局积极组织交通工具试点工作的推进。宁波电子口岸做好运维保障，加强了对企业一对一的操作指导。

### （三）宣传推广

宁波市口岸办牵头，建立口岸相关监管部门、行业协会共同参与的覆盖进出口环节各类主体的宣传机制。一是通过组织线上线下培训、座谈会，建立 QQ 群、微信群，在《宁波日报》、“阿拉甬关”、“浙江在线”等媒体、网站上发布信息等形式宣传推广宁波“单一窗口”，加强对相关政策的解读，进一步扩大宁波“单一窗口”的知晓度。二是组织企业开展模拟实操，现场指导，编发标准版新功能、新亮点宣传手册及常见问题解答（FQA）供企业使用，加快企业对新系统的适应。仅关检融合整合申报上线，就组织 8 场企业培训，共计有 835 余家企业、1012 人次参加。

## 三、特色应用

宁波“单一窗口”长期以来致力于推动口岸流程优化、数据共享及单证电子化。围绕口岸大数据交换中心，横向打通口岸通关环节，实现各监管部门在货物申报、信息查询、资质备案等多种类政务办理业务的全面覆盖。纵向打通物流环节，实现国际贸易在物流协同、港口作业等多环节的全程贯通。

随着标准版的推广，为规范“单一窗口”标准体系建设，打造单一窗口“标准版+地方特色应用”，规划编写了《中国（宁波）国际贸易单一窗口功能提升方案》。分别从政务服务、物流服务、数据服务和特色服务 4 个方面，对现有功能、企业需求、业务延伸等方面进行梳理和整合，将 62 个政务项目整合合并为 32 个。功能涉及助力“最多跑一次”改革，长三角地区互联互通，实现货物申报种类、船舶申报业务、物流可视化节点全覆盖。

截至 2018 年 11 月 15 日，平台共传输各类报文 140 余种，年核心报文传输量达 2298 万票，平台注册用户累计 16704 家，异地用户逐年增加，服务辐射全省及江西、江苏、湖北等宁波港口腹地企业 10 万余家；独立 IP 点击量已达 2184300 次；与本地船公司、船代、堆场实现 100%联网，与 84%的仓库、65%的货代、近 50%的车队实现联网。

### （一）助力“最多跑一次”改革

宁波“单一窗口”上部署的政务，均免费向企业提供服务。涵盖进出口货物、运输工具、查询、备案、跨境等多项业务种类。据统计，目前在宁波“单一窗口”平台上运行的 32 个政务项目，涉及“最多跑一次”项目 20 个（其中“一次都不跑”的项目达到 15 个，占 75%），共计减少企业跑腿次数 23 次。真正实现“信息多跑路、企业少跑腿”。如船舶“一单多报”项目，将原来企业需要向 3 家联检单位申报优化为现在一次申报，企业只需要通过“单一窗口”平台一次性同时向海关、海事、边检申请办理船舶进出境手续，一次申报，3 家联检。申报字段从原先需要录入 121 个缩减为当前的 88 个（减少 27%录入量），实现口岸监管部门审批由“串联”改为“并联”，申报时间从原先 3 天缩短为 2 小时。

### （二）货物种类覆盖广，企业成本降幅大

宁波“单一窗口”提供口岸各类货物申报共计 35 项，覆盖五大类货物：一般货物、危险品货

物、保税货物（加工贸易）、快件和邮递物品。如加工贸易公共服务平台，企业通过该平台即可向海关与外经贸部门申报加工贸易无纸化操作、单证一次维护多次使用、备案资料库管理、加工贸易内销/核销等，无须提交纸面材料，海关和外经贸部门在线进行审批。每年可为企业缩减30%的关务人员、40%的管理成本，节省各项综合费用约10万元人民币。无纸放行项目实现放行单证审核由传统的纸质单证向电子数据的转变，省去企业在海关单证放行后去码头的交单环节，提升无纸化水平，提高了通关效率，同时每年可为企业减少直接成本逾千万元。

### （三）物流可视化节点全覆盖

通过宁波“单一窗口”物流可视化项目，企业可实时获取包括提空箱、集装箱进港、预配舱单、海关查验、海关放行、码头放行、装载舱单、重箱装船、开船和船司跟踪等在内的10个通关物流节点信息，实现企业动态掌握货物的物流信息，方便企业追踪物流状态。

### （四）长三角地区互联互通

宁波“单一窗口”起步早、成效快，始终坚持“走出去”战略，主动对接长三角地区国际贸易“单一窗口”，推进口岸通关数据的交换、物流信息的共享。深化了与上海、江苏、浙江的合作机制，实现了数据互联互通。其中，宁波“单一窗口”将货物申报海关六大节点信息实时推送到浙江“单一窗口”，实现了与浙江的通关数据的交换；与江苏张家港就两地港口集装箱相关物流节点信息进行互联互通，包括船舶动态、船舶作业计划、集装箱进出码头、集装箱动态等内容。方便两地企业实时追踪货物在口岸的通关状态，提供多元化服务。

## 四、 大事记

2月1日

浙江省委副书记、宁波市委书记郑栅洁，宁波市委副书记、副市长宋越舜，宁波市副市长李关定共同召开宁波“单一窗口”专题研讨会议。

4月20日

宁波“单一窗口”应用标准版试点业务总量突破1000万票，是全国试点省市中首个突破1000万票的城市。

5月25日

召开宁波“单一窗口”应用标准版宣传推广会暨2017年标准版试点企业总结表彰大会。

6月28日

宁波卓力进出口有限公司通过宁波“单一窗口”完成第一票税费办理。

8月1日

宁波“单一窗口”应用标准版关检融合整合申报系统顺利切换上线。

宁波海关关长顾勤，宁波市口岸办副主任陈丽珍、张海智等走访企业指导关检融合货物申报工作。

8月6日

宁波“单一窗口”应用标准版试点业务总量突破2000万票，是全国试点省市中首个突破2000万票的城市。

9月30日

宁波地区新一代海关电子税费支付系统顺利切换上线。同时，宁波被确定为查检合一运输工具统一申报试点城市。

## 五、 政策文件

### 宁波市人民政府办公厅关于提升跨境贸易便利化水平的实施意见

甬政办发〔2018〕126号

各区县（市）人民政府，市直及部省属驻甬各单位：

为深入贯彻落实党中央、国务院关于促进贸易便利化的决策部署，按照《国务院关于印发优化口岸营商环境　促进跨境贸易便利化工作方案的通知》（国发〔2018〕37号）和《浙江省人民政府办公厅关于提升跨境贸易便利化水平的实施意见》（浙政办发〔2018〕100号）要求，进一步优化口岸营商环境，促进我市跨境贸易便利化，经市政府同意，特制定如下实施意见。

#### 一、总体要求

以习近平新时代中国特色社会主义思想为指导，大力推进“八八战略”再深化、改革开放再出发，全力落实“六争攻坚、三年攀高”决策部署，强化口岸工作“一盘棋”思想，对标先进，精准发力，形成合力。到2018年年底，需在进出口环节验核的监管证件数量比2017年减少三分之一以上，除安全保密需要等特殊情况外，全部实现联网核查；整体通关时间压缩三分之一以上；相比2017年，单个集装箱进出口环节合规成本减少100美元以上。到2020年年底，相比2017年集装箱进出口环节合规成本降低一半。到2021年年底，整体通关时间比2017年压缩一半，企业获得感明显增强，跨境贸易便利化水平明显提高。

## 二、主要任务

### （一）优化通关流程和作业方式

1. 推进关检业务整合融合。2018 年年底前实现“统一申报单证、统一作业系统、统一风险研判、统一指令下达、统一现场执法”。推动全国通关一体化改革，提高一体化通关模式申报率。（责任单位：宁波海关）

2. 进一步推广“双随机、一公开”监管模式。常规稽查、保税核查和保税货物监管等全部执法领域都实行“双随机、一公开”。推进全链条监管“选、查、处”分离，提升“双随机”监管效能。（责任单位：宁波海关）

3. 推广第三方采信制度。引入市场竞争机制，发挥社会检验检测机构作用，在进出口环节进一步推广第三方检验检测结果采信制度。（责任单位：宁波海关）

4. 推广应用“提前申报”模式。提高进口货物“提前申报”比例，鼓励企业采用“提前申报”，提前办理单证审核和货物运输作业，非布控查验货物抵达口岸后即可放行提离。（责任单位：宁波海关、市口岸打私办、宁波舟山港集团、宁波临空经济示范区管委会）

5. 优化检验检疫作业。推行进口矿产品等大宗资源性商品“先验放后检测”检验监管方式。创新检验检疫方法，应用现场快速检测技术，进一步缩短检验检疫周期。推进实验室前移，符合条件的应“即取即送、即送即检”。（责任单位：宁波海关）

6. 实行口岸通关“日清”工作制度。口岸相关部门建立每日自查制度，对于符合条件的正常通关事宜，当日处理完毕。（责任单位：宁波海关、宁波海事局、驻甬各边检站、宁波舟山港集团）

7. 加快实现口岸通关作业“串联”改“并联”。推进进口货物换单与通关、进口拼箱货物拆箱与通关并联作业。取消进口分拨货物纸质舱单、移箱单、现场记录单。（责任单位：宁波海关、宁波舟山港集团）

8. 提升税款缴纳便利化水平。推广汇总征税和担保放行，推进关税保证保险改革试点，通过保险担保实现货物“先放行后缴税”。推广使用新一代电子支付系统，简化税费电子支付作业流程，实行海关税单打印与实货放行分离，税款扣缴成功且报关单符合放行条件的，系统自动放行。（责任单位：宁波海关）

9. 简化随附单证。加大政策宣传推广力度，引导企业减少非必选项的随附单证上传，及时向社会公布目录清单。简化申报后异常情况处置流程。（责任单位：宁波海关、市口岸打私办）

10. 推动企业分类管理。加强行业自律，引导企业规范经营。推动诚信企业享受较低进出口货物查验率、优先办理进出口货物通关等更多便利化措施。（责任单位：宁波海关、宁波海事局）

11. 深化边检业务改革。推进边检通关一体化，实现办理《上下外国船舶许可》《船舶搭靠外轮许可》“一站签发，全域通用”。便捷船舶区域内出入港手续办理，对在宁波口岸范围内码头泊位与所属锚地之间移泊，其间无搭靠船舶、上下人员、装卸作业的船舶，出入港手续简化为移泊手续。（责任单位：驻甬海港各边检站）

12. 提高查验集装箱当班船出运率。落实查验集装箱当班船出运率考核制度。探索查验箱虚拟归位方式应用，查验集装箱海关放行即可视作码头放行。（责任单位：宁波舟山港集团）

13. 公开通关流程及物流作业时限。制定并公开通关流程及口岸经营服务企业场内转运、吊箱移位、掏箱和货方提箱等作业时限标准，便利企业合理安排生产、制定运输计划。（责任单位：市口岸打私办、宁波海关、宁波海事局、驻甬各边检站、宁波舟山港集团、宁波临空经济示范区管委会）

**（二）提高无纸化应用水平**

1. 提升通关无纸化水平。鼓励企业采用无纸化方式申报，力争2018年年底实现进口无纸化申报比例达到95%。（责任单位：宁波海关）

2. 推进进出口环节物流信息电子化。建设货主、船方、港方、申报企业、堆场、仓储企业等各单位共同认可的数据交换平台和交换报文标准。实现口岸作业场站货物装卸、仓储理货、报关、物流运输、费用结算等环节无纸化和电子化。推动海运提单换提货单电子化，企业在报关环节不再提交纸质提单或提货单。2019年6月底前，实现内外贸集装箱堆场的电子化海关监管。2019年年底前，在主要远洋航线实现海关与企业间的海运提单、提货单、装箱单等信息电子化流转。全面梳理精简进出口通关环节各类商务单证。（责任单位：宁波舟山港集团、宁波海关、市口岸打私办、宁波电子口岸、宁波临空经济示范区管委会）

3. 简化进出口环节监管证件。2018年11月1日前需在进出口环节验核的监管证件减至48种，并做好保留证件的验核工作。除安全保密需要等特殊情况外，通过多种形式全部实现联网、在通关环节比对核查。2020年年底前，监管证件全部实现网上申报、网上办理。加大对进出口企业的政策宣讲力度。（责任单位：宁波海关）

4. 优化许可证件申请办理。优化证件申领流程，简化企业申报和登记备案材料，引导企业在国际贸易“单一窗口”标准版办理原产地证和许可证申领，实现“网上申请、自助打印”。（责任单位：宁波海关、市商务委、市贸促会）

5. 推进边检业务网上办理。企业办理《上下外国船舶许可》《船舶搭靠外轮许可》可通过浙江政务服务网、“浙江边防App”进行申请、提交资料，边检站在后台审核通过，无需现场申办证件。推进办理国际航行船舶手续无纸化，不再收取《总申报单》《船员名单》《旅客名单》等纸质单证。（责任单位：驻甬海港各边检站）

6. 推进港口业务网上办理。完善网上平台服务功能，逐步推进查验预约、进港、提箱、结算、缴费等港口业务网上“一站式”办理。（责任单位：宁波舟山港集团）

**（三）提升查验效率**

1. 提高查验准备工作效率。通过“单一窗口”、港口电子数据交换（EDI）中心等信息平台向进出口企业、口岸作业场站推送查验通知，增强通关时效的可预期性。进境运输工具到港前，口岸查验单位对申报的电子数据实施在线审核并及时向码头及船舶代理反馈。（责任单位：市口岸打私办、市交通委、宁波海关、宁波海事局、驻甬各边检站、宁波舟山港集团、宁波电子口岸）

2. 推进跨部门联合检查。继续推进海关、边检、海事对进出境的运输工具，进行一次性联合登临检查，避免多头检查。按照《口岸查验单位一次性联合检查实施方案》，力争 2018 年年底前覆盖到所有口岸。（责任单位：宁波海关、宁波海事局、驻甬各边检站、市口岸打私办）

3. 优化查验流程。全面推广查验管理系统（二期），使用移动查验单兵作业系统和音视频执法记录仪，优化查验异常后续处置流程，加快推广“先期机检”“智能识别”“集中审像”实际应用，提高机检后直接放行比例。（责任单位：宁波海关）

4. 缩短查验送检样品检验时间。现场海关在查验过程中减少非必要取样送检和重复送样。（责任单位：宁波海关）

5. 加快鲜活商品通关速度。在风险可控的前提下，优化鲜活产品检验检疫流程。（责任单位：宁波海关）

6. 进口布控查验信息发送前移。对已卸至海关监管场所的进口货物，海关接受申报后将是否需查验的信息立即通知企业，便利企业同步安排缴税和提箱手续。（责任单位：宁波海关）

7. 优化查验人力资源配置。对于当日上午布控查验的出口货物当日完成查验，对于双休日或法定节假日前申报的进口查验货物，具备条件的，确保在双休日或法定节假日前查验完毕。（责任单位：宁波海关、宁波舟山港集团）

**（四）加快国际贸易“单一窗口”建设**

1. 加大国际贸易“单一窗口”标准版试点推广力度。持续推进货物、运输工具申报等重点项目推广应用。2018 年年底前，主要业务应用率达到 80%；2020 年年底前，达到 100%。2021 年年底前，除安全保密需要等特殊情况外，“单一窗口”功能覆盖国际贸易管理全链条，打造“一站式”贸易服务平台。（责任单位：市口岸打私办、宁波海关、宁波海事局、驻甬各边检站、宁波舟山港集团、宁波临空经济示范区管委会、宁波电子口岸）

2. 推进中国（宁波）国际贸易“单一窗口”功能提升。重点围绕口岸政务服务、物流服务、数据服务、特色应用等四方面进行提升。深化跨部门信息互联互通，依托“单一窗口”促进货主、船公司、港口、代理企业、堆场开展电子化单证信息交换和流转。逐步覆盖跨境贸易“通关+物流”全链条主要环节，为跨境贸易供应链参与方提供服务保障。（责任单位：市口岸打私办、宁波海关、宁波海事局、驻甬各边检站、宁波舟山港集团、宁波临空经济示范区管委会、宁波电子口岸）

**（五）降低进出口环节合规成本**

1. 公开公示口岸收费。建立价格、商务、交通、口岸等部门和口岸查验单位共同参与的口岸收费监督管理协作机制。实行口岸收费目录清单制度。2018 年 10 月底前，统一通过国际贸易“单一窗口”向社会公布收费项目、收费标准，清单以外费用一律不得收取。2018 年年底前，单个集装箱进出口环节合规成本比 2017 年减少 100 美元以上。（责任单位：市发展改革委、市商务委、市交通委、市口岸打私办、宁波海关、宁波海事局、驻甬各边检站、宁波舟山港集团、宁波临空经济示范区管委会）

2. 规范进出口经营服务企业收费行为。加强行业管理和行业自律，引导进出口经营服务企业和相关行业协会通过网站或经营场所公布收费清单和标准，积极倡导诚信经营，合理定价。对实行政府定价的，严格执行规定标准；对实行市场调节价的，不得实行强制服务和违规加收其他费用。鼓励竞争，破除垄断，推动降低报关、货代、船代、物流、仓储、港口服务等环节经营服务性收费。加强检查，依法查处各类违法违规收费行为。（责任单位：市发展改革委、市商务委、市交通委、宁波海关、宁波舟山港集团、宁波临空经济示范区管委会）

3. 继续开展免除查验没有问题外贸企业（失信企业除外）吊装移位仓储费用试点工作。优化试点工作流程，完善工作措施，增强企业获得感。（责任单位：市口岸打私办、市财政局、宁波海关、宁波舟山港集团）

**（六）开展口岸通关时效评估**

建设口岸通关时效评估系统。采集进出口货物在口岸单证、物流各环节的状态数据，为口岸管理部门提供全方位的统计分析服务。通过大数据智能分析，精准定位耗时长、效率低的环节，为压缩口岸通关时间、提升效率提供决策支持。（责任单位：市口岸打私办、宁波海关、宁波舟山港集团、宁波临空经济示范区管委会、宁波电子口岸）

## 三、保障措施

**（一）加强组织领导**

发挥市口岸协调委员会作用，协调解决涉及优化口岸营商环境、促进跨境贸易便利化的重点、难点问题。进一步统一口岸各部门和行业企业思想，对标先进口岸，树立大口岸观念，强化大协同，形成口岸工作“一盘棋”。建立定期分析、会商和检查督查工作制度。

**（二）加大宣传培训力度**

建立口岸相关部门参与，覆盖进出口环节各类主体的宣传培训工作机制。及时广泛宣传上级各项政策举措，保障企业充分享受政策红利。

**（三）健全咨询反馈机制**

充分发挥海关 12360、大通关咨询电话 87283456、“单一窗口” 95198 服务热线等作用，及时回应解决企业意见和建议，接受企业监督咨询。

本意见自 2018 年 11 月 30 日起施行。

宁波市人民政府办公厅
2018 年 10 月 29 日

# 厦门市

## 一、 综述

中国（厦门）国际贸易单一窗口（以下简称厦门“单一窗口”）平台于2015年4月正式上线运行。2018年厦门“单一窗口”新上线税费自报自缴、舱单状态信息发布、检验检疫行政许可备案、边检证件办理、自贸协定智能优惠关税系统等13个功能。在促进贸易便利化、改善营商环境方面，依托厦门“单一窗口”，先后出台4个口岸提高通关效率的工作方案，根据国家口岸办公布的数据显示：2018年1月~12月，厦门关区进出口整体通关时间分别为68.52小时、10.8小时，累计压缩比分别为37.54%、51.59%，完成了国务院制定的2018年再压缩三分之一的目标要求。

经国家口岸办批准，2017年9月厦门作为第四批标准版试点城市，推进货物申报、运输工具申报和舱单申报业务，2018年年底已实现货物申报、水运运输工具申报、空运运输工具申报、水运舱单申报四大业务100%通过“单一窗口”申报，同年推进标准版新一代海关税费电子支付系统、原产地证申领、机电产品进口许可证申领等试点工作。

## 二、 运行情况

### （一）运行数据

截至2018年年底，通过厦门“单一窗口”货物申报共152.91万票，其中融合前（即2018年1月1日至7月31日）累计申报34.40万票，融合后（即2018年8月1日起）累计申报118.51万票。舱单申报1188.91万票（其中水运1116.83万票、空运72.08万票）、运输工具申报7.88万票（其中水运6.97万票、空运0.91万票）、原产地证申领422票、许可证申领155票。

截至2018年年底，厦门“单一窗口”新增用户突破1000家（达1069家），累计用户数突破7000家（达7023家）；日均处理单证18.14万票，年累计单证处理量6621.24万票，同比增长12.34%。其中，全年货物申报246.93万票、跨境电商邮政小包出口5111.61万单、快件个人物品进口237.3万单、新舱单申报856.74万票、原产地证申报5.05万份、船检申报2.97万艘次、航空器申报2.82万航次、口岸检疫卫生处理13.48万票（见表9）。

表9　2018年厦门“单一窗口”运行情况

| 指标名称 | 数量 | 同比（%） |
| --- | --- | --- |
| 单证处理量合计（万票/单） | 6621.24 | 12.34 |
| 货物申报（万票） | 246.93 | 7.2 |
| 跨境电商（分运单数）（万单） | 5352.26 | -0.3 |
| 其中：邮政小包出口（万单） | 5111.61 | -0.8 |
| 直购进口（票） | 17003 | -66.2 |
| 快件个人物品进口（万单） | 237.30 | 11.2 |
| 邮件个人自主申报（进口）（票） | 16549 | — |
| 新舱单申报（万票） | 856.74 | 952.3 |
| 原产地证申报（万份） | 5.05 | 154.8 |
| 查验预约（万票） | 3.90 | 4.2 |
| 拖车入港（万单） | 108.21 | 16.9 |
| 园区系统（万单） | 28.88 | -27.0 |
| 船检申报（艘次） | 29665 | 10.7 |
| 其中：入港（艘次） | 15109 | 12.7 |
| 出港（艘次） | 14556 | 8.7 |
| 航空器申报（航次） | 28198 | -5.5 |
| 口岸检疫卫生处理（票） | 134761 | — |

### （二）运行维护

为做好厦门“单一窗口”与标准版的融合对接，厦门市委、市政府主要领导人挂帅，组建包括厦门自贸委、厦门市政府办公厅、厦门市发展改革委、厦门市口岸办、厦门海关、厦门海事局、厦门港口管理局、厦门港务控股集团、厦门自贸试验区电子口岸有限公司等单位的专项工作小组，工作小组下设办公室，由综合协调组、业务需求组和技术专家组组成，围绕国家口岸办要求的业务推广目标，制定对接方案和工作计划，同时由厦门电子口岸公司负责运维保障，提供24小时值班和热线服务，以及线上线下服务咨询和问题解答。2018年，968910和95198服务热线受理电话咨询45254个，业务系统、QQ群受理企业咨询9万余条，上门服务企业167人次。

### （三）宣传推广

深入宣传和推广标准版申报业务，2018年全年共组织各类培训会近20场次，参会人员近1600人。

## 三、特色应用

厦门“单一窗口”推进航空电子货运建设。厦门口岸与亚太示范电子口岸网络运营中心（AOC）、国泰航空有限公司于2018年6月签订战略合作备忘录。厦门电子口岸与香港国泰航空开展厦门空港空运进口电子提单试点，通过航空公司与电子口岸、电子口岸与客户之间的数据连接，简化以往客户需要多次往返机场货站之间换单报关提货的烦琐流程，缩短进口单证流转时间，同时对接海关的无纸化报关，逐步实现空运进口的全程无纸化操作。

厦门“单一窗口”推进海运物流可视化建设。厦门口岸与上海亿通国际股份有限公司、澳大利亚新南威尔士港于2018年3月签订战略合作备忘录，通过交换进出口集装箱的物流状态数据，提供海运物流的可视化服务。2018年已完成第一阶段的试点工作。该项目入选了2018年11月亚太经合组织（APEC）秘书处政策支持小组（PSU）发布的《APEC经济体解决互联互通挑战的案例研究》。

厦门“单一窗口”推广智能优惠关税系统。在第四届亚太示范电子口岸网络（APMEN）公私对话会期间，厦门“单一窗口”上线自贸协定智能优惠关税系统（Smart FTAX），该系统提供《中国—澳大利亚自由贸易协定》《中国—韩国自由贸易协定》《中国—瑞士自由贸易协定》《中国—东盟自由贸易协定》《亚太贸易协定》《海峡两岸经济合作框架协议》优惠关税信息的一站式查询，帮助企业便捷地了解到自贸协定优惠关税的政策、税率、通关手续与流程、所需单证以及原产地规则等信息，提高企业利用自贸协定优惠关税的能力和合规性。

## 四、大事记

3月16日

厦门“单一窗口”与上海亿通国际股份有限公司、澳大利亚新南威尔士港运营控股公司就APMEN海运物流可视化试点项目签订战略合作备忘录。

3月28日

厦门市口岸办牵头，厦门自贸委、厦门海关共同组织召开标准版运输工具宣传推广会。

4月24日

海关总署副署长王令浚在厦门调研厦门“单一窗口”建设情况。

5月3日

厦门市口岸办、厦门自贸委、厦门海关联合组织召开标准版货物报关申报宣传推广会。

6月4日

厦门“单一窗口”与亚太示范电子口岸网络运营中心（AOC）、国泰航空有限公司签订战略合作备忘录。

6 月 15 日

厦门市口岸办、厦门自贸委、厦门海关联合组织召开标准版空运舱单申报宣传推广会。

7 月 25 日

国家发展改革委经济研究院所李世刚副主任来厦门调研厦门“单一窗口”。

10 月 31 日

厦门市口岸办、厦门海关共同组织召开提高标准版空运舱单申报业务覆盖率推进会。

11 月 22 日

福建省商务厅党组成员、驻厅纪检组组长肖惠亮来厦门考察厦门“单一窗口”。

12 月 4 日

厦门市口岸办、厦门海关共同组织召开标准版（航空器）业务申报推广会。

## 五、政策文件

### 厦门市人民政府办公厅关于印发厦门市提升跨境贸易便利化实施方案的通知

厦府办〔2018〕248 号

各区人民政府，市直各委、办、局，各开发区管委会，各有关单位：

《厦门市提升跨境贸易便利化实施方案》已经市政府研究同意，现印发给你们，请认真组织实施。

厦门市人民政府办公厅

2018 年 12 月 29 日

### 厦门市提升跨境贸易便利化实施方案

为贯彻落实《国务院关于印发优化口岸营商环境　促进跨境贸易便利化工作方案的通知》（国发〔2018〕37 号）（以下简称“国务院方案”）、《财政部 海关总署 国家发展改革委 交通运输部 商务部 国家市场监管总局关于印发〈清理口岸收费工作方案〉的通知》（财税〔2018〕122 号）以及《福建省人民政府办公厅关于印发福建省口岸通关进一步提效降费促进跨境贸易便利化实施方案的通知》（闽政办〔2018〕88 号）的要求，结合我市口岸降本增效工作，进一步优化厦门口岸营商环境、提升跨境贸易便利化水平，促进外贸稳定健康发展，特制定本实施方案。

#### 一、工作目标

到 2018 年年底，进出口环节验核的监管证件数量比 2017 年减少三分之一以上，除安全保密需要等特殊情况外，全部实现联网核查，整体通关时间比 2017 年压缩三分之一。全面实行口岸收费目录清单制度，清单之外一律不得收费。降低进出口环节合规成本，2018 年年底前集装箱进出口环节合规成本比 2017 年降低 100 美元以上。建立健全口岸收费监督管理协作机制，依法查处各类违法违规收费行为。到 2021 年年底，整体通关时间比 2017 年压缩一半。初步实现口岸治理体系和治理能力现代化，形成更有活力、更富效率、更加开放、更具便利的口岸营商环境。

## 二、工作任务

### （一）简政放权，减少进出口环节审批监管事项

1. 精简进出口环节监管证件

加快推进证件联网核查。根据海关总署统一安排，加大对各相关部门的协调力度，将需要在进出口环节验核的监管证件减少至 48 种，除安全保密需要等特殊情况外，通过多种形式全部实现联网、在通关环节比对核查。（牵头单位：厦门海关；配合单位：市口岸办。完成时限：立即实施）

2. 推广应用报关电子委托代理

宣传引导进出口企业使用“单一窗口”电子授权委托功能，进出口企业应用报关电子授权委托的，通关环节不再需要递交纸质报关委托协议书。（牵头单位：市口岸办；配合单位：厦门海关、电子口岸公司。完成时限：立即实施）

### （二）加大改革力度，优化口岸通关流程和作业方式

3. 落实通关一体化改革，深入推进关检融合

按照海关总署统一部署，至 2018 年年底，实现海关与检验检疫业务全面融合，实现“五统一”：统一申报单证、统一作业系统、统一风险研判、统一指令下达、统一现场执法。（牵头单位：厦门海关。完成时限：立即实施）

4. 全面推广“双随机、一公开”监管

从进出口货物一般监管拓展到常规稽查、保税核查和保税货物监管等全部执法领域。推进全链条监管“选、查、处”分离，提升“双随机”监管效能。（牵头单位：厦门海关。完成时限：持续推进）

5. 推进海事、海关、边检一次性联合检查

按照《口岸查验单位一次性联合检查实施方案》（署改发〔2018〕40 号），继续推进落实方案要求，对进出境的船舶、飞机等运输工具，进行一次性联合登临检查。（牵头单位：市口岸办；配合单位：厦门海事局、厦门海关、厦门边检总站。完成时限：持续推进）

6. 进一步推广应用“提前申报”模式

（1）加大力度推广进口货物提前报关作业模式，在《厦门口岸鼓励进口货物提前报关奖励暂行办法》基础上，进一步扩大厦门口岸进口货物提前报关奖励对象范围至进口海运集拼货物、空港进口D类快件等，鼓励企业在二次运抵前报关。（牵头单位：自贸委；配合单位：市口岸办、市财政局，厦门海关。完成时限：立即实施）

（2）加大对大中型生产型企业、加工贸易重点企业的进口提前报关推广力度，不断提升重点企业进口提前报关比例。（牵头单位：市口岸办；配合单位：厦门海关。完成时限：持续推进）

（3）进一步推动高级认证企业出口提前报关，允许高级认证企业货物未运抵前向海关申报。（牵头单位：市口岸办；配合单位：厦门海关，市商务局。完成时限：持续推进）

7. 创新海关税收征管方式

根据海关总署统一部署，全面创新多元化税收担保方式，推进关税保证保险改革，探索实施企业集团财务公司、融资担保公司担保改革试点。全面推广财关库银横向联网。加快推进税单无纸化改革。（牵头单位：厦门海关；配合单位：厦门银保监局、人民银行厦门市中心支行、厦门市税务局。完成时限：持续推进）

8. 优化检验检疫作业

对矿产品等进口大宗资源性商品，采取“先验放后检测”监管方式。（牵头单位：厦门海关。完成时限：立即实施）

9. 推广第三方采信制度

引入市场竞争机制，发挥社会检验检测机构作用，在进出口环节进一步推广第三方检验检测结果采信制度。（牵头单位：厦门海关；配合单位：市发展改革委。完成时限：持续推进）

10. 简化进出口报关单随附单证

进一步明确报关必需随附的单证清单，使报关企业充分了解简化单证相关政策。（牵头单位：厦门海关；配合单位：市口岸办，自贸委，电子口岸公司。完成时限：立即实施）

**（三）提升通关效率，提高口岸物流服务效能**

11. 进一步优化查验作业流程

推广“先放行后改单”，对进出口货物查验发现异常但未达立案标准、不涉证不涉税、仅需报关单修改的先予放行后再改单。在不影响出口货物船期情况下，优先安排进口货物查验，合理调配查验力量，避免进口固体废物挤占其他进口货物查验资源。（牵头单位：厦门海关；配合单位：市口岸办。完成时限：立即实施）

12. 提高查验准备工作效率及优化流程

（1）进一步推广完善查验预约平台，加快查验免预约系统开发进度，建立查验免预约作业模式，及时向进口收发货人、代理企业、码头企业推送查验信息，增强通关时效的可预期性。（牵头单位：厦门海关；配合单位：市口岸办，自贸委，电子口岸公司、各查验场。完成时限：2019 年 6 月底前）

（2）继续做好免除查验没有问题外贸企业吊装移位仓储费用工作，优化完善企业申请免除费用的业务流程，简化申请手续，及时根据海关总署部署调整海关对外提供数据口径。（牵头单位：市口岸办；配合单位：厦门海关。完成时限：持续推进）

13. 加快厦门多式联运中心建设

推进厦门多式联运中心信息系统（一期）项目建设，对接做好班列运营端、管理单位端及监管作业场所的数据交换应用。（牵头单位：自贸委；配合单位：厦门港口管理局、市口岸办，厦门海关，港务控股集团、远海码头、建发集团、海投集团、电子口岸公司。完成时限：2019 年 6 月底前）

14. 创新口岸通关管理模式

在符合交通运输部门要求的前提下，加快开展来自台湾、东南亚等地集装箱货物的过境运输业务。（牵头单位：自贸委；配合单位：厦门海关，市交通运输局、市口岸办、市商务局、厦门港口管理局，建发集团、海投集团、港务控股集团、远海码头。完成时限：立即实施）

15. 提升物流作业效率

督促港口、码头、场站提升物流作业效率，引导进出口企业、货运代理企业、报关企业加快单证信息流转。（牵头单位：厦门港口管理局、市口岸办；配合单位：市商务局，厦门海关。完成时限：立即实施）

16. 规范进口物流数据传输

加强对运输工具负责人及其代理企业的管理，要求严格按照规定时限传输原始舱单主要数据，及时传输抵港报、确报等运输工具动态信息；对原始舱单传输不规范、运输工具抵港、确报信息传输不及时，影响进出口货物通关效率的企业进行约谈并责令改正。（牵头单位：厦门海关；配合单位：厦门港口管理局、市口岸办，港务控股集团、远海码头、厦门航空。完成时限：立即实施）

**（四）加强科技应用，提升口岸管理信息化、智能化水平**

17. 深化国际贸易“单一窗口”建设

（1）围绕厦门国际贸易“单一窗口”3.0 版总体规划，丰富平台功能，加快推动数据互联互通，构建厦门口岸公共信息服务生态圈。（牵头单位：自贸委；配合单位：市口岸办、市商务局、市市场监督管理局、厦门港口管理局，厦门海关、厦门边检总站、厦门海事局，港务控股集团、电子口岸公司。完成时限：持续推进）

（2）按照海关总署统一安排，继续做好国家“单一窗口”标准版的对接和推广工作。2018 年年底前，主要业务（货物、舱单、运输工具申报等）应用率达到80%；2020年年底前，达到100%。推广国际航行船舶“一单多报”，实现进出境通关全流程无纸化。（牵头单位：市口岸办；配合单位：厦门海关，自贸委，市商务局、厦门港口管理局，厦门边检总站、厦门海事局，电子口岸公司。完成时限：持续推进）

18. 推进口岸物流信息服务

加快厦门智慧物流公共服务平台建设，推动物流信息交换共享，提供全程追踪、实时查询等可视化服务。（牵头单位：自贸委；配合单位：市口岸办、市交通运输局、厦门港口管理局，厦门海关、厦门海事局，港务控股集团、翔业集团、厦门航空、海投集团、电子口岸公司。完成时限：2019年10月底前）

19. 提升口岸查验智能化水平

按照海关总署统一安排，加快推广“先期机检”“智能识别”实际应用，强化“集中审像”应用效能。全面应用查验管理系统（二期），加大移动查验单兵设备应用，推进查验环节无纸化作业，推广应用“查验异常结果处置系统”，根据关区实际逐步扩大推广范围，实现查验结果异常处置系统智能化判别提升查验异常处置工作时效。（牵头单位：厦门海关；配合单位：厦门港口管理局、市口岸办，厦门边检总站、厦门海事局，港务控股集团、远海码头、各查验场。完成时限：持续推进）

**（五）完善管理制度，促进口岸营商环境更加公开透明**

20. 实行口岸收费目录清单制度

对外公示口岸收费目录清单，清单之外不得收费。政府职能部门、国有企业、行业协会要带头上传收费清单至厦门口岸服务经营企业收费信息公开平台、厦门国际贸易“单一窗口”平台，且在口岸服务经营场所进行公示并及时更新。主管部门要做好督促指导工作，加强行业管理和行业自律，引导口岸经营服务企业诚信经营、合理定价。（牵头单位：市口岸办；配合单位：自贸委；市发展改革委、市交通运输局、市商务局、市国资委、厦门港口管理局，厦门海事局，港务控股集团、翔业集团、远海码头、电子口岸公司。完成时限：立即实施）

21. 加强联合监督检查，依法查处各类违法违规收费行为

严格执行行政事业性收费清单管理制度，未经国务院批准，一律不得新设涉及进出口环节的收费项目。清理规范口岸经营服务性收费，对实行政府定价的，严格执行规定标准；对实行市场调节价的，督促收费企业执行有关规定，不得违规加收其他费用。指导企业按照相关法律法规提前做好调整价格的公示工作，价格调整后及时在收费场所及厦门口岸服务经营企业收费信息公开平台公示，持续提高收费透明度。对港口经营人定期开展“双随机”专项检查和专项督导活动，督促相关企业严格执行口岸收费目录清单制度和企业公示制度。清理不合规收费，坚决取缔没有

收费依据、巧立名目的收费项目；查处利用市场优势地位进行高收费的企业。遵守公平竞争审查制度工作要求，推动口岸市场开发和充分竞争，破除垄断，促进市场价格合理化。对法律法规规定的市场准入门槛，要列出清单公布；市场准入清单之外不得设置市场准入限制。接受社会监督，及时处理并反馈社会反映或调研了解到相关口岸收费企业不合规收费的现象；对涉嫌违反《价格法》等相关法律法规的行为，移交价格主管部门进一步严肃处理。（牵头单位：市发展改革委；配合单位：厦门港口管理局、市口岸办、市财政局、市商务局、市交通运输局，厦门海关、厦门海事局。完成时限：持续推进）

22. 降低进出口环节合规成本

2018 年年底前集装箱进出口环节合规成本比 2017 年降低 100 美元以上。延续集装箱货物港务费和港口设施保安费的减免。对进出口企业普遍缴纳的收费项目进行归并。推动降低船公司、报关、货代、船代、码头、堆场、仓储、拖车、港口服务、空港货运站等环节经营服务性收费。各职能主管单位负责完成所管理和指导的各项费用到 2018 年年底完成比 2017 年降费 20% 至 30% 的目标，其中市商务局负责协调货代收费，市口岸办负责协调报关和空港货运站收费，厦门港口管理局负责协调船公司、船代、码头、堆场、仓储、拖轮、理货、供水供油供电等港口服务收费，市交通运输局负责协调拖车运输收费，厦门海关负责检疫检验熏蒸消毒收费。（牵头单位：自贸委；配合单位：市发展改革委、市财政局、市商务局、市国资委、市交通运输局、厦门港口管理局、市口岸办，厦门海关、厦门海事局，港务控股集团、远海码头。完成时限：立即实施）

23. 优化作业流程，减少收费环节

加强堆场、船代、船公司、码头等物流节点企业之间动态信息的实时交换。优化流程，推动实现厦门港集装箱设备交接全流程无纸化操作、小提单电子化等项目，降低或取消相关收费。（牵头单位：厦门港口管理局；配合单位：市国资委、市财政局、市交通运输局、市口岸办，厦门海关，港务控股集团、远海码头、各堆场和船代公司。完成时限：持续推进）

24. 推广“全流程阳光服务”产品

进一步优化推广厦门口岸“全流程阳光服务”产品，通过服务创新和资源整合，进一步压缩和合并相关收费项目，降低经营性服务收费。指导相关国企优化全程物流服务，提升综合物流服务质量，带动市场健康发展。（牵头单位：市国资委；配合单位：市商务局、市交通运输局、市口岸办、厦门港口管理局，港务控股集团。完成时限：立即实施）

25. 加强考核，发挥正向激励作用

从业绩考核角度鼓励国企积极主动作为。在对国企负责人经营业绩考核时，将企业的服务质量、效率和管理水平纳入功能任务指标进行单列考核；对企业为拓展厦门口岸业务规模、主动降低口岸经营服务收费而造成的服务净收入减少部分，在企业负责人经营业绩考核时，经确认后可视同利润予以加回。鼓励国有企业充分参与各行业领域的市场竞争，引导市场健康发展。（牵头单

位：市国资委；配合单位：港务控股集团、翔业集团、厦航货站。完成时限：持续推进）

26. 公开通关流程及物流作业时限

制定并公开通关流程及口岸经营服务企业场内转运、吊箱移位、掏箱和货方提箱等（包含但不限于）作业时限标准，便利企业合理安排生产、制定运输计划。公布口岸查验单位通关服务热线，畅通意见投诉反馈渠道。（牵头单位：市口岸办；配合单位：厦门海关、厦门边检总站、厦门海事局，厦门港口管理局，港务控股集团、远海码头、翔业集团、厦航货站、邮快件监管中心、各查验场。完成时限：立即实施）

27. 建立口岸通关时效评估机制

加强对整体通关时间的统计分析，建立完善整体通关时间动态监控机制，充分发挥整体通关时间监控系统作用，每月通报各口岸业务现场整体通关时间。（牵头单位：厦门海关。完成时限：持续推进）

28. 引导进出口企业改变贸易条款/方式

鼓励外贸企业出口采用 CIF 条款，进口采用 FOB 条款。（牵头单位：市商务局；配合单位：市发展改革委、厦门港口管理局，行业协会，外贸企业。完成时限：持续推进）

### （六）加强政策宣传力度

29. 加大对进出口企业政策宣传力度

通过网站、新闻媒体、微信公众号和宣讲会、座谈会等，多渠道、多形式宣传我市优化口岸营商环境促进跨境贸易便利化政策。（牵头单位：市口岸办；配合单位：厦门海关，自贸委，厦门港口管理局、市商务局，港务控股集团。完成时限：持续推进）

30. 充分发挥各种平台宣传作用

充分发挥厦门港港航联席会、物流推介会、自贸区商会航运物流专委会等平台作用。加强宣传，营造降低进出口环节合规成本的整体氛围，争取相关口岸企业和行业协会的支持。（牵头单位：自贸委；配合单位：市口岸办、厦门港口管理局、市商务局，厦门海关。完成时限：持续推进）

## 三、组织实施

### （一）加强组织领导

成立由市主要领导担任组长的厦门市提升跨境贸易便利化工作领导小组，强化工作领导和统筹协调，研究重大问题，明确目标要求，完善工作机制，建立健全督导考核机制，确保各项任务落实到位。领导小组下设 5 个工作组，即综合协调组、检查监督组、行业规范组、物流通关组、国企引导组，负责工作任务的具体实施。

**（二）强化责任落实**

各有关部门要认真落实任务牵头和配合责任，加强协作配合，合理安排进度，确保各项任务有措施、能落实、可量化，研究制定配套措施，加大政策宣传力度。

**（三）健全咨询反馈机制**

充分发挥发展改革委价格监督 12358、海关 12360、“单一窗口”标准版 95198、电子口岸 968910 等服务热线作用，及时回应解决企业的意见和建议，接受企业监督和咨询。

**其他参考文件**

1.《厦门口岸降本增效工作方案》（厦府办〔2018〕82 号）。
2.《厦门口岸提高通关效率工作方案》（厦府口〔2018〕10 号）。
3.《提升厦门空港口岸货物进出口整体通关时效工作方案》（厦府口〔2018〕11 号）。
4.《关于海港口岸提升进口集拼货物通关时效的工作方案》（厦府口〔2018〕13 号）。

# 深圳市

## 一、综述

2018 年，为贯彻落实党中央、国务院关于“单一窗口”建设的一系列决策部署，在国家口岸办的统一指导及各有关部门、单位的大力支持与协作下，深圳全力推进中国（深圳）国际贸易单一窗口（以下简称深圳“单一窗口”）各项工作，标准版推广取得突破性进展，业务实现海、陆、空等各类口岸和特殊监管区域全覆盖，圆满完成了年度任务目标；深圳“单一窗口”地方特色应用建设成果显著，为丰富完善“单一窗口”服务功能，向企业提供全贸易链条的高效便捷服务奠定了基础。截至 2018 年年底，深圳“单一窗口”已上线标准版舱单、运输工具、货物申报、税费支付等 12 类共 47 个功能模块，货物、舱单、运输工具（水运、空运）申报等主要应用业务覆盖率超过 80%；地方特色应用已上线 10 类共 259 个功能模块，为广大进出口企业提供超过 300 项对外服务事项。

深圳市政府高度重视，一是通过建立深圳“单一窗口”联席会议制度，统筹推进，为深圳“单一窗口”工作提供组织保障；二是充分发挥牵头作用，积极协调各口岸监管单位、有关政府部门，调动整合各方资源，高效有序推进宣传推广和企业培训工作，全力支持标准版在深圳地区的推广应用；三是加强对地方电子口岸实体的指导和监督，通过与国家工程组、各驻深口岸单位的密切配合，建立了较完善的客户服务和运行保障体系，以及问题反馈处理机制，为快速响应企业咨询，及时有效解决问题提供了有力支撑。企业通过使用“单一窗口”的“一站式”服务，极大限度地简化了操作，降低了成本，提高了通关效率，企业获得感和社会效益显著提高。

深圳“单一窗口”已经成为深圳的大通关公共信息服务平台和国际贸易申报服务入口，是深圳口岸正常、有序运作，企业便捷、高效开展业务的重要基础设施，也是深圳市政府落实贸易便利化措施，改善营商环境，打造“智慧城市”的重要依托和有效抓手。

## 二、运行情况

### （一）运行数据

截至2018年12月31日，深圳“单一窗口”注册用户数2.76万家，比2017年增加2.61万家。2018年通过深圳“单一窗口”货物申报893.6万票、舱单申报2493.96万票（水运2279.4万票、空运83.02万票、公路131.54万票）、运输工具申报19.21万票（水运12.59万票、空运6.62万票）、原产地证申领2.67万票、许可证件申领0.64万票、企业资质办理7.53万票、税费支付38.08万票、加工贸易办理79.66万票。

### （二）运行维护

#### 1. 全方位构建运维机制

一是深圳“单一窗口”与广东省“单一窗口”、标准版建立相应的联系配合机制，通过电话、微信群等方式实现了信息互通、问题反馈、故障申报、变更发布等协调配合机制，后续对于服务请求和故障申报将通过搭建的客服平台实现系统对接，提高服务效率；二是在地方层面，与深圳口岸监管部门（海关、海事、边检）密切配合，及时沟通业务咨询和反馈业务故障；三是通过建立健全深圳“单一窗口”客户服务和运维保障机制，打造专门的客户服务和运行保障团队，建立门户网站、热线电话、邮件、短信、QQ群和微信群等多样化的服务渠道，为企业用户提供7×24小时全方位、高质量的客户服务，确保深圳“单一窗口”长期安全、稳定运行。

#### 2. 打造运维保障体系

深圳“单一窗口”运行维护工作包括客户服务、应用保障和系统保障3个方面。客户服务指为深圳企业提供标准版和“单一窗口”地方特色应用的客户咨询、操作指导、问题处理、需求收集、意见反馈等支持服务，响应用户提出的各种“单一窗口”业务服务请求。全年累计受理企业反馈的各类问题7.86万多个，提供答疑服务19.76万次，问题处理率达100%。应用保障指深圳“单一窗口”实体SAAS平台的功能完善、运行监控、业务技术支持、故障处理等服务。全年完成51个业务模块155个应用程序的部署和维护，270种业务报文的接口调试，超过900个导入客户端的安装调试，以及对80余家大型企业的系统对接和业务技术指导等工作。系统保障指深圳“单一窗口”平台运行所需的服务器、存储、网络、中间件、数据库、操作系统等系统软硬件的运行维护服务以及信息安全管理服务，包括维护服务器、网络安全等系统软硬件设备101台，与政府部门、口岸监管及企事业单位对接专线24条，数据维护总量约6TB，全年完成系统升级完善124

次。

### （三）宣传推广

深圳“单一窗口”高度重视平台业务宣传推广工作，通过采取培训宣讲、信息发布、走访调研等形式，全面拓宽“单一窗口”宣传覆盖面。培训推广方面，采用现场宣讲、在线培训、联合培训等方式，全年组织各类业务培训共34场次，参加人数累计3000多人次，涉及企业近2000家。信息发布方面，充分利用门户网站、微信公众号等各种渠道，全年发布各类平台公告、政府资讯、口岸动态200余条，通过QQ服务群和微信服务群发布通知及资料累计1000多次。走访调研方面，全年面向大中型加工贸易企业、物流企业走访调研50余次，面向企业详细介绍深圳“单一窗口”业务功能，了解企业在使用“单一窗口”中存在的问题及需求，并根据企业反馈情况，不断完善深圳“单一窗口”服务功能。

## 三、特色应用

深圳“单一窗口”在全力完成好标准版建设和推广任务的基础上，结合本地口岸业务建设需求，在口岸政务、金融等领域积极探索地方特色应用，并取得初步成效。

### （一）口岸通关时效评估系统

#### 1. 建设背景

根据《国务院关于印发优化口岸营商环境　促进跨境贸易便利化工作方案的通知》及国家口岸办有关要求，选定广东（包括深圳）、天津、上海、浙江为通关物流可视化及通关时效评估项目试点。

#### 2. 功能介绍

通过采集进出口货物通关物流各环节的状态数据，形成涵盖进出口企业、报关代理、船代、码头、理货公司、货代等与进出口贸易相关的企业，以及海关、边检、海事、港务、口岸办等口岸管理单位及其他政府部门的状态大数据，为口岸管理相关部门提供全方位的通关及物流各环节的操作耗时、占比等数据统计分析功能，科学反映通关时效情况。

#### 3. 创新点

依托深圳“单一窗口”信息枢纽优势，将各环节通关数据信息集中到统一平台，借助平台大数据智能分析，为政府部门提供通关各环节状态信息可视化展示，进一步提高通关信息透明度，优化通关流程，促进产业升级发展。

4. 应用成效

目前已完成货物通关时效系统在深圳海运口岸的上线运行及推广应用。

（二）国际结算业务

1. 建设背景

国际结算服务是国际贸易链条中必不可少的环节，深圳市对于借助深圳“单一窗口”，大力推动金融创新和改善营商环境有着实际需求。目前进出口企业在各大银行办理银行预开户、收付汇和结汇等业务时，需要往返银行网点，提供贸易合同、发票和报关单等材料，流程较为烦琐，办理周期较长。中国建设银行深圳分行率先与深圳“单一窗口”合作，针对企业预开户、购付汇等业务进行了深入的研究探讨。在深圳“单一窗口”主管部门和外汇管理局深圳分局的大力支持与推动下，浦发银行、交通银行、平安银行、中国银行、华夏银行、招商银行等先后与南方电子口岸展开了不同程度的沟通，提出国际结算业务整合到深圳“单一窗口”的需求。

2. 功能介绍

深圳“单一窗口”国际结算服务以符合国家政策要求为前提，数据调用以“企业授权”为基础，以真正便利企业为宗旨，企业自愿选择银行服务。建设功能包括企业预开户、银行账户绑定、协议签署、购付汇、收结汇等线上服务，方便企业通过深圳“单一窗口”平台一站式办理国际结算业务。

3. 创新点

对目前进出口企业在办理国际结算业务过程中，需要往返银行网点，提供贸易真实性验证的纸质资料等烦琐的流程进行优化，以线上电子数据替代线下纸质递单，“让数据多跑路，让企业少跑腿”。

4. 应用成效

经银行联系多家企业试运行，企业反馈深圳“单一窗口”开展国际结算业务可大大减少国际结算办理时间，降低成本，并有助于企业外汇结算统计与管理。

### （三）空运业务

#### 1. 建设背景

自《中华人民共和国海关进出境运输工具舱单管理办法》（海关总署令第 172 号）启用舱单申报监管模式后，深圳空运业务的出入境运载工具和舱单电子数据统一通过深圳地方电子口岸向海关申报。深圳地方电子口岸开发建设了针对空运业务的服务功能，汇集了机场物流园、快件监管中心、航空公司、货运代理等不同类型的企业。经过多年的系统运营和功能完善，深圳电子口岸空运业务系统已成为深圳空运通关必不可少的信息化基础设施，2017 年年底该系统纳入深圳“单一窗口”，作为深圳本地特色应用继续为空运企业提供服务。

#### 2. 功能介绍

深圳“单一窗口”平台的空运业务，主要提供运输工具和舱单申报、企业间业务协同和数据共享等服务功能，为深圳市空运企业提供全方位的物流通关数据处理服务、应用服务和空运相关业务“一站式”服务。

#### 3. 创新点

通过深入深圳空运企业进行走访和调研，切实了解企业的需求和操作过程中的痛点，在符合政策要求的前提下，根据空运业务要求快速响应的特点，结合企业的操作习惯，为企业量身定制了符合企业需求的功能，给企业节约了操作时间，提高了工作效率，降低了人力成本。

#### 4. 应用成效

自从深圳“单一窗口”平台的空运业务上线以来，为深圳所有的空运企业提供服务，业务量节节攀升，目前已实现每月超过 15 万单的申报单量，赢得了深圳所有空运企业的一致好评。

## 四、大事记

1 月 5 日

深圳市经贸信息委副主任郑璇率队到深圳南方电子口岸公司调研，指导深圳“单一窗口”平台的建设、推广等工作。

3 月 1 日

国家口岸办副主任韩坚到深圳市南方电子口岸公司调研，并指导深圳“单一窗口”平台的建设、推广等工作。

4 月 29 日

海关总署党组成员、国家口岸办主任张广志莅临深圳市南方电子口岸公司，调研深圳“单一窗口”及地方电子口岸平台的建设运行情况。

8 月 2 日

海关总署党组成员、国家口岸办主任张广志到深圳市南方电子口岸公司，调研深圳“单一窗口”关检融合整合统一申报业务切换的运行情况。